# annabac
## sujets & corrigés 2022

# L'Intégrale  3ᵉ

■ **Français**
Christine Formond • Louise Taquechel

■ **Maths**
Emmanuelle Michaud • Bernard Demeillers

■ **Histoire-Géo • EMC**
Christophe Clavel • Jean-François Lecaillon

■ **Sciences**
Sonia Madani • Nadège Jeannin • Nicolas Nicaise

■ **Épreuve orale**
Cécile Gaillard • Gaëlle Perrot • Isabelle Provost
Laure Péquignot-Grandjean • Hélène Ricard
Matthieu Verrier

© Hatier, Paris août 2021
ISBN 978-2-401-07809-3
ISSN 1168-3791

Achevé d'imprimer par IPS en France
Dépôt légal 07809-3/01 - Août 2021

Avec ton Annabrevet, prépare-t

## SOMMAIRE GÉNÉRAL

**1** 📖 **Français**

**2** √ **Maths**

**3** 🌍 **Histoire-Géo EMC**

**4** 🔬 **Sciences**

**5** 😀 **Épreuve orale**

# ...ux 5 épreuves du brevet

Infos et conseils sur l'épreuve 19
Sujet France métropolitaine : SUJET ① 22
Sujets par thème : SUJETS ② à ⑦ 33
Le programme en 10 fiches mémo 95

Infos et conseils sur l'épreuve 108
Sujet France métropolitaine : SUJET ⑧ 109
Sujets par thème : SUJETS ⑨ à ㉜ 121
Le programme en 15 fiches mémo 192

Infos et conseils sur l'épreuve 208
Sujet France métropolitaine : SUJETS ㉝ à ㉟ 209
Sujets par thème : SUJETS ㊱ à ㊽ 221

Infos et conseils sur l'épreuve 274
Sujet France métropolitaine : SUJETS ㊾ et ㊿ 275
Sujets par thème : SUJETS (51) à (59) 288

Infos et conseils sur l'épreuve 344
Sujets d'histoire des arts : SUJETS (60) à (67) 359
Simulation d'un projet interdisciplinaire : SUJET (68) 376

- Coordination éditoriale : Anaïs Goin et Grégoire Thorel assistés de Pauline Huet et d'Hélène Wachtel
- Édition : Sophie Lovera, Jean-Marc Cheminée, Aude Marot et Hannah-Belle Abdullah
- Graphisme : Dany Mourain et le studio Favre & Lhaïk
- Prépresse : Hatier et Nadine Aymard
- Infographie : STDI, Coredoc, Vincent Landrin
- Cartographie : STDI
- Illustration : Juliette Baily
- Mise en page : STDI

# Les sujets classés par matière

Pour chaque matière, voici les ressources de ton Annabrevet.

> Indique sur cette liste l'avancement de tes révisions.
> ◨ À retravailler encore  ⊠ Désormais ok !

## ▮ Français

### Sujet de France métropolitaine, juin 2021
☐ **SUJET ❶** Un sinistre lieu de vie ................................................ 22

### Se raconter, se représenter
☐ **SUJET ❷** Jeux de l'enfance • France métropolitaine, juillet 2019 ........... 33

### Dénoncer les travers de la société
☐ **SUJET ❸** Une vengeance bien particulière
Antilles, Guyane, septembre 2019 ................................................ 43

### Agir dans la cité : individu et pouvoir
☐ **SUJET ❹** Destin tragique • Polynésie française, juillet 2019 ............... 53
☐ **SUJET ❺** Paysage de guerre • Polynésie française, septembre 2019 ......... 64

### Visions poétiques du monde
☐ **SUJET ❻** Découverte olfactive d'un nouveau monde • Asie, juin 2019 ... 74

### Progrès et rêves scientifiques
☐ **SUJET ❼** *Globalia*, un monde totalitaire • Centres étrangers, juin 2019 ...... 84

## ▮ Maths

### Sujet de France métropolitaine, juin 2021
☐ **SUJET ❽** Sujet complet du brevet

**EXERCICE 1** Les températures à Tours ........................................ 109
**EXERCICE 2** Au Futuroscope .................................................. 110
**EXERCICE 3** QCM ............................................................. 111
**EXERCICE 4** Scratch et résolutions d'équations .............................. 112
**EXERCICE 5** Le composteur ................................................... 113

## Nombres et calculs

- **SUJET 9** Le gaspillage alimentaire • Amérique du Nord, juin 2019 ............ 121
- **SUJET 10** QCM très varié • Centres étrangers, juin 2019 ...................... 124
- **SUJET 11** Les JO de Rio • Polynésie française, juillet 2019 .................... 127
- **SUJET 12** Le trésor • France métropolitaine, juillet 2019 ...................... 129
- **SUJET 13** Décompositions • France métropolitaine, septembre 2019 ......... 131
- **SUJET 14** Programme de calcul • France métropolitaine, juillet 2019 ......... 133

## Organisation et gestion de données, fonctions

- **SUJET 15** Rupture de contrat • Polynésie française, septembre 2019 ......... 136
- **SUJET 16** Des chaussures en vitrine • Centres étrangers, juin 2019 .......... 139
- **SUJET 17** La randonnée • Centres étrangers, juin 2019 ....................... 142
- **SUJET 18** Les pièces montées • France métropolitaine, septembre 2019 .... 145
- **SUJET 19** Le médicament • Amérique du Nord, juin 2019 ..................... 148
- **SUJET 20** Le réchauffement climatique
  France métropolitaine, septembre 2019 ................................................. 151

## Grandeurs et mesures

- **SUJET 21** Le puits • Asie, juin 2019 ........................................... 155
- **SUJET 22** Les verres de jus de fruits • Antilles, Guyane, juin 2019 ........... 158
- **SUJET 23** Une piscine cylindrique • Centres étrangers, juin 2019 ............ 162
- **SUJET 24** La pyramide du Louvre • Polynésie française, juillet 2019 .......... 165

## Espace et géométrie

- **SUJET 25** Figure géométrique • Amérique du Nord, juin 2019 ................. 168
- **SUJET 26** Les transformations du plan • France métropolitaine, juillet 2019 170
- **SUJET 27** Photo de la tour Eiffel • Antilles, Guyane, juin 2019 ................ 173
- **SUJET 28** Les étagères • Centres étrangers, juin 2019 ......................... 176
- **SUJET 29** Le décor de la pièce de théâtre
  France métropolitaine, juillet 2019 ........................................................ 179
- **SUJET 30** Deux voiliers face au vent • Polynésie française, juillet 2019 ....... 182

### Algorithmique et programmation

☐ **SUJET 31** Jeux de dés • France métropolitaine, septembre 2019.............. **184**

☐ **SUJET 32** Dessin sous Scratch • France métropolitaine, juillet 2019 .......... **188**

## ▌ Histoire-Géo • EMC

*Exercice 1 : Analyser un document*
*Exercice 2 : Maîtriser les différents langages*

### Sujet de France métropolitaine, juin 2021

☐ **SUJET 33** GÉOGRAPHIE Le renouveau des espaces ruraux et montagnards. **209**

☐ **SUJET 34** HISTOIRE La guerre froide : l'affrontement des blocs .............. **214**

☐ **SUJET 35** EMC Faire vivre les valeurs de la République ....................... **217**

### Histoire

☐ **SUJET 36** La mobilisation des enfants pendant la Grande Guerre
Exercice 1, Antilles, Guyane, juin 2019................................................. **221**

☐ **SUJET 37** Les États totalitaires dans l'entre-deux-guerres
Exercice 2, Asie, juin 2018 .................................................................. **226**

☐ **SUJET 38** La décolonisation : l'exemple de l'Algérie
Exercice 2, France métropolitaine, juin 2017 ........................................ **229**

☐ **SUJET 39** L'hyperpuissance américaine après les attentats
du 11 septembre • Exercice 1, Amérique du Nord, juin 2019.................. **232**

☐ **SUJET 40** La place des femmes dans la société (1960-1980)
Exercice 1, Polynésie française, juin 2017 ............................................ **236**

### Géographie

☐ **SUJET 41** La dynamique des aires urbaines en France
Exercice 2, France métropolitaine, juillet 2019 ..................................... **240**

☐ **SUJET 42** La modernisation de l'agriculture française
Exercice 1, France métropolitaine, septembre 2018 ............................. **245**

☐ **SUJET 43** Les inégalités entre les territoires français
Exercice 2, France métropolitaine, septembre 2019 ............................. **250**

☐ **SUJET 44** Les effets des politiques de coopération européenne
sur les territoires français • Exercice 2, Asie, juin 2019......................... **254**

☐ **SUJET 45** L'axe indopacifique
Exercice 1, Nouvelle-Calédonie, décembre 2019 .................................. **258**

## Enseignement moral et civique

**SUJET 46** L'impôt sur le revenu et la solidarité nationale
Amérique du Nord, juin 2019 .................................................................. 262

**SUJET 47** L'égalité hommes-femmes en France
Amérique du Nord, juin 2018 .................................................................. 266

**SUJET 48** L'engagement des citoyens dans la vie de leur commune
France métropolitaine, juillet 2019 ........................................................ 270

## Sciences

### Sujet de France métropolitaine, juin 2021

**SUJET 49** PHYSIQUE-CHIMIE Fonte et régression des glaciers ................ 275

**SUJET 50** SVT Photosynthèse de feuilles rouges et panachées ............ 281

### Physique-chimie

**SUJET 51** Surveillance de la qualité de l'air par LIDAR
France métropolitaine, septembre 2019 ................................................ 288

**SUJET 52** La physique et la chimie au service du football
Antilles, Guyane, juin 2019 ...................................................................... 293

**SUJET 53** Pertes auditives • Asie, juin 2018 ........................................ 299

### SVT

**SUJET 54** Vent et kitesurf • Polynésie française, juin 2018 .................. 304

**SUJET 55** La nutrition des végétaux
France métropolitaine, juillet 2019 ........................................................ 309

**SUJET 56** L'implant contraceptif • Asie, juin 2019 ............................... 316

### Technologie

**SUJET 57** Échographie • France métropolitaine, juin 2018 ................... 321

**SUJET 58** Test d'abrasion de gants de moto
Polynésie française, juillet 2019 ............................................................. 328

**SUJET 59** Analyse ADN • Pondichéry, mai 2018 .................................. 335

## ▶ Épreuve orale

### Histoire des arts

- SUJET **60** *La Femme au chapeau*, Henri Matisse .................. 359
- SUJET **61** *Le Cheval majeur*, Raymond Duchamp-Villon ............ 361
- SUJET **62** *Chrysler Building*, William Van Alen .................. 363
- SUJET **63** *Les Temps modernes*, Charlie Chaplin ................. 365
- SUJET **64** *Complainte du progrès*, Boris Vian ................... 367
- SUJET **65** *Electronic Superhighway*, Nam June Paik .............. 370
- SUJET **66** Affiche antibolchevique, Adrien Barrère ............... 372
- SUJET **67** *Dracula*, Francis Ford Coppola ...................... 374

### Projet inderdisciplinaire

- SUJET **68** L'image au service de la propagande ................... 376

---

**Pour compléter tes révisions, rendez-vous sur annabac.com !**

- L'achat de cet Annabrevet te permet de bénéficier d'un **accès GRATUIT*** à toutes les **ressources** d'annabac.com en 3e (fiches, vidéos, quiz, sujets corrigés...) et à ses **parcours de révision**.

- Pour profiter de cette offre, rendez-vous sur **www.annabac.com** dans la rubrique

**J'ai acheté un ouvrage Hatier**

*n les conditions précisées sur le site

# 1 Comment s'organise le brevet ?

Le brevet comprend quatre épreuves écrites – en français, en maths, en histoire-géographie EMC et en sciences – et une épreuve orale (voir fiche 1 de la partie Oral).

## A Les épreuves écrites de français et de maths

Notées chacune sur **100 points**, les épreuves écrites de français et de mathématiques sont les épreuves majeures de l'examen.

### 1. L'épreuve de français (3 heures)

● Elle est structurée en trois temps :
**1.** Tu dois d'abord répondre à des **questions** sur un texte littéraire et sur une image (1 h 10). L'une des questions, généralement sur 10 points, est un exercice de réécriture.
**2.** Puis une **dictée** de 600 signes environ (20 minutes) t'est proposée.
**3.** L'épreuve se termine par une **rédaction** (1 h 30). Tu as le choix entre deux sujets : un sujet de réflexion et un sujet d'imagination.

● Les réponses aux questions sont notées sur 50 points ; la dictée, sur 10 points ; la rédaction, sur 40 points.

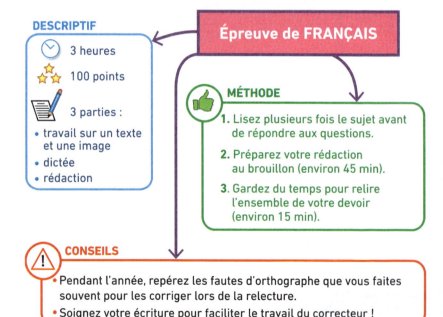

**DESCRIPTIF**
- 3 heures
- 100 points
- 3 parties :
  • travail sur un texte et une image
  • dictée
  • rédaction

**Épreuve de FRANÇAIS**

**MÉTHODE**
1. Lisez plusieurs fois le sujet avant de répondre aux questions.
2. Préparez votre rédaction au brouillon (environ 45 min).
3. Gardez du temps pour relire l'ensemble de votre devoir (environ 15 min).

**CONSEILS**
• Pendant l'année, repérez les fautes d'orthographe que vous faites souvent pour les corriger lors de la relecture.
• Soignez votre écriture pour faciliter le travail du correcteur !

▶ Plus d'informations dans les fiches 1, 2 et 3 de la partie Français.

## 2. L'épreuve de maths (2 heures)

● Le sujet est constitué de **six à huit exercices** indépendants les uns des autres. Certains prennent la forme de questionnaires à choix multiple (QCM) ; les autres proposent des questions ouvertes. Les énoncés peuvent s'appuyer sur des situations de la vie courante ou sur d'autres disciplines.

> **INFO** Le sujet comprend en général au moins un exercice d'algorithmique.

● L'**évaluation** valorise la clarté et la précision des raisonnements ainsi que la qualité de la rédaction mathématique. Si tu ne termines pas un exercice, les démarches engagées seront prises en compte dans la notation.

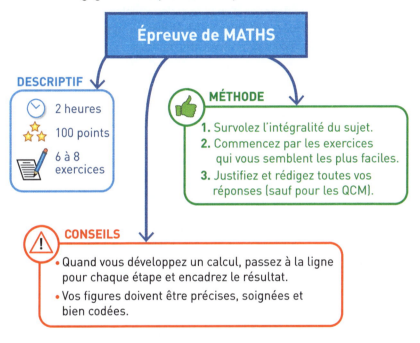

▶ **Plus d'informations dans la fiche 1 de la partie Maths.**

## B  Les deux autres épreuves écrites

Le brevet comprend également deux épreuves écrites notées chacune sur **50 points**, portant :
– l'une sur le programme d'histoire-géographie et d'enseignement moral et civique (EMC) ;
– l'autre sur le programme de physique-chimie, de SVT et de technologie.

### 1. L'épreuve d'histoire-géo et EMC (2 heures)

Le sujet comprend **trois exercices** : un dans chaque domaine.
**1.** Le premier exercice (en histoire ou en géographie) porte sur la compréhension, l'analyse et l'interprétation d'un corpus documentaire.
**2.** Le deuxième exercice (en géographie ou en histoire) appelle un développement rédigé et – le cas échéant – un travail graphique.
**3.** Le troisième exercice porte sur le programme d'EMC.

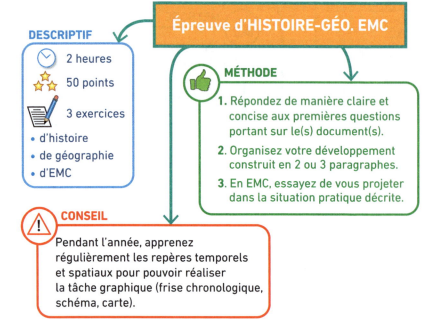

**Épreuve d'HISTOIRE-GÉO. EMC**

**DESCRIPTIF**
- 2 heures
- 50 points
- 3 exercices
  - d'histoire
  - de géographie
  - d'EMC

**MÉTHODE**
1. Répondez de manière claire et concise aux premières questions portant sur le(s) document(s).
2. Organisez votre développement construit en 2 ou 3 paragraphes.
3. En EMC, essayez de vous projeter dans la situation pratique décrite.

**CONSEIL**
Pendant l'année, apprenez régulièrement les repères temporels et spatiaux pour pouvoir réaliser la tâche graphique (frise chronologique, schéma, carte).

▶ Plus d'informations dans la fiche 1 de la partie Histoire-Géo • EMC.

## 2. L'épreuve de sciences (1 heure)

- Cette épreuve porte sur **deux des trois disciplines** suivantes : physique-chimie ; sciences de la vie et de la Terre ; technologie.

> INFO **Les matières sont tirées au sort chaque année.**

- Le sujet se compose, pour chaque discipline, d'un ou de plusieurs exercices d'une durée totale de 30 minutes.

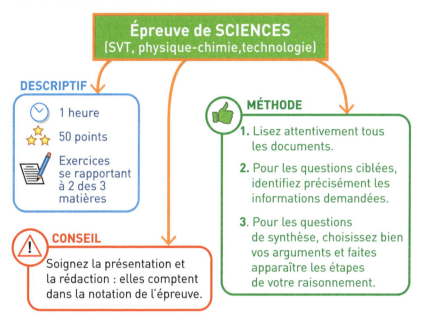

▶ **Plus d'informations dans la fiche 1 de la partie Sciences.**

# 2 À quelle condition obtient-on son brevet ?

Pour obtenir le diplôme du brevet, il faut qu'en ajoutant les points du contrôle continu et ceux des épreuves finales, tu totalises au moins 400 points sur 800.

## A Le décompte des points

### 1. Les points du contrôle continu

- À la fin de l'année, sur la base du travail effectué en cours, tes professeurs se réunissent pour évaluer ton degré de maîtrise des huit composantes du socle commun de connaissances et de compétences. Pour chaque composante, le barème ci-contre est appliqué :

- Tu peux alors obtenir au maximum 8 × 50, soit **400 points**, si tu as une très bonne maîtrise des huit composantes du socle.

> INFO Des points supplémentaires sont accordés aux candidats ayant suivi un enseignement de complément, selon le niveau acquis.

### 2. Les notes obtenues lors des cinq épreuves finales

- À ces points s'ajoutent les notes obtenues aux épreuves finales, selon ce système de notation :

- En additionnant les cinq notes maximales, on arrive également à un total de **400 points**.

## B Le diplôme et les mentions

- Pour obtenir ton brevet, il te suffit d'avoir **400 points sur 800**.
- Des mentions sont décernées selon cette règle :

| Mention | Note |
|---|---|
| Assez bien | au moins 480 points |
| Bien | au moins 560 points |
| Très bien | au moins 640 points |

# 3. Comment te préparer à l'examen ?

Les épreuves finales du brevet constituent ton premier examen. Cela peut générer du stress. Mais, si tu es en bonne forme et que tu as travaillé régulièrement tout au long de l'année, tu n'as aucune raison de t'inquiéter.

## A De manière générale

### 1. La préparation physique

- Il est recommandé de **dormir correctement** dans les deux derniers mois avant l'examen. Le manque de sommeil risque en effet de réduire tes performances intellectuelles.

- Pour mieux gérer ton stress, continue de **faire du sport**, sans excès, dans les jours qui précèdent l'examen.

### 2. La préparation intellectuelle

Cette préparation-là s'effectue tout au long de l'année.
- En premier lieu, sois **attentif en cours**.

- **Apprends tes leçons** au fur et à mesure ; n'attends pas le contrôle. Donne du sens à ce que tu apprends : n'hésite pas à expliquer, à l'oral ou à l'écrit, le contenu de ta leçon à un proche ou à un camarade de classe.

- Lors de la préparation d'un contrôle, entraîne-toi à **extraire de ta mémoire** ce que tu y as mis. Révise pour de vrai !

> **ATTENTION !** Réviser n'est pas seulement relire. Il faut reformuler mentalement ce que tu lis et, si possible, par écrit, devant une feuille blanche.

## B Dans chaque discipline

- En **mathématiques et en sciences**, fais une fiche de révision par chapitre : note les définitions et les propriétés à connaître, illustrées par des exemples rédigés.

- En **français**, prends le temps nécessaire pour lire attentivement les textes qu'on te donne à lire à la maison (sous forme d'extraits ou d'œuvres complètes).

- En **histoire, géographie et EMC**, pour chaque chapitre, note les points principaux en t'appuyant sur ton cours ou ton manuel.

# Français

## INFOS et CONSEILS sur l'épreuve

| | |
|---|---|
| FICHE **1** Comment réussir les questions de français ? | 19 |
| FICHE **2** Comment réussir la dictée ? | 20 |
| FICHE **3** Comment réussir la rédaction ? | 21 |

## Sujet de France métropolitaine 2021

SUJET **1** — 22

## Se raconter, se représenter

SUJET **2** — 33

## Dénoncer les travers de la société

SUJET **3** — 43

## Agir dans la cité : individu et pouvoir

SUJETS **4** et **5** — 53

## Visions poétiques du monde

SUJET **6** — 74

## Progrès et rêves scientifiques

SUJET **7** — 84

## Le programme en 10 fiches MÉMO

| | | |
|---|---|---|
| FICHE 4 | Répondre à une question de vocabulaire | 95 |
| FICHE 5 | Identifier la classe grammaticale d'un mot | 96 |
| FICHE 6 | Reconnaître la fonction d'un mot ou d'un groupe de mots | 97 |
| FICHE 7 | Analyser une phrase complexe | 98 |
| FICHE 8 | Expliquer la valeur d'un temps | 99 |
| FICHE 9 | Utiliser la bonne terminaison verbale | 100 |
| FICHE 10 | Faire les accords nécessaires | 101 |
| FICHE 11 | Confronter un texte et une image | 103 |
| FICHE 12 | Construire un récit ou une suite de récit | 104 |
| FICHE 13 | Construire une argumentation | 105 |

# 1 Comment réussir les questions de français ?

Les questions portent sur un texte d'une trentaine de lignes, d'un auteur de langue française, et sur un document iconographique.

## A Comprendre les documents

### 1. Le texte

- **Lis deux ou trois fois** le texte. Identifie son **genre** : récit, théâtre, poésie… Mobilise tes connaissances sur l'auteur, si tu le connais, et sur l'époque de parution du livre (la date est toujours indiquée).

- Dans le cas d'un texte narratif, repère les personnages, le lieu et l'époque de l'action. S'agit-il d'un récit à la 1re personne ? à la 3e personne ?

### 2. L'image

- Regarde attentivement le document iconographique.
- Interroge-toi : quel élément permet de faire le lien avec le texte ?

## B Traiter les questions de grammaire

- Lis l'ensemble des questions avant de répondre. Elles suivent une progression : il est donc recommandé de les traiter **dans l'ordre**.

- Les questions de grammaire portent sur des éléments précis : un mot, une phrase, un verbe, une figure de style… Elles appellent en général des **réponses assez brèves**, mais qui doivent être **justifiées**.

> ATTENTION ! Toutes tes réponses doivent être rédigées.

- Pour la réécriture, veille à bien faire toutes les transformations orthographiques impliquées par le changement initial. **Souligne les mots à modifier** : verbes, noms et adjectifs, pronoms, déterminants possessifs, etc. Attention également aux mots qui ne changent pas : toutes les fautes de copie sont pénalisées !

## C Traiter les questions de compréhension

- Regarde bien le **barème** de chaque question : plus le nombre de points est élevé, plus ta réponse doit être longue et argumentée.

- Les dernières questions te demandent de faire le bilan (visée de l'auteur, intérêt du texte) et de confronter le texte et l'image. Prends appui sur les documents pour détailler ta réponse et **justifier ton point de vue**.

> CONSEIL Pour toutes tes réponses, rédige de manière simple et claire, et pense à citer le texte.

## 2 Comment réussir la dictée ?

Le texte de la dictée, de 600 signes environ, a toujours un rapport avec le texte initial : même œuvre, même auteur ou même thème.

### A Écouter

● Lors de la première lecture, concentre-toi sur le **sens** du texte et repère ses difficultés. Demande-toi si le récit est à la 1re ou à la 3e personne.

> **INFO** La dictée est lue au total trois fois.

● Identifie le type du texte et le **temps dominant** : généralement, imparfait et passé simple pour un récit, présent ou imparfait pour une description.

### B Écrire

#### 1. Les verbes

● Fais attention aux temps qui, à l'oral, peuvent se confondre :
– participe passé et infinitif des verbes du 1er groupe (*aimé/aimer*) ;
– imparfait et passé simple (*je marchais/je marchai*) ;
– futur et conditionnel présent (*je partirai/je partirais*).

● Pour les différencier, **change de personne** : *il partira / il partirait*.

#### 2. Les chaînes d'accord

● Repère le sujet de chaque **verbe** pour savoir comment accorder celui-ci.

● Pour chaque **adjectif**, demande-toi à quel **nom** il se rapporte pour l'accorder correctement en genre et en nombre.

● N'oublie pas d'accorder les **participes passés** qui doivent l'être.

#### 3. Les homophones

Sois attentif à bien distinguer les homophones : *ou/où, quand/qu'en, c'est/s'est...* Identifie leur **classe grammaticale** pour ne pas te tromper.

> **CONSEIL** Essaie de retrouver l'orthographe des mots que tu ne connais pas à partir de mots formés sur le même radical.

### C Se relire

● Effectue plusieurs relectures, en te concentrant à chaque fois sur **un point précis** : l'accord sujet-verbe ; les homophones, etc.

● Vérifie que tes phrases commencent par une majuscule, forme correctement les accents et rends ton écriture la plus **lisible** possible.

# ③ Comment réussir la rédaction ?

Tu as le choix entre un sujet de réflexion et un sujet d'imagination. Tous deux portent sur la même thématique que les documents distribués dans la première partie de l'épreuve.

## A) Comprendre le sujet

Lis les deux sujets et choisis rapidement celui que tu veux traiter.

### 1. Le sujet de réflexion

● On te demande d'exprimer **ton avis** sur une question précise. Tu dois écrire un texte à dominante **argumentative** en justifiant ton point de vue.

● Le plus souvent, il s'agit d'écrire un petit texte. On peut aussi te demander de développer une argumentation dans une lettre ou sous forme de dialogue.

### 2. Le sujet d'imagination

● Il peut s'agir d'écrire la **suite d'un récit**, de raconter la même scène en changeant de point de vue ou d'imaginer une autre scène sur le même thème. On pourra également te demander de **raconter une expérience personnelle**, en précisant les sentiments que tu as éprouvés à cette occasion.

> **CONSEIL** Pense à enrichir tes récits par des descriptions et des dialogues, même lorsque les consignes ne le précisent pas.

● La consigne t'indique clairement le **type de texte** attendu : texte essentiellement narratif, lettre, récit avec passages dialogués…

## B) Travailler au brouillon

● Accorde **40 minutes** à cette phase.

● Pour un **sujet de réflexion**, contente-toi d'écrire au brouillon le plan et les idées principales de chaque paragraphe, sans faire de phrases complètes. En revanche, rédige intégralement ton **introduction**.

● Pour un **sujet d'imagination**, écris au brouillon uniquement le **plan** du texte et les **idées majeures**.

● Quand tu as terminé ton premier jet, **retravaille-le** : vérifie que les phrases s'enchaînent bien et qu'il n'y a pas de répétitions ; puis corrige les erreurs.

## C) Rédiger au propre

● Accorde **40 minutes** à cette dernière étape. Écris lisiblement. Ton texte doit faire 2 pages minimum, soit 300 mots environ.

● Il te restera **10 minutes** pour te relire et supprimer les erreurs d'inattention.

France métropolitaine • Juin 2021

# Un sinistre lieu de vie

3 heures
100 points

● **INTÉRÊT DU SUJET** • L'extrait introduit le lecteur dans le manoir du personnage principal qui s'apparente aux lieux hantés de la littérature fantastique.

 **Texte littéraire**

*Le Baron de Sigognac vient de dîner en compagnie de son domestique Pierre, de son chat Béelzébuth et de son chien Miraut.*

Pendant ce temps la nuit s'était faite, et de grandes ombres s'entassaient dans les recoins de la cuisine, comme des chauves-souris qui s'accrochent aux angles des murailles par les doigts de leurs ailes membraneuses. Un reste de feu, qu'avivait la rafale engouffrée dans
5 la cheminée, colorait de reflets bizarres le groupe réuni autour de la table avec une sorte d'intimité triste qui faisait ressortir encore la mélancolique solitude du château. D'une famille jadis puissante et riche il ne restait qu'un rejeton[1] isolé, errant comme une ombre dans ce manoir peuplé par ses aïeux ; d'une livrée[2] nombreuse il n'existait
10 plus qu'un seul domestique, serviteur par dévouement, qui ne pouvait être remplacé ; d'une meute de trente chiens courants il ne survivait qu'un chien unique, presque aveugle et tout gris de vieillesse, et un chat noir servait d'âme au logis désert.
 Le Baron fit signe à Pierre qu'il voulait se retirer. Pierre, se bais-
15 sant au foyer, alluma un éclat de bois de pin enduit de résine, sorte de chandelle économique qu'emploient les pauvres paysans, et se mit à précéder le jeune seigneur ; Miraut et Béelzébuth[3] se joignirent au cortège : la lueur fumeuse de la torche faisait vaciller sur les murailles de l'escalier les fresques[4] pâlies et donnait une apparence de vie aux
20 portraits enfumés de la salle à manger dont les yeux noirs et fixes semblaient lancer un regard de pitié douloureuse sur leur descendant.
 Arrivé à la chambre à coucher fantastique […], le vieux serviteur alluma une petite lampe de cuivre à un bec dont la mèche se repliait

dans l'huile comme un ténia dans l'esprit-de-vin à la montre d'un
25 apothicaire⁵, et se retira suivi de Miraut. Béelzébuth, qui jouissait de
ses grandes entrées, s'installa sur un des fauteuils. Le Baron s'affaissa
sur l'autre, accablé par la solitude, le désœuvrement et l'ennui.

Si la chambre avait l'air d'une chambre à revenants pendant le
jour, c'était encore bien pis le soir à la clarté douteuse de la lampe. La
30 tapisserie prenait des tons livides, et le chasseur⁶, sur un fond de verdure sombre, devenait, ainsi éclairé, un être presque réel. Il ressemblait, avec son arquebuse en joue, à un assassin guettant sa victime, et
ses lèvres rouges ressortaient plus étrangement encore sur son visage
pâle. On eût dit une bouche de vampire empourprée de sang.

35 La lampe saisie par l'atmosphère humide grésillait et jetait des
lueurs intermittentes, le vent poussait des soupirs d'orgue à travers
les couloirs, et des bruits effrayants et singuliers se faisaient entendre
dans les chambres désertes.

Théophile Gautier, *Le Capitaine Fracasse*, 1863.

---

1. Un rejeton : un fils, un héritier.
2. Une livrée : un ensemble de domestiques.
3. Béelzébuth : un des noms du diable.
4. Fresques : peintures murales.
5. Comme un ténia dans l'esprit-de-vin à la montre d'un apothicaire : comme un ver conservé dans l'alcool dans un bocal de pharmacie.
6. Celui qui figure sur la tapisserie, déjà décrite un peu avant dans le roman.

**DOCUMENT B** Photogramme du film *La Belle et la Bête* réalisé par Jean Cocteau, 1946

**France métropolitaine • Juin 2021 • SUJET 1**

## TRAVAIL SUR LE TEXTE LITTÉRAIRE ET SUR L'IMAGE
**50 POINTS • ⏱ 1 h 10**

*Les réponses doivent être entièrement rédigées.*

### Compréhension et compétences d'interprétation

▶ **1.** Dans quels lieux précis et à quel moment de la journée se déroule la scène racontée ? Justifiez votre réponse en vous appuyant sur le texte. (*4 points*)

▶ **2. a)** Expliquez l'expression « la mélancolique solitude du château » aux lignes 6 et 7. (*2 points*)
**b)** Justifiez votre explication en vous appuyant sur la construction et le lexique de la phrase qui suit (l. 7 à 13). Trois éléments précis de réponse sont attendus. (*3 points*)

▶ **3.** Dans le quatrième paragraphe (l. 28 à 34), quel phénomène se produit le soir ? Comment se déclenche-t-il ? Pour répondre, appuyez-vous sur deux procédés d'écriture que vous analyserez. (*6 points*)

▶ **4.** L'auteur qualifie la chambre à coucher de « fantastique » à la l. 22. Quels éléments contribuent à installer cette atmosphère à partir de la l. 18 du texte ? On attend un développement qui prend appui notamment sur le lexique (en particulier sur les adjectifs et les adverbes) et les comparaisons. (*6 points*)

▶ **5.** Quels sentiments ce récit éveille-t-il chez le lecteur ? Vous justifierez votre réponse en vous appuyant sur au moins trois éléments précis du texte. (*5 points*)

▶ **6.** Quels liens pouvez-vous établir entre le photogramme proposé et le texte ? Appuyez-vous notamment sur les effets de lumière dans ce photogramme et dans le texte. Des éléments descriptifs de l'image et des citations précises du texte sont attendus. (*6 points*)

### Grammaire et compétences linguistiques

▶ **7.** « et le chasseur, sur un fond de verdure sombre, devenait, ainsi éclairé, un être presque réel. » (l. 30-31).
**a)** Par quel verbe peut-on remplacer le verbe « devenait » ? (*1 point*)
**b)** Quelle fonction du groupe souligné pouvez-vous ainsi identifier ? (*1 point*)

▶ **8.** « la lueur fumeuse de la torche […] donnait une apparence de vie aux portraits enfumés de la salle à manger dont les yeux noirs et fixes semblaient lancer un regard de pitié douloureuse sur leur descendant. » (l. 18-21)

Relevez les trois expansions du nom « portraits » et précisez leur nature (ou classe grammaticale). (*6 points*)

▶ **9.** « La tapisserie prenait des tons livides, et le chasseur, sur un fond de verdure sombre, devenait, ainsi éclairé, un être presque réel. Il ressemblait, avec son arquebuse en joue, à un assassin guettant sa victime, et ses lèvres rouges ressortaient plus étrangement encore […] » (l. 29-33). (*10 points*)
Réécrivez ce passage en remplaçant « le chasseur » par « les chasseurs ». Effectuez toutes les modifications nécessaires.

## DICTÉE — 10 POINTS • 20 min

*Le nom de l'auteur et le titre de l'œuvre sont écrits au tableau. On précise que le narrateur est un homme.*

### François-René de Chateaubriand
*Mémoires d'outre-tombe*, 1848-1850

La nuit, je n'apercevais qu'un petit morceau du ciel et quelques étoiles. Lorsque la lune brillait et qu'elle s'abaissait à l'occident, j'en étais averti par ses rayons, qui venaient à mon lit au travers des carreaux losangés de la fenêtre. Des chouettes, voletant d'une tour à l'autre, passant et repassant entre la lune et moi, dessinaient sur mes rideaux l'ombre mobile de leurs ailes. Relégué dans l'endroit le plus désert, à l'ouverture des galeries, je ne perdais pas un murmure des ténèbres. Quelquefois, le vent semblait courir à pas légers ; quelquefois il laissait échapper des plaintes ; tout à coup, ma porte était ébranlée avec violence, les souterrains poussaient des mugissements, puis ces bruits expiraient pour recommencer encore.

## RÉDACTION — 40 POINTS • 1 h 30

*Vous traiterez au choix l'un des deux sujets suivants.*

### Sujet d'imagination
Décrivez la promenade du Baron de Sigognac à la tombée de la nuit dans le sinistre jardin du château. Vous conserverez l'atmosphère du texte de Théophile Gautier. Vous préciserez les éléments du paysage qui contribuent à cette atmosphère.

### Sujet de réflexion
Aimez-vous découvrir des œuvres littéraires et artistiques dans lesquelles interviennent le surnaturel ou l'étrange ?

France métropolitaine • Juin 2021 • **SUJET 1**

Vous répondrez à cette question par un développement argumenté en vous appuyant sur les œuvres étudiées en classe, vos lectures personnelles et les œuvres cinématographiques et artistiques que vous connaissez.

## LES CLÉS DU SUJET

### ● Analyser les documents

**Le thème**
Récit de l'existence solitaire et mélancolique du héros, le Baron de Sigognac, dernier rejeton appauvri d'une famille jadis noble et florissante, dans le vieux château de ses ancêtres.

**Le genre**
Photogramme extrait du film *La Belle et la Bête* de Jean Cocteau, adapté d'un conte merveilleux et réalisé en 1946.

**LE TEXTE** — **L'IMAGE**

**Les caractéristiques clés**
La description est réaliste, mais elle emprunte les codes du genre fantastique pour créer une atmosphère angoissante et fantomatique.

**Les caractéristiques clés**
L'image nous introduit dans un univers propre au merveilleux et au fantastique, né des jeux de lumière et d'ombres créés par les candélabres.

### ● Traiter le sujet d'imagination

#### ■ Recherche d'idées

**Piste 1**
- Imagine le « sinistre jardin du château ». Comment est-il éclairé : par la lune ? par des flambeaux ?
- Décris les éléments qui constituent son décor : grilles, douves, statues, fontaines, bosquets d'arbres…

**Piste 2**
Pense à introduire des bruits, des sons et des lumières qui contribueront à créer une atmosphère angoissante.

#### ■ Conseils de rédaction

- Le sujet te demande de faire une description et non un récit.
- Conserve l'atmosphère du texte de Théophile Gautier. La tonalité employée est fantastique : le récit demeure réaliste, mais les impressions, les sensations, doivent générer un effet d'inquiétude ou d'étrangeté. Évite les événements trop irrationnels.
- Emploie les champs lexicaux de l'obscurité et de la lumière comme le fait Théophile Gautier et introduit des figures de style, en particulier des comparaisons et des personnifications.

France métropolitaine • Juin 2021 • CORRIGÉ

## ● Traiter le sujet de réflexion

### ■ Recherche d'idées

**Piste 1** — Les mots « surnaturel » et « étrange » sont proches de ce que l'on appelle communément le fantastique : la réalité est bouleversée par l'apparition de phénomènes étranges et inquiétants.

**Piste 2**
- Le sujet t'invite à mentionner des références littéraires ancrées dans cette étrangeté, comme *Le Horla* de Maupassant, *La Cafetière* de Théophile Gautier ou *Le K* de Dino Buzzati.
- Tu peux appuyer ta réflexion sur les œuvres artistiques suivantes : des tableaux comme *Le Cri* d'Edvard Munch ou *La Reproduction interdite* de René Magritte. Le film *La Belle et la Bête* de Jean Cocteau présente un bon exemple de ce surnaturel inquiétant. Pense également aux films inspirés des livres de Stephen King.

### ■ Conseils de rédaction

• Tu peux choisir un plan en deux parties (une thèse/une antithèse). Tu peux aussi opter pour une réponse univoque en organisant tes arguments par paragraphes et en utilisant des connecteurs logiques. L'usage de la première personne du singulier est autorisé.

• Si tu choisis de répondre par l'affirmative, tu peux évoquer d'abord le plaisir du frisson quand l'inquiétude grandit, puis le plaisir de la découverte d'un monde où les règles sont différentes, et enfin le plaisir dû au mystère qui persiste jusqu'à la fin.

## TRAVAIL SUR LE TEXTE LITTÉRAIRE ET SUR L'IMAGE

### Compréhension et compétences d'interprétation

▶ **1.** La scène se déroule dans la cuisine (« les recoins de la cuisine »), dans la salle à manger (« portraits enfumés de la salle à manger ») puis dans les escaliers (« les murailles de l'escalier ») et enfin dans la chambre à coucher (« la chambre à coucher fantastique » ; « une chambre à revenants ») d'un château appartenant à « une famille jadis puissante et riche ». La scène a lieu à la tombée de la nuit : « la nuit s'était faite ».

▶ **2. a)** L'expression « la mélancolique solitude du château » évoque un lieu dépeuplé et lugubre habité par son dernier propriétaire, le Baron de Sigognac, qui y vit presque seul dans une atmosphère empreinte de tristesse.

**b)** La phrase qui suit cette expression est constituée de trois propositions construites sur le même modèle avec la répétition de la négation restrictive « ne...que ».

Elle repose sur des antithèses et oppose « une famille jadis puissante et riche » à son « rejeton isolé, errant comme une ombre dans ce manoir peuplé par ses aïeux », la nombreuse domesticité antérieure à « un seul domestique » et l'ancienne « meute de trente chiens » à son unique survivant, « aveugle et tout gris de vieillesse ».

> **INFO +**
> Une antithèse est une figure de style qui consiste à rapprocher dans un même énoncé deux mots ou deux idées qui s'opposent par le sens.

Le lexique employé pour caractériser le héros, son entourage et le lieu est dévalorisant et pathétique (« errant », « ombre », « aveugle », « gris », « désert »). Il met en évidence la décrépitude du lieu et la solitude du personnage.

▶ **3.** Un phénomène étrange se produit le soir : la chambre semble hantée et s'animer en raison de « la clarté douteuse de la lampe ». Celle-ci éveille tout d'abord des contrastes entre ombre et lumière : au lexique évoquant la luminosité ou des couleurs vives (« clarté », « éclairé », « rouges », « empourprée de sang ») s'oppose celui marquant l'obscurité ou l'absence de couleurs (« douteuse », « tons livides », « sombre », « pâle »). Ces effets de lumière provoquent comme des hallucinations (« avait l'air », « ressemblait », « on eût dit ») et donnent l'impression que le personnage du « chasseur » représenté sur la tapisserie prend vie et se métamorphose. L'auteur utilise plusieurs comparaisons : le chasseur est comparé à un « assassin », ses lèvres à « une bouche de vampire ».

▶ **4.** L'auteur installe une atmosphère fantastique grâce à plusieurs procédés : tout d'abord, l'emploi d'un lexique propre au récit fantastique (« revenants », « étrangement », « vampire », « effrayants », « singuliers ») ; puis l'emploi de comparaisons : celle du « ténia dans l'esprit-de-vin » qui introduit un détail insolite ou celle de « la bouche de vampire empourprée de sang » qui provoque l'effroi ; mais également les portraits des ancêtres qui semblent prendre vie, tout comme le personnage de la tapisserie. On peut noter également le choix du nom de Béelzébuth, une des appellations du diable, pour nommer le chat noir du Baron ; ainsi que la vision brouillée de l'ensemble donnée par

l'éclairage : d'abord par la torche (« lueur fumeuse de la torche »), puis par la lampe de la chambre (« clarté douteuse », « lueurs intermittentes »). Enfin, la personnification du vent qui « poussait des soupirs d'orgue » achève cette description inquiétante.
Tous ces éléments contribuent ainsi à créer une atmosphère angoissante, caractéristique du genre fantastique.

> **INFO +**
> Le fantastique est un genre littéraire qui introduit dans un contexte réaliste des éléments étranges et inexpliqués relevant de l'irrationnel.

▶ **5.** Ce récit éveille plusieurs sentiments chez le lecteur : d'abord un sentiment de mélancolie, de pitié, d'empathie et de compassion à l'égard du héros et de ceux qui lui tiennent compagnie (le vieux serviteur dévoué, les animaux fidèles, dans « une sorte d'intimité triste ») ; mais ensuite un sentiment de malaise qui se transforme peu à peu en angoisse à mesure que la nuit tombe, que les lieux prennent un aspect fantastique et que des bruits inquiétants se font entendre.

▶ **6.** Le photogramme est extrait du film *La Belle et la Bête* de Jean Cocteau. L'image en noir et blanc donne à voir, sur un fond obscur, une table chargée de mets et un homme de profil. La scène est éclairée par des candélabres aux flammes vacillantes soutenus par des bras humains.
L'effet recherché est tout entier dans le contraste entre la lumière et l'obscurité qui crée une impression de mystère et d'étrangeté. De même, dans le texte de Théophile Gautier, ce sont les sources de lumière qui modifient le décor et créent des effets étranges, voire effrayants : « de grandes ombres s'entassaient dans les recoins de la cuisine », « Un reste de feu [….] colorait de reflets bizarres le groupe réuni autour de la table », « la lueur fumeuse de la torche faisait vaciller sur les murailles de l'escalier les fresques pâlies ». C'est enfin la « clarté douteuse » de la lampe qui semble animer le personnage de la tapisserie et lui donner vie.

### Grammaire et compétences linguistiques

▶ **7. a)** Le verbe « devenait » peut être remplacé par les verbes « était » ou « semblait ».

**b)** « un être presque réel » est attribut du sujet « le chasseur ».

> **INFO +**
> L'attribut du sujet permet de caractériser le sujet par l'intermédiaire du verbe *être* ou d'un verbe d'état (*sembler, paraître, devenir*…).

▶ **8.** Les trois expansions du nom « portraits » sont les suivantes :
– « enfumés » : participe passé employé comme adjectif ;

– « de la salle à manger » : groupe nominal prépositionnel ;

– « dont les yeux noirs et fixes semblaient lancer un regard de pitié douloureuse sur leur descendant » : proposition subordonnée relative introduite par le pronom relatif « dont ».

▶ **9.** *Les modifications sont en couleur.*

« La tapisserie prenait des tons livides, et les chasseurs, sur un fond de verdure sombre, devenaient, ainsi éclairés, des êtres presque réels. Ils ressemblaient, avec leur arquebuse en joue, à des assassins guettant leur victime, et leurs lèvres rouges ressortaient plus étrangement encore [...] »

### DICTÉE

#### POINT MÉTHODE

**①** La plupart des verbes sont conjugués à l'imparfait, temps dont les terminaisons sont régulières. Attention toutefois : le verbe peut être très éloigné du sujet.

**②** Ne confonds pas les participes passés en *-é* et les infinitifs en *-er*. Pour reconnaître l'infinitif, remplace-le par un verbe du 3ᵉ groupe.

**③** Retiens l'orthographe des adverbes suivants : « quelquefois » en un seul mot, « tout à coup » sans traits d'union.

La nuit, je n'apercevais qu'un petit morceau du ciel et quelques étoiles. Lorsque la lune brillait et qu'elle s'abaissait à l'occident, j'en étais averti par ses rayons, qui venaient à mon lit au travers des carreaux losangés de la fenêtre. Des chouettes, voletant d'une tour à l'autre, passant et repassant entre la lune et moi, dessinaient sur mes rideaux l'ombre mobile de leurs ailes. Relégué dans l'endroit le plus désert, à l'ouverture des galeries, je ne perdais pas un murmure des ténèbres. Quelquefois, le vent semblait courir à pas légers ; quelquefois il laissait échapper des plaintes ; tout à coup, ma porte était ébranlée avec violence, les souterrains poussaient des mugissements, puis ces bruits expiraient pour recommencer encore.

## RÉDACTION

*Voici un exemple de rédaction sur chacun des deux sujets.*
*Attention, les indications entre crochets ne doivent pas figurer sur ta copie.*

### Sujet d'imagination

[Introduction à la promenade] Oppressé par la solitude et l'ennui, le Baron de Sigognac décida de sortir pour une dernière promenade vespérale dans le sinistre jardin qui entourait son château.

[Description de la promenade et du décor] Dans les douves, l'eau noirâtre semblait totalement opaque. S'en échappaient par intermittence les lugubres coassements des crapauds qui les avaient colonisées.

Au loin, les grilles de fer forgé se dessinaient sur le fond obscur du crépuscule comme de sombres portes de l'enfer. Les grands arbres centenaires, silhouettes massives, semblaient se pencher vers le Baron pour l'écraser à jamais sous leur ombre menaçante et projetaient vers lui leurs longs bras décharnés. La nuit promettait d'être sombre : la face blafarde de la lune disparaissait par intermittence derrière de gros nuages d'un noir d'encre. Dans la lumière vacillante des lourds flambeaux plantés çà et là, on apercevait les bustes de hautaines statues aux visages aveugles et grimaçants. Le hululement des chouettes résonnait comme d'inquiétants présages et le vent émettait des gémissements, ses soupirs devenant des plaintes puis de lugubres hurlements.

> **CONSEIL**
> Emploie des comparaisons et des personnifications pour donner vie à ta description.

On eût dit que tout se mettait en place pour un grand bal nocturne où toutes les créatures de la nuit semblaient s'être donné rendez-vous pour des ébats et des danses frénétiques.

[Fin de la promenade] Le Baron frissonna dans la fraîcheur de la nuit qui le revêtait d'un grand linceul noir. Il caressa son chien Miraut qui, à moitié aveugle, ne le quittait pas d'une semelle, tourna au coin de la grande bâtisse, passa sous la tonnelle aux roses fanées et languissantes puis revint à pas comptés pour rentrer dans le manoir et regagner sa chambre à coucher fantastique, sa chambre à revenants pour une longue nuit d'insomnie en compagnie de son chat noir Béelzébuth.

> **CONSEIL**
> N'hésite pas à reprendre des éléments du texte comme les animaux de compagnie ou des expressions de l'extrait initial.

## Sujet de réflexion

[Introduction] Il est des œuvres littéraires et artistiques marquées par le surnaturel : des événements étranges font irruption dans la réalité, provoquant souvent un sentiment de malaise ou de peur. Ces œuvres à dominante fantastique me plaisent beaucoup. Plusieurs raisons expliquent mon intérêt.

[Le plaisir du frisson] Tout d'abord cette étrangeté est souvent inquiétante. Les films tirés des ouvrages de Stephen King, comme *Carrie* ou *Shining*, mettent en scène des personnages dont les pouvoirs ou la folie sont angoissants. Mais cette peur, cette émotion forte est souvent séduisante : j'aime avoir peur et frissonner, devant un film ou un livre.

[L'attrait pour la différence] Ensuite l'irruption du surnaturel est attirante, car je découvre des mondes différents, des univers qui ressemblent au mien, mais dont le fonctionnement diffère légèrement et peut paraître séduisant. Dans *Le Portrait de Dorian Gray*, l'écrivain Oscar Wilde s'intéresse à un homme éternellement beau car son portrait vieillit à sa place. Ce rêve d'éternelle jeunesse parle à de nombreux lecteurs et me touche particulièrement.

[La part de mystère] Les œuvres fantastiques, enfin, restent souvent énigmatiques. Une explication rationnelle est possible, mais le doute est maintenu jusqu'à la fin. Cette part de mystère, d'énigme, qui résiste, se retrouve dans *Le Horla* de Maupassant : le personnage a-t-il basculé dans la folie, ou a-t-il vraiment été confronté à un double malfaisant qui lui a ôté toute sa force vitale ? J'hésite à donner une explication à ce récit. On retrouve cette ambiguïté dans le tableau *Le Cri* d'Edvard Munch : est-ce le monde qui entoure le personnage qui est effrayant, ou est-ce le personnage qui est fou et qui en a cette vision horrible ?

> **CONSEIL**
> Organise tes arguments de manière progressive, en terminant par celui qui te semble le plus convaincant et qui peut donc être plus développé que les autres.

[Conclusion] On peut ne pas aimer les œuvres marquées par le surnaturel et redouter les sentiments d'inquiétude qu'elles font naître, mais, pour ma part, j'apprécie beaucoup l'étrangeté qu'elles dégagent, le plaisir palpitant qu'elles procurent ainsi que le jeu et le mystère qu'elles entretiennent entre le réel et le surnaturel, maintenant ainsi l'incertitude jusqu'au bout.

# 2 France métropolitaine • Juillet 2019

## Jeux de l'enfance

⏱ 3 heures
100 points

● **INTÉRÊT DU SUJET** • Les documents traitent des jeux heureux de l'enfance. Si les époques évoquées peuvent paraître lointaines, les scènes montrées possèdent toutefois un caractère intemporel.

**DOCUMENT A** **Texte littéraire**

*Dans son roman* Le Premier Homme, *Albert Camus raconte son enfance en Algérie dans les années 1920. Il s'est représenté dans le personnage de Jacques et évoque ici les jeux qu'il partage avec ses camarades.*

Tous les jours, à la saison, un marchand de frites activait son fourneau. La plupart du temps, le petit groupe n'avait même pas l'argent d'un cornet. Si par hasard l'un d'entre eux avait la pièce nécessaire, il achetait son cornet, avançait gravement vers la plage, suivi du cortège
5 respectueux des camarades et, devant la mer, à l'ombre d'une vieille barque démantibulée, plantant ses pieds dans le sable, il se laissait tomber sur les fesses, portant d'une main son cornet bien vertical et le couvrant de l'autre pour ne perdre aucun des gros flocons croustillants. L'usage était alors qu'il offrît une frite à chacun des camarades,
10 qui savourait religieusement l'unique friandise chaude et parfumée d'huile forte qu'il leur laissait. Puis ils regardaient le favorisé qui, gravement, savourait une à une le restant des frites. Au fond du paquet, restaient toujours des débris de frites. On suppliait le repu[1] de bien vouloir les partager. Et la plupart du temps, sauf s'il s'agissait de
15 Jean, il dépliait le papier gras, étalait les miettes de frites et autorisait chacun à se servir, tour à tour, d'une miette. […] Le festin terminé, plaisir et frustration aussitôt oubliés, c'était la course vers l'extrémité ouest de la plage, sous le dur soleil, jusqu'à une maçonnerie à demi détruite qui avait dû servir de fondation à un cabanon disparu et
20 derrière laquelle on pouvait se déshabiller. En quelques secondes, ils étaient nus, l'instant d'après dans l'eau, nageant vigoureusement et maladroitement, s'exclamant, bavant et recrachant, se défiant à des

plongeons ou à qui resterait le plus longtemps sous l'eau. La mer était douce, tiède, le soleil léger maintenant sur les têtes mouillées,
25 et la gloire de la lumière emplissait ces jeunes corps d'une joie qui les faisait crier sans arrêt. Ils régnaient sur la vie et sur la mer, et ce que le monde peut donner de plus fastueux[2], ils le recevaient et en usaient sans mesure, comme des seigneurs assurés de leurs richesses irremplaçables.

30 Ils en oubliaient même l'heure, courant de la plage à la mer, séchant sur le sable l'eau salée qui les faisait visqueux, puis lavant dans la mer le sable qui les habillait de gris. Ils couraient, et les martinets[3] avec des cris rapides commençaient de voler plus bas au-dessus des fabriques et de la plage. Le ciel, vidé de la touffeur[4] du jour, deve-
35 nait plus pur puis verdissait, la lumière se détendait et, de l'autre côté du golfe, la courbe des maisons et de la ville, noyée jusque-là dans une sorte de brume, devenait plus distincte. Il faisait encore jour, mais des lampes s'allumaient déjà en prévision du rapide crépuscule d'Afrique. Pierre, généralement, était le premier à donner le signal :
40 « Il est tard », et aussitôt, c'était la débandade, l'adieu rapide. Jacques avec Joseph et Jean couraient vers leurs maisons sans se soucier des autres. Ils galopaient hors de souffle. La mère de Joseph avait la main leste[5]. Quant à la grand-mère de Jacques...

Albert Camus, *Le Premier Homme*, 1994,
© Éditions Gallimard, www.gallimard.fr.

---

1. Le repu : celui qui n'a plus faim. 2. Fastueux : très luxueux. 3. Martinets : oiseaux au vol rapide, qui ressemblent aux hirondelles. 4. Touffeur : chaleur étouffante. 5. Avoir la main leste : donner facilement des gifles, des coups, en guise de réprimande.

**DOCUMENT B** Doisneau, *La Voiture fondue*, 1944

## Se raconter, se représenter • SUJET 2

**TRAVAIL SUR LE TEXTE LITTÉRAIRE ET SUR L'IMAGE**  **50 POINTS • 1 h 10**

*Les réponses doivent être entièrement rédigées.*

### Grammaire et compétences linguistiques

▶ **1.** Lignes 9 à 11 : « L'usage était alors qu'il offrît une frite à chacun des camarades, qui savourait religieusement l'unique friandise chaude et parfumée d'huile forte qu'il leur laissait. »
**a)** Quel est le groupe complément d'objet de « savourait » ? (*1 point*)
**b)** Pour vérifier la délimitation de ce groupe complément d'objet, réécrivez la phrase en le remplaçant par un pronom. (*1 point*)
**c)** Relevez deux expansions du nom « friandise » de nature (ou classe) grammaticale différente. Précisez la nature (ou classe) grammaticale de chacune d'elles. (*4 points*)

▶ **2.** Lignes 16-18 : « <u>Le festin terminé</u>, <u>plaisir et frustration aussitôt oubliés</u>, c'était la course vers l'extrémité ouest de la plage ».
Remplacez les deux groupes soulignés par deux propositions subordonnées conjonctives compléments circonstanciels de temps. (*2 points*)

▶ **3.** « Si par hasard l'un d'entre eux avait la pièce nécessaire, il achetait un cornet, avançait gravement vers la plage, suivi du cortège respectueux des camarades et, […], plantant ses pieds dans le sable, il se laissait tomber sur les fesses, portant d'une main son cornet bien vertical et le couvrant de l'autre. » (l. 3-8)
Réécrivez ce passage en remplaçant « l'un d'entre eux » par « deux d'entre eux ». Faites toutes les modifications nécessaires. (*10 points*)

### Compréhension et compétences d'interprétation

▶ **4.** Lignes 1 à 16 :
**a)** La scène évoquée se répète plusieurs fois. Qu'est-ce qui l'indique précisément ? Deux éléments de réponse sont attendus. (*2 points*)
**b)** Pourquoi ce moment est-il particulièrement important pour les enfants ? Vous justifierez votre réponse en vous appuyant sur le texte. Deux éléments de réponse sont attendus. (*4 points*)

▶ **5.** Lignes 16 à 29 :
**a)** Comment l'écrivain montre-t-il que les enfants sont heureux au moment de la baignade ? Vous justifierez votre réponse en vous appuyant sur le texte. Deux éléments de réponse sont attendus. (*4 points*)
**b)** Pourquoi peut-on dire qu'ils sont transformés par la baignade ? Vous justifierez votre réponse en vous appuyant sur le texte. Deux éléments de réponse sont attendus. (*4 points*)

▶ **6.** Lignes 30 à 43 : quels changements apparaissent à la fin du texte ? Développez trois éléments de réponse en vous appuyant sur des passages précis. (*6 points*)

▶ **7.** En vous aidant de vos réponses aux questions précédentes, donnez un titre significatif à chacun des trois moments de la journée évoqués dans le texte (lignes 1 à 16, lignes 16 à 29 et lignes 30 à 43). (*6 points*)

▶ **8.** Quels liens pouvez-vous établir entre la photographie de Robert Doisneau et le texte d'Albert Camus ? Développez votre réponse en vous appuyant sur des éléments précis. (*6 points*)

## DICTÉE — 10 POINTS • 20 min

*Le nom de l'auteur, le titre de l'œuvre, ainsi que « les glycines » sont écrits au tableau.*

### D'après Albert Camus
*Le Premier Homme*, 1994
© Éditions Gallimard

Dès qu'ils étaient au complet, ils partaient, promenant la raquette le long des grilles rouillées des jardins devant les maisons, avec un grand bruit qui réveillait le quartier et faisait bondir les chats endormis sous les glycines poussiéreuses. Ils couraient, traversant la rue, essayant de s'attraper, couverts déjà d'une bonne sueur, mais toujours dans la même direction, vers le champ, non loin de leur école, à quatre ou cinq rues de là. Mais il y avait une station obligatoire, à ce qu'on appelait le jet d'eau, sur une place assez grande, une énorme fontaine ronde à deux étages, où l'eau ne coulait pas, mais dont le bassin, depuis longtemps bouché, était rempli jusqu'à ras bord, de loin en loin, par les énormes pluies du pays.

## RÉDACTION — 40 POINTS • 1 h 30

*Vous traiterez au choix l'un des deux sujets suivants.*

### Sujet d'imagination

Devenu adulte, un des enfants de la photographie de Robert Doisneau raconte, comme Albert Camus, les jeux de son enfance. Il évoque la scène représentée sur la photographie. Vous imaginerez son récit en montrant comment le jeu permet aux enfants, dans un moment de joie partagée, de transformer la réalité qui les entoure. Vous choisirez d'écrire votre récit à la première ou à la troisième personne.

**Se raconter, se représenter • SUJET 2**

### Sujet de réflexion

La littérature, le cinéma et les autres arts permettent de découvrir la vie de personnages fictifs ou réels. Que peut vous apporter cette découverte ? Vous développerez votre point de vue en prenant appui sur des exemples précis, issus de votre culture personnelle et des œuvres étudiées lors de votre scolarité.

## LES CLÉS DU SUJET

### Analyser les documents

**Le genre**
Texte narratif d'inspiration autobiographique d'Albert Camus.

**Le genre**
Photographie en noir et blanc de Robert Doisneau, célèbre pour avoir immortalisé Paris et ses habitants anonymes.

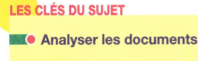

LE TEXTE — L'IMAGE

**Le thème**
Les souvenirs heureux d'une bande de garçons sont évoqués à travers trois moments différents de la journée.

**Le thème**
Des enfants jouent dans une carcasse de voiture. La photo a été prise à Paris, où les bombardements ont été importants pendant la guerre.

### Traiter le sujet d'imagination

#### ■ Recherche d'idées

**Piste 1** — Imagine les sentiments éprouvés par un adulte faisant le récit des jeux de son enfance : l'attendrissement, l'amusement, la nostalgie, et peut-être aussi un peu de tristesse.

**Piste 2** — Pense à l'époque à laquelle la photographie a été prise. En 1944, les enfants ont connu la guerre et les bombardements ; en cette période douloureuse, le jeu doit revêtir une importance particulière.

#### ■ Conseils de rédaction

• Si tu choisis d'écrire un texte à la troisième personne, fais intervenir le récit de l'adulte dans le cadre d'un dialogue avec un autre personnage l'interrogeant sur son enfance.

• Ne te contente pas de décrire la photographie. Donne des noms aux enfants, indique leurs traits de caractère et leur relation avec le personnage principal.

Se raconter, se représenter • CORRIGÉ 2

## ▰● Traiter le sujet de réflexion

### ■ Recherche d'idées

**Piste 1** — Pars de ta propre expérience pour définir les rapports que tu entretiens avec les personnages des œuvres d'art : admiration, identification, amitié, intérêt, rejet…

**Piste 2** — D'autres formes d'art que la littérature et le cinéma présentent des personnages ; en peinture, pense par exemple aux artistes qui ont fait leur autoportrait : Vincent Van Gogh, Francis Bacon, Frida Kahlo…

### ■ Conseils de rédaction

• Présente la question en introduction. Efforce-toi de formuler au moins trois idées différentes, chacune développée dans un paragraphe.
• Tire tes exemples de domaines variés tels que les romans, les films, les peintures, les photographies.
• Évite les références tirées de domaines ne relevant pas de l'art : téléréalité, biographies de célébrités, etc.
• La conclusion rappellera très brièvement ce qui a été dit, avant d'élargir la réflexion, par exemple en évoquant l'importance de l'art dans notre société.

## 2 CORRIGÉ GUIDÉ

### TRAVAIL SUR LE TEXTE LITTÉRAIRE ET SUR L'IMAGE

**Grammaire et compétences linguistiques**

▶ **1. a)** Le groupe complément d'objet direct de « savourait » est « l'unique friandise chaude et parfumée d'huile forte qu'il leur laissait ».

**b)** « L'usage était alors qu'il offrît une frite à chacun des camarades, qui la savourait religieusement. »

**c)** Deux expansions du nom « friandise » de natures grammaticales différentes : « unique », adjectif qualificatif épithète ; « qu'il leur laissait », proposition subordonnée relative.

▶ **2.** « Après que le festin était terminé, dès que plaisir et frustration étaient oubliés, c'était la course vers l'extrémité ouest de la plage. »

### Se raconter, se représenter • CORRIGÉ 2

▶ **3.** *Les modifications sont en couleur.*

« Si par hasard deux d'entre eux avaient la pièce nécessaire, ils achetaient un cornet, avançaient gravement vers la plage, suivis du cortège respectueux des camarades et, […], plantant leurs pieds dans le sable, ils se laissaient tomber sur les fesses, portant d'une main leur cornet bien vertical et le couvrant de l'autre. »

#### Compréhension et compétences d'interprétation

▶ **4. a)** La scène évoquée se répète plusieurs fois. Les compléments circonstanciels de temps « tous les jours » et « la plupart du temps » l'indiquent clairement. De plus, le texte est écrit à l'imparfait qui a ici la valeur d'imparfait d'habitude, de répétition.

**b)** Ce moment est particulièrement important pour les enfants, car il est rare : la plupart du temps, ils n'ont pas les moyens de s'offrir ce plaisir. Le partage du cornet est vécu comme une sorte de cérémonie : « leur camarade avançait gravement vers la plage, suivi du cortège respectueux des camarades. » Ces derniers savouraient « religieusement » la frite offerte.

▶ **5. a)** Les enfants sont particulièrement heureux au moment de la baignade. Leur précipitation est grande : « en quelques secondes », « l'instant d'après » ; leur joie est immense : « la joie […] les faisait crier sans arrêt ».

**b)** Les enfants sont transformés par la baignade. Ils oublient le temps : les faveurs et les rancœurs du partage des frites (« plaisir et frustration aussitôt oubliés »), l'heure du retour également (« ils en oubliaient même l'heure »). Le plaisir les rend puissants : ces enfants sans argent deviennent des « seigneurs » qui règnent « sur la vie et sur la mer » et sont assurés de « leurs richesses irremplaçables ».

▶ **6.** Des changements apparaissent à la fin du texte. Ils concernent la lumière : le ciel change de couleur (« verdissait »), les contours sont plus nets (« la courbe des maisons […] devenait plus distinct »), le jour tombe (« rapide crépuscule d'Afrique »). Ils portent aussi sur les personnages : le groupe d'enfants soudé se sépare : « c'était la débandade », « sans se soucier des autres ». Les bruits enfin ne sont plus les mêmes : les cris des enfants (« une joie qui les faisait crier sans arrêt ») sont remplacés par les cris des oiseaux (« les martinets avec des cris rapides »).

▶ **7.** Les titres pour chacun des trois moments évoqués dans le texte pourraient être :
– « La cérémonie du cornet » ;
– « Les seigneurs de la mer » ;
– « La fin des plaisirs ».

> **CONSEIL**
> Évite les titres trop vagues, comme « la baignade », « le partage » ; choisis plutôt des groupes nominaux avec des expansions.

# Se raconter, se représenter • CORRIGÉ 2

▶ **8.** Les deux documents représentent le plaisir des jeux de l'enfance. Ils montrent que l'amusement des enfants n'a aucun rapport avec l'argent : la baignade est gratuite, la carcasse de voiture est abandonnée.

Les jeunes partagent un même jeu, le groupe semble soudé : grands et petits se mélangent sur la photographie et, dans le texte, les enfants sont indifférenciés lors de la baignade.

Les plaisirs évoqués paraissent intemporels : les enfants d'aujourd'hui éprouvent les mêmes joies, à travers les mêmes jeux.

## DICTÉE

### POINT MÉTHODE

**①** Le texte comporte de nombreux adjectifs. Identifie les noms ou pronoms auxquels ils se rapportent pour les accorder (*Ils couraient […], couverts*).

**②** Mémorise l'orthographe de ces expressions courantes : *au complet, de loin en loin, à ras bord*.

**③** Attention aux formes en *-ant* : lorsqu'il s'agit de l'adjectif verbal, on l'accorde (*des activités plaisantes*) ; lorsqu'il s'agit du participe présent, il reste invariable (*des activités plaisant aux enfants*). Pour reconnaître l'adjectif, vois si le féminin est possible.

Dès qu'ils étaient au complet, ils partaient, promenant la raquette le long des grilles rouillées des jardins devant les maisons, avec un grand bruit qui réveillait le quartier et faisait bondir les chats endormis sous les glycines poussiéreuses. Ils couraient, traversant la rue, essayant de s'attraper, couverts déjà d'une bonne sueur, mais toujours dans la même direction, vers le champ, non loin de leur école, à quatre ou cinq rues de là. Mais il y avait une station obligatoire, à ce qu'on appelait le jet d'eau, sur une place assez grande, une énorme fontaine ronde à deux étages, où l'eau ne coulait pas, mais dont le bassin, depuis longtemps bouché, était rempli jusqu'à ras bord, de loin en loin par les énormes pluies du pays.

## Se raconter, se représenter • CORRIGÉ 2

### RÉDACTION

*Voici un exemple de rédaction sur chacun des deux sujets.*
*Attention, les indications entre crochets ne doivent pas figurer sur ta copie.*

### Sujet d'imagination

[Introduction] En fouillant dans un tiroir l'autre jour, je suis tombé par hasard sur une photographie en noir et blanc. Elle avait été prise à la fin de la guerre et immortalisait un moment particulier. Nous habitions à Paris lorsque le conflit avait éclaté. Dans la capitale occupée, mes parents tremblaient dès que nous échappions à leur surveillance, ce qui n'arrivait pas souvent. Puis la ville avait été libérée, et nous aussi. Paris en ruine était alors devenue un immense terrain de jeu.

[Le récit du jeu dans la carcasse du taxi] Ce jour-là, nous avions découvert la carcasse d'un taxi, fondue, sans portes ni vitres. Toujours entreprenant, mon grand frère Maxime se jucha sur l'avant du capot. Notre voisin Paul, qui avait perdu son père la première année de la guerre, s'installa à la place du chauffeur ; il ordonna à ses deux petites sœurs qui le suivaient partout de jouer les clientes. Obéissant à leur idole, elles s'efforçaient de prendre l'accent distingué des bourgeoises d'avant-guerre pour ordonner avec l'autorité voulue : « Rue Vaugirard, Monsieur. » Et moi, j'avais la meilleure place. Maxime, pour une fois protecteur, m'avait placé à ses côtés, au-dessus, et je dominais notre troupe. Le regard perdu au loin, j'avais dégoté un câble que j'agitais, comme un conducteur de diligence, dans une tentative folle d'ordonner aux chevaux sous le capot d'aller plus vite. Max, lui, allait plus loin encore : il était le capitaine de notre bateau, fixant l'océan de ruines qui nous entourait et décidant du cap à suivre.

> **CONSEIL**
> Puisqu'il s'agit d'un souvenir, certains détails peuvent être flous. L'histoire, même lacunaire, semble alors plus authentique.

[Conclusion] Je n'ai aucun souvenir de l'adulte qui a pris la photographie. Pour moi, nous étions seuls et soudés. Ce moment où chacun trouva dans le jeu un rôle à sa mesure, symbolise vraiment dans mon esprit la fin de la guerre. Ce n'est pas sans émotion que je me rends compte, aujourd'hui, de ce qui se jouait ce jour-là : nous avions le droit, à nouveau, d'être heureux.

### Sujet de réflexion

[Introduction] Que ce soit en lisant un roman, en regardant un film ou même en observant une photographie, nous découvrons la vie des personnages qui peuplent les œuvres d'art. Que nous procurent ces découvertes ?

## Se raconter, se représenter • CORRIGÉ 2

[Élargir ses connaissances] Certaines œuvres nous présentent des individus vivant à une époque et dans un contexte très éloignés des nôtres. Nous découvrons des détails de leur existence : la lecture de la bande dessinée de Tardi, *C'était la guerre des tranchées*, nous permet d'appréhender le quotidien d'un soldat de la Grande Guerre, dans toute son horreur.

[Comprendre l'âme humaine] Les œuvres d'art aident également à appréhender l'esprit humain, en mettant des mots sur des sentiments que nous éprouvons confusément et que nous peinons à comprendre et à exprimer. Les ouvrages autobiographiques nous montrent ainsi des personnes à nu, dans toute la vérité de leur nature, comme l'expliquait Rousseau au début de ses *Confessions*. L'aspect déplaisant et torturé de la nature humaine apparaît dans les autoportraits de Francis Bacon.

> **CONSEIL**
> Donne au moins un exemple dans chaque paragraphe.

[Rêver] Mais rencontrer un personnage, c'est aussi s'enthousiasmer pour un caractère, ressentir une amitié sincère pour cet individu qui nous ressemble, ou même s'identifier à cet être de papier. Qui n'a jamais rêvé d'être D'Artagnan, le héros des *Trois mousquetaires*, multipliant les duels, entouré de ses meilleurs amis ? Cette vie rêvée, intense, la littérature nous y donne accès.

[Trouver des modèles] Enfin, l'art choisit souvent des personnages dont la vie peut avoir valeur d'exemple. Le cinéma met fréquemment en scène des personnages altruistes, courageux et dévoués au bien-être général. Découvrir leur vie, c'est prendre conscience des valeurs qui les guident, et s'en inspirer pour notre quotidien. Le film de Justin Chadwick, *Mandela : un long chemin vers la liberté*, peut ainsi être une source d'inspiration pour beaucoup.

[Conclusion] Les raisons de s'intéresser à la vie de personnages fictifs ou réels au travers de l'art sont donc variées, preuve que l'art occupe toujours une place importante dans notre société.

# 3 Antilles, Guyane • Septembre 2019

## Une vengeance bien particulière

3 heures
100 points

● **INTÉRÊT DU SUJET** • Dans les deux documents présentés, des personnages ordinaires sont confrontés à l'irruption du surnaturel, provoquant stupéfaction, terreur et folie pour ceux qui en sont les malheureuses victimes.

### DOCUMENT A — Texte littéraire

*Dutilleul est un petit employé qui possède le don de passer à travers les murs. Personne n'est au courant de ce pouvoir. Il est mis à l'écart par son supérieur, M. Lécuyer, dans une petite pièce à côté de son bureau.*

Un jour, le sous-chef fit irruption dans le réduit[1] en brandissant une lettre et il se mit à beugler :
— Recommencez-moi ce torchon ! Recommencez-moi cet innommable torchon qui déshonore mon service !
5  Dutilleul voulut protester, mais M. Lécuyer, la voix tonnante, le traita de cancrelat routinier[2], et, avant de partir, froissant la lettre qu'il avait en main, la lui jeta au visage. Dutilleul était modeste, mais fier. Demeuré seul dans son réduit, il fit un peu de température et, soudain, se sentit en proie à l'inspiration. Quittant son siège, il entra
10 dans le mur qui séparait son bureau de celui du sous-chef, mais il y entra avec prudence, de telle sorte que sa tête seule émergeât de l'autre côté. M. Lécuyer, assis à sa table de travail, d'une plume encore nerveuse déplaçait une virgule dans le texte d'un employé, soumis à son approbation[3], lorsqu'il entendit tousser dans son bureau. Levant les
15 yeux, il découvrit avec un effarement indicible la tête de Dutilleul, collée au mur à la façon d'un trophée de chasse. Et cette tête était vivante. À travers le lorgnon à chaînette[4], elle dardait sur lui un regard de haine. Bien mieux, la tête se mit à parler.
— Monsieur, dit-elle, vous êtes un voyou, un butor et un galopin[2].
20 Béant d'horreur, M. Lécuyer ne pouvait détacher les yeux de cette apparition. Enfin, s'arrachant à son fauteuil, il bondit dans le couloir

et courut jusqu'au réduit. Dutilleul, le porte-plume à la main, était installé à sa place habituelle, dans une attitude paisible et laborieuse. Le sous-chef le regarda longuement et, après avoir balbutié quelques paroles, regagna son bureau. À peine venait-il de s'asseoir que la tête réapparaissait sur la muraille.

— Monsieur, vous êtes un voyou, un butor et un galopin.

Au cours de cette seule journée, la tête redoutée apparut vingt-trois fois sur le mur et, les jours suivants, à la même cadence. Dutilleul, qui avait acquis une certaine aisance à ce jeu, ne se contentait plus d'invectiver[5] contre le sous-chef. Il proférait des menaces obscures, s'écriant par exemple d'une voix sépulcrale[6], ponctuée de rires vraiment démoniaques :

— Garou ! garou ! Un poil de loup ! (rire). Il rôde un frisson à décorner tous les hiboux (rire).

Ce qu'entendant, le pauvre sous-chef devenait un peu plus pâle, un peu plus suffocant, et ses cheveux se dressaient bien droits sur sa tête et il lui coulait dans le dos d'horribles sueurs d'agonie. Le premier jour, il maigrit d'une livre[7]. Dans la semaine qui suivit, outre qu'il se mit à fondre presque à vue d'œil, il prit l'habitude de manger le potage avec sa fourchette et de saluer militairement les gardiens de la paix. Au début de la deuxième semaine, une ambulance vint le prendre à son domicile et l'emmena dans une maison de santé.

Marcel Aymé, *Le Passe-Muraille*, 1941,<br>© Éditions Gallimard, www.gallimard.fr.

---

1. Réduit : petite pièce de la taille d'un placard.
2. Cancrelat routinier ; voyou, butor, galopin : insultes.
3. Approbation : accord.
4. Lorgnon à chaînette : lunettes à un seul verre tenues par une petite chaîne.
5. Invectiver : dire des paroles violentes et injurieuses contre quelqu'un.
6. Sépulcrale : voix glaçante qui semble surgie d'un tombeau.
7. Livre : unité de masse, équivalant à 500 grammes.

**DOCUMENT B** Chris Van Allsburg, « Sous la moquette », dans *Les Mystères d'Harris Burdick*, 1985

Note : dessin en noir et blanc.

## TRAVAIL SUR LE TEXTE LITTÉRAIRE ET SUR L'IMAGE
**50 POINTS • 1 h 10**

*Les réponses doivent être entièrement rédigées.*

### Grammaire et compétences linguistiques

▶ **1.** « – Recommencez-moi ce torchon ! Recommencez-moi cet innommable torchon qui déshonore mon service ! » (lignes 3 à 4)
**a)** Identifiez le mode du verbe « Recommencez ». (*1 point*)
**b)** Quel est le type de phrase employé ? (*1 point*)
**c)** Quelle émotion est ainsi exprimée ? (*1 point*)

▶ **2.** « indicible » (ligne 15).
**a)** Analysez la formation de ce mot en nommant les éléments qui le composent. (*1,5 point*)
**b)** Expliquez son sens. (*0,5 point*)

▶ **3. a)** Quelle forme de discours est majoritairement utilisée pour rapporter les paroles des personnages ? (*1 point*)
**b)** Sur quels indices, dans le texte, vous êtes-vous appuyé ? (*2 points*)
**c)** Quel est l'effet produit par ce choix ? (*2 points*)

▶ **4.** « le pauvre sous-chef » (ligne 36)
**a)** Donnez la classe grammaticale de « pauvre » ainsi que sa fonction. (*2 points*)
**b)** Quelle est la différence de sens entre un « pauvre sous-chef » et un sous-chef pauvre ? (*2 points*)

▶ **5.** Réécrivez le passage ci-dessous au présent de l'indicatif en remplaçant « il » par « elles ».
Faites toutes les modifications nécessaires. (*10 points*)
« Demeuré seul dans son réduit, il fit un peu de température et, soudain, se sentit en proie à l'inspiration. Quittant son siège, il entra dans le mur qui séparait son bureau de celui du sous-chef. » (lignes 8 à 10)

### Compréhension et compétences d'interprétation

▶ **6.** Lignes 15 à 22 : identifiez deux réactions successives de M. Lécuyer lorsqu'il aperçoit pour la première fois la tête de Dutilleul qui sort du mur. Justifiez votre réponse en citant le texte. (*4 points*)

▶ **7.** Lignes 24 à 35.
**a)** Repérez deux actes que Dutilleul effectue à l'encontre de son patron. (*3 points*)
**b)** Qu'en déduisez-vous sur la stratégie adoptée par Dutilleul envers M. Lécuyer ? (*2 points*)
**c)** Comment évolue-t-elle au fil des jours ? (*2 points*)

▶ **8.** Pour quelle raison Dutilleul agit-il ainsi envers son supérieur ? (*2 points*)

▶ **9.** Lignes 36 à 43 : analysez l'évolution de l'état de santé physique et mental de M. Lécuyer au fil des jours. (*4 points*)

▶ **10.** Que veut dénoncer Marcel Aymé dans cet extrait ? (*3 points*)

▶ **11. a)** Quelle atmosphère se dégage du dessin intitulé « Sous la moquette » ? Justifiez votre réponse en donnant au moins deux éléments de description. (*2 points*)
**b)** Quels rapprochements pouvez-vous faire entre le texte et l'image ? (*4 points*)

Dénoncer les travers de la société • **SUJET 3**

## DICTÉE — 10 POINTS • 20 min

*Le nom de l'auteur, le titre de l'œuvre, ainsi que « Dutilleul », « larcin » et « Garou-Garou » sont écrits au tableau.*

### Marcel Aymé
*Le Passe-Muraille*, 1941.
© Éditions Gallimard, www.gallimard.fr

Le premier cambriolage auquel se livra Dutilleul eut lieu dans un grand établissement de crédit de la rive droite. Ayant traversé une douzaine de murs et de cloisons, il pénétra dans divers coffres-forts, emplit ses poches de billets de banque et, avant de se retirer, signa son larcin à la craie rouge, du pseudonyme de Garou-Garou, avec un fort joli paraphe qui fut reproduit le lendemain par tous les journaux. Au bout d'une semaine, ce nom de Garou-Garou connut une extraordinaire célébrité. La sympathie du public allait sans réserve à ce prestigieux cambrioleur qui narguait si joliment la police.

## RÉDACTION — 40 POINTS • 1 h 30

*Vous traiterez au choix un des deux sujets de rédaction suivants. Votre travail fera au moins deux pages (soit une cinquantaine de lignes).*

### Sujet d'imagination

Un mois plus tard, M. Lécuyer, guéri, revient au travail. Il retrouve donc Dutilleul. Faites le récit des événements qui ont lieu lors de ce retour.
Vous veillerez à respecter les caractéristiques de la narration et du cadre spatio-temporel du texte et à prendre en compte le caractère de chaque personnage.

### Sujet de réflexion

Dans l'extrait étudié, Marcel Aymé dénonce les mauvaises conditions de travail.
Pensez-vous que les œuvres d'art (littérature, cinéma, musique, peinture…) sont efficaces pour dénoncer les travers de la société ?
Vous répondrez à cette question en vous appuyant sur votre expérience, vos lectures, votre culture artistique et vos connaissances personnelles.

# Dénoncer les travers de la société • SUJET 3

## LES CLÉS DU SUJET

### ● Analyser les documents

**Le genre**
La nouvelle présente les aventures d'un homme ordinaire découvrant qu'il possède le pouvoir de passer à travers les murs.

**Les caractéristiques clés**
Le caractère fantastique de l'illustration et l'usage du noir et blanc conduisent à une interprétation inquiétante.

**LE TEXTE — L'IMAGE**

**Le thème**
Dutilleul se sert de ce don pour se venger de son supérieur ; puis pour cambrioler des banques.

**Le genre**
L'image est tirée d'un recueil de dessins insolites qui offrent de nombreuses interprétations.

### ● Traiter le sujet d'imagination

#### ■ Recherche d'idées

**Piste 1** — Dutilleul a compris le potentiel de ce don ; il est probable qu'il en fera à nouveau usage.

**Piste 2** — Réfléchis aux caractères des personnages : est-il vraisemblable que M. Lécuyer continue à rudoyer Dutilleul ? Ce dernier, s'estime-t-il suffisamment vengé ? Comment leurs relations vont-elles évoluer ?

#### ■ Conseils de rédaction

• Trouve des synonymes pour désigner les personnages : « le sous-chef », « le tyran », « le directeur », pour M. Lécuyer. Ajoute ensuite des expansions qui précisent ces noms : « malheureux », « cruel », « misérable », « qui n'avait plus rien d'arrogant ». Fais de même pour Dutilleul.

• Respecte les caractéristiques de la narration, en utilisant les temps du récit et en reprenant certains éléments du texte : caractéristiques des personnages, paroles obscures prononcées par Dutilleul…

### ● Traiter le sujet de réflexion

#### ■ Recherche d'idées

**Piste 1** — Trouve des exemples d'œuvres d'art engagées : pour le cinéma, *Le Dictateur* de Charlie Chaplin ; pour la littérature, le roman *Germinal* d'Émile Zola ; pour la peinture, les œuvres d'Otto Dix ; pour la musique les chansons censurées.

**Piste 2** — Ta réponse peut être nuancée ; même si tu as un avis tranché sur la question, prends le temps d'imaginer les arguments du camp adverse.

Dénoncer les travers de la société • CORRIGÉ 3

■ **Conseils de rédaction**

• Pour ton introduction, pars de la dénonciation contenue dans le texte de Marcel Aymé. Reprends ensuite la question du sujet.
• Veille à varier les domaines où tu puises des exemples. Essaye de donner des références précises à chaque fois (titre et auteur).

## 3 CORRIGÉ GUIDÉ

### TRAVAIL SUR LE TEXTE LITTÉRAIRE ET SUR L'IMAGE

**Grammaire et compétences linguistiques**

▶ **1. a)** Le verbe est conjugué à l'impératif.
**b)** Il s'agit d'une phrase injonctive, utilisée pour donner un ordre.
**c)** La colère et l'exaspération sont exprimées ici : le sous-chef méprise ouvertement Dutilleul.

> **INFO+**
> On parle de phrase **injonctive** plutôt que de phrase impérative : on peut en effet donner un ordre sans utiliser l'impératif (ex. : Tu recommenceras ce torchon).

▶ **2. a)** L'adjectif est composé d'un préfixe *in-*, du radical du verbe dire, du suffixe *-ible*.
**b)** Le suffixe *-ible* indique l'idée de capacité. Le préfixe privatif *in-* indique un sens contraire ; « indicible » qualifie donc ce qui ne peut pas être dit.

▶ **3. a)** Les paroles sont rapportées au discours direct.
**b)** Les tirets précédés des deux points, les propositions incises précisant qui parle (« dit-elle ») et l'emploi du présent dans les paroles (« vous êtes ») nous l'indiquent.
**c)** Le discours direct produit un effet de réel : le lecteur a l'impression d'assister à la scène. Les paroles rapportées ainsi sont plus frappantes, et les émotions plus aisément compréhensibles.

▶ **4. a)** « Pauvre » est un adjectif qualificatif, qui a pour fonction d'être épithète liée du nom « sous-chef ».
**b)** L'adjectif change de sens selon sa place. Il signifie « malheureux » dans l'expression « pauvre sous-chef » ; mais, placé après le nom, il désigne quelqu'un ayant des moyens financiers limités.

### Dénoncer les travers de la société • CORRIGÉ 3

▶ **5.** *Les modifications sont en couleur.*
Demeurées seules dans leur réduit, elles font un peu de température et, soudain, se sentent en proie à l'inspiration. Quittant leur siège, elles entrent dans le mur qui sépare leur bureau de celui du sous-chef.

#### Compréhension et compétences d'interprétation

▶ **6.** M. Lécuyer ressent de la peur lorsqu'il aperçoit pour la première fois la tête sortant du mur (« effarement » et « horreur »). Il est aussi fasciné par cette apparition fantastique : « ne pouvant détacher les yeux ».

▶ **7. a)** Dutilleul passe sa tête à travers le mur, insulte son patron (« voyou »), puis prononce des menaces énigmatiques entrecoupées de rires.
**b)** Dutilleul veut donc se venger de son patron en l'effrayant ; il comprend alors qu'il est en train de le rendre fou et continue à soulager sa rancune en se moquant de lui.
**c)** La répétition des apparitions révèle que Dutilleul savoure sa vengeance. Il veut éprouver la résistance de M. Lécuyer.

▶ **8.** Dutilleul éprouve du ressentiment. M. Lécuyer l'a en effet traité sans égard, a dénigré son travail (« ce torchon »), l'a humilié (« lui jeta au visage » la lettre).

▶ **9.** L'état de santé de M. Lécuyer ne cesse de se dégrader : il éprouve d'abord toutes les manifestations physiques de l'angoisse : il pâlit, suffoque, transpire, puis perd du poids. Son état mental se dégrade également, il accomplit des actes absurdes (manger le potage avec une fourchette). Sa folie est reconnue lorsqu'une ambulance vient l'emmener.

▶ **10.** Marcel Aymé dénonce les actes tyranniques d'un petit chef se croyant autorisé à rudoyer et humilier ses employés, sans aucun égard pour leur travail ni pour leur susceptibilité.

> **INFO+**
> Dans le début de la nouvelle, on apprend que M. Lécuyer avait déjà commis à l'encontre de Dutilleul un certain nombre d'actes visant à l'humilier.

▶ **11. a)** Une atmosphère fantastique se dégage du dessin. La scène a lieu la nuit. Le noir et blanc et les ombres contribuent à la mise en place de l'angoisse. Le contraste est grand entre le décor tranquille et la forme effrayante qui se déplace sous la moquette.
**b)** Dans les deux documents, les personnages semblent ordinaires. Ils évoluent dans un univers tranquille : les bureaux d'un ministère ou un salon douillet. Ils sont face à un phénomène inexplicable et en éprouvent de la frayeur.

Dénoncer les travers de la société • **CORRIGÉ** — 3

## DICTÉE

> **POINT MÉTHODE**
>
> ❶ Ne confonds pas le pronom *se*, toujours employé devant un verbe, et *ce*, déterminant démonstratif employé devant un nom ou un adjectif : *se donner*, *se décommander*, mais *ce jeune homme*, *ce héros*.
>
> ❷ Certains noms sont composés : ils sont formés à l'aide de deux mots. Au pluriel, seuls le nom et l'adjectif peuvent s'accorder, et seulement si le sens le permet : *des canapés-lits,* mais *des gratte-ciel*.

Le premier cambriolage auquel se livra Dutilleul eut lieu dans un grand établissement de crédit de la rive droite. Ayant traversé une douzaine de murs et de cloisons, il pénétra dans divers coffres-forts, emplit ses poches de billets de banque et, avant de se retirer, signa son larcin à la craie rouge, du pseudonyme de Garou-Garou, avec un fort joli paraphe qui fut reproduit le lendemain par tous les journaux. Au bout d'une semaine, ce nom de Garou-Garou connut une extraordinaire célébrité. La sympathie du public allait sans réserve à ce prestigieux cambrioleur qui narguait si joliment la police.

## RÉDACTION

*Voici un exemple de rédaction sur chacun des deux sujets.*
*Attention, les indications entre crochets ne doivent pas figurer sur ta copie.*

### Sujet d'imagination

[La nouvelle du retour] Trente jours plus tard exactement, M. Lécuyer fit sa réapparition au ministère. Dutilleul avait passé un mois délicieux à travailler au calme. Retrouvant la routine qui lui était chère, il peaufinait les courriers qu'il rédigeait, et se concentrait depuis plusieurs jours sur un épineux problème de syntaxe : fallait-il placer le point à l'intérieur ou à l'extérieur des guillemets ?

[Description de M. Lécuyer] Le remue-ménage dans le couloir lui fit quitter le petit réduit qui lui servait de bureau ; M. Lécuyer, quand il l'aperçut, fut pris d'une faiblesse et s'assit sur une chaise. Le teint vert et flottant dans ses vêtements, il n'avait plus rien de l'arrogant personnage qui avait fait de la vie de ses employés un enfer.

[Relations au travail] Les jours suivants, tout le monde n'eut plus qu'une idée en tête : se venger de l'ancien tyran. Les uns se moquaient ouvertement de son apparence craintive ; d'autres le traitaient avec grossièreté ; certains allaient jusqu'à le bousculer. Dutilleul était le seul à se montrer compatissant.

### Dénoncer les travers de la société • CORRIGÉ — 3

[Actes de Dutilleul] Désireux de protéger celui qu'il voyait comme une nouvelle victime, Dutilleul reprit l'activité qui lui avait si bien réussi :

« Garou ! Garou ! Poil de loup » criait-il en passant la tête dans les bureaux occupés par les nouveaux bourreaux. Chacun sait que les paroles énigmatiques font beaucoup d'effet. Au bout d'une semaine, la moitié des employés démissionnait ; la semaine suivante, cinq ambulances emmenèrent les derniers fonctionnaires. Lorsque M. Lécuyer s'aperçut qu'il ne restait plus que lui et Dutilleul, il s'enfuit sans chapeau ni pardessus. Nul ne sait ce qu'il est devenu.

> **GAGNE DES POINTS**
> Au sein de ton récit, tu peux intercaler des commentaires du narrateur, faits au présent de vérité générale.

#### Sujet de réflexion

[Introduction] Dans *Le Passe-Muraille*, Aymé met en scène M. Dutilleul, employé consciencieux, harcelé par un chef autoritaire. Il dénonce par le biais d'un texte de fiction, les abus de pouvoir dans le monde du travail. Les œuvres d'art sont-elles efficaces pour dénoncer les défauts de la société ?

[La dénonciation des abus par l'art engagé] De nombreuses œuvres d'art dénoncent des injustices. Des chansons remettant en cause des décisions politiques ont ainsi été censurées par le pouvoir, qui craignait leur influence, comme la chanson *Le Déserteur*, de Boris Vian. En peinture, l'art est aussi souvent considéré comme un moyen de dénoncer un comportement. Ainsi, Picasso, en peignant la gigantesque toile *Guernica*, voulait montrer l'horreur des bombardements subis par une population civile.

[Transition] Les artistes se servent donc de leur art pour défendre des idées qui leur sont chères. Mais cette dénonciation est-elle réellement efficace ?

> **CONSEIL**
> Ménage une transition entre les deux parties de ton développement : récapitule ce que tu as dit, insère un connecteur logique, annonce ce qui va suivre.

[L'efficacité de la dénonciation] On pourrait penser que les moyens d'action tels que la grève, l'opposition politique directe ont plus d'effet que des poèmes ou des films. Pourtant, les œuvres d'art possèdent une durée dans l'histoire supérieure à celle d'un discours politique. La dénonciation peut alors sembler plus efficace. La Fontaine, quand il écrit ses fables, veut dénoncer certains travers : l'arbitraire du pouvoir royal, les défauts et la bêtise des hommes. En utilisant la littérature, il donne un tour plaisant à cette dénonciation, et la rend plus efficace, puisque nous lisons encore ses fables aujourd'hui.

[Conclusion] L'art n'est pas le seul moyen de défendre des idées. Il permet toutefois de donner visibilité et efficacité à cette dénonciation et de toucher ainsi le plus grand nombre.

# 4 Polynésie française • Juillet 2019

## Destin tragique

3 heures
100 points

● **INTÉRÊT DU SUJET** • Les documents racontent comment les migrants, originaires d'Afrique, tentent de rejoindre l'Europe en traversant la Méditerranée. Leur périple s'apparente souvent à une tragédie.

### DOCUMENT A   Texte littéraire

*Des migrants clandestins espèrent entrer en Europe par la côte italienne. Pour cela, ils payent très cher le passage illégal à des marins qui semblent prêts à courir ce risque. Le début du texte se situe au moment où ils embarquent sur un navire en très mauvais état. Parmi ces migrants, le narrateur met en évidence un personnage, une jeune femme, qui fait le voyage avec son enfant.*

L'équipage était constitué d'une dizaine d'hommes, silencieux et précis. Ce sont eux qui donnèrent le signal de l'embarquement. Les centaines d'ombres confluèrent alors vers la petite passerelle et le bateau s'ouvrit. Elle fut une des premières à embarquer. Elle s'installa
5 sur le pont contre la rambarde et observa le lent chargement de ceux qui la suivaient. Ils ne tardèrent pas à être serrés les uns contre les autres. Le bateau ne semblait plus aussi vaste que lorsqu'elle était sur le quai. C'était maintenant un pont étroit piétiné par des centaines d'hommes et de femmes.
10 Ils levèrent l'ancre au milieu de la nuit. La mer était calme. Les hommes, en sentant la carcasse du navire s'ébranler, reprirent courage. Ils partirent enfin. [...]
Mais il y eut ces cris poussés à l'aube du deuxième jour, ces cris qui renversèrent tout et marquèrent le début du second voyage. De
15 celui-là, elle se rappelait chaque instant. Depuis deux ans, elle le revivait sans cesse à chacune de ses nuits. De celui-là, elle n'était jamais revenue.
Les cris avaient été poussés par deux jeunes Somalis[1]. Ils s'étaient réveillés avant les autres et donnèrent l'alarme. L'équipage avait dis-
20 paru. Ils avaient profité de la nuit pour abandonner le navire à l'aide

de l'unique canot de sauvetage. La panique s'empara très vite du bateau. Personne ne savait piloter pareil navire. Personne ne savait non plus où l'on se trouvait. [...] Ils se rendirent compte avec désespoir qu'il n'y avait pas de réserve d'eau ni de nourriture. Que la radio ne marchait pas. Ils étaient pris au piège. Encerclés par l'immensité de la mer. Dérivant avec la lenteur de l'agonie. [...][2]

Son esprit assommé ne pensa plus à rien. La fatigue l'envahit. À partir de cet instant, elle renonça. Elle se laissa glisser dans un coin, s'agrippa à la rambarde et ne bougea plus. Elle n'était plus consciente de rien. Elle dérivait avec le navire. Elle mourait, comme tant d'autres autour d'elle, et leurs souffles fatigués s'unissaient dans un grand râle continu.

Ils dérivèrent jusqu'à la troisième nuit. La frégate[3] italienne les intercepta à quelques kilomètres de la côte des Pouilles[4]. Au départ de Beyrouth[5], il y avait plus de cinq cents passagers à bord. Seuls trois cent quatre-vingt-six survécurent. Dont elle. Sans savoir pourquoi. Elle qui n'était ni plus forte, ni plus volontaire que les autres. Elle à qui il aurait semblé juste et naturel de mourir après l'agonie de son enfant. Elle qui ne voulait pas lâcher la rambarde [...].

Elle raconta tout cela avec cette lenteur et précision. Pleurant parfois, tant le souvenir de ces heures, était encore vif en elle. Le commandant Piracci ignorait que la femme eût un enfant mais, en d'autres occasions, sur d'autres mers, il avait dû, parfois, arracher des nourrissons inertes à leur mère. Il connaissait ces histoires de mort lente, de rêve brisé. Pourtant le récit de cette femme le bouleversa. Il repensa à cette destinée saccagée, à la laideur des hommes. Il essaya de mesurer la colère qui devait y avoir en elle et il sentit qu'elle était au-delà de toute mesure. Et pourtant durant tout son récit, elle ne s'était pas départie de la pleine dignité de ceux que la vie gifle sans raison et qui restent debout.

Il repensa à l'argent qu'il avait dans un de ses livres de sa bibliothèque et il lui demanda : « Que voulez-vous ? » [...] Il était bouleversé et il était prêt à donner autant qu'il pouvait.

Elle le regarda droit dans les yeux et sa réponse le laissa stupéfait. Elle lui dit d'une voix posée :

« Je voudrais que vous me donniez une arme. »

Laurent Gaudé, *Eldorado*, 2006.

---

1. Somalis : habitants de Somalie, pays situé à l'extrémité orientale de la Corne de l'Afrique.
2. Dans le passage coupé, les cadavres sont jetés par-dessus bord, par peur d'une contamination, y compris l'enfant, mort, de la jeune femme.
3. Frégate : bateau de guerre rapide à trois mâts (et aussi grand oiseau des mers dont la femelle ne couve qu'un œuf par an).
4. Les Pouilles : région du Sud de l'Italie en Europe formant le talon de la botte.
5. Beyrouth : capitale du Liban, pays du Proche-Orient.

**DOCUMENT B** — **Alain Dambès, *Rives de l'Eldorado*, 2013**

Huile sur toile.

## TRAVAIL SUR LE TEXTE LITTÉRAIRE ET SUR L'IMAGE — 50 POINTS • 1 h 10

*Les réponses doivent être entièrement rédigées.*

### Grammaire et compétences linguistiques

▶ **1. a)** Dans le premier paragraphe, par quels groupes nominaux désigne-t-on respectivement l'équipage et les passagers ? (*2 points*)

**b)** Que désigne le mot « la » à la ligne 6 ? Indiquez la classe grammaticale et la fonction de ce mot. (*3 points*)

▶ **2.** « Encerclés par l'immensité de la mer. » (lignes 25-26)
**a)** À quelle classe grammaticale le mot « encerclés » appartient-il ? (*1 point*)
**b)** Expliquez la composition de ce mot et précisez son sens dans le contexte. (*2 points*)

▶ **3.** « L'équipage avait disparu. » (l. 19-20).
Indiquez le temps et la valeur du verbe. (*2 points*)

▶ **4.** « La fatigue l'envahit. À partir de cet instant, elle renonça. Elle se laissa glisser dans un coin, s'agrippa à la rambarde et ne bougea plus. Elle n'était plus consciente de rien. » (l. 27-30).
Réécrivez ce passage en remplaçant « elle » par « elles » et faites toutes les modifications nécessaires. (*10 points*)

### Compréhension et compétences d'interprétation

▶ **1.** Au début du texte, à quel moment de la journée le navire lève-t-il l'ancre ? Pour quelle raison, selon vous ? (*2 points*)

▶ **2.** D'après le premier paragraphe, précisez dans quelles conditions les voyageurs sont embarqués. (*3 points*)

▶ **3. a)** Pourquoi le narrateur parle-t-il de « second voyage » à la ligne 14 ? (*2 points*)
**b)** Montrez que les passagers sont véritablement « pris au piège » (l. 25). (*2 points*)
**c)** Combien de passagers survivent à ce terrible voyage ? (*1 point*)

▶ **4.** Quelles impressions la situation du personnage féminin produit-elle sur vous ? Justifiez votre réponse en vous appuyant précisément sur le texte. (*4 points*)

▶ **5.** Pourquoi le commandant Piracci est-il bouleversé par le récit de la femme ? Développez votre réponse en vous appuyant sur le texte. (*4 points*)

▶ **6.** Dans les trois dernières lignes du texte, comment comprenez-vous l'attitude et les paroles du personnage féminin ? (*2 points*)

▶ **7.** À quel procédé littéraire avez-vous été le plus sensible dans le texte ? Justifiez votre choix. (*2 points*)

▶ **8.** Quelles réflexions ce texte vous inspire-t-il ? (*2 points*)

▶ **9.** Comment le peintre Alain Dambès représente-t-il la tragédie actuelle des migrants, qui quittent leurs pays pour se rendre clandestinement en Europe ? (*6 points*)

## Agir dans la cité : individu et pouvoir • SUJET 4

### DICTÉE — 10 POINTS • 20 min

*Le nom de l'auteur et le titre de l'œuvre sont écrits au tableau.*

### Laurent Gaudé
*Eldorado*, 2006.

Le bateau lui sembla énorme. C'était une haute silhouette immobile, et cette taille imposante la rassura. Elle se dit que les passeurs avec qui elle avait traité devaient être sérieux et accoutumés à ces traversées s'ils possédaient de tels bateaux.

On la fit attendre sur le quai, au pied du monstre endormi. Les camionnettes ne cessaient d'arriver. Il en venait de partout, déposant leur chargement humain et repartant dans la nuit. La foule croissait sans cesse. Tant de gens. Tant de silhouettes peureuses qui convergeaient vers ce quai. Des jeunes hommes pour la plupart. N'ayant pour seule richesse qu'une veste jetée sur le dos. Elle aperçut quelques familles et d'autres enfants comme le sien, emmitouflés dans de vieilles couvertures. Cela aussi la rassura. Elle n'était pas la seule mère.

### RÉDACTION — 40 POINTS • 1 h 30

Vous traiterez au choix un des deux sujets de rédaction suivants. Votre travail fera au moins deux pages (soit une cinquantaine de lignes).

#### Sujet d'imagination
Le commandant Piracci refuse de donner une arme à la jeune femme. Imaginez ce qu'il lui dit, en prenant soin de développer son discours. La jeune femme peut éventuellement prendre la parole.

#### Sujet de réflexion
Selon vous, de quelle manière peut-on exercer sa solidarité envers ceux qui en ont besoin ? Développez et argumentez votre point de vue.

Agir dans la cité : individu et pouvoir • **SUJET 4**

## LES CLÉS DU SUJET

### ● Analyser les documents

**LE TEXTE**

Le genre
Une partie du roman se concentre sur un commandant italien chargé d'intercepter les navires de migrants clandestins.

Le thème
Touché par le récit dramatique d'une jeune femme, le commandant tente ensuite la traversée en sens inverse.

**L'IMAGE**

Le genre
Reprise du tableau de Géricault, *Le Radeau de la Méduse* (1819) où les naufragés furent contraints de se manger entre eux.

Les caractéristiques clés
A. Dambès actualise le tableau : les naufragés sont devenus des immigrés, et la terre, donc l'espoir, s'aperçoit au loin.

### ● Traiter le sujet d'imagination

#### ■ Recherche d'idées

**Piste 1** — Tu dois écrire la suite immédiate du texte, en imaginant la réponse négative donnée par le commandant à cette demande d'arme.

**Piste 2** — Réfléchis aux arguments qu'il va utiliser pour essayer de dissuader la jeune femme de se venger sur les passeurs malhonnêtes dont les agissements ont entraîné la mort de son enfant.

#### ■ Conseils de rédaction

• Le commandant doit s'exprimer au discours direct : ses paroles auront alors plus de poids, et tu pourras plus facilement utiliser le registre des émotions. Utilise les caractéristiques de ce discours : deux points, guillemets, présent de l'énonciation comme temps de référence.

• Des interventions du narrateur sont toutefois possibles, mais les paroles du personnage doivent composer l'essentiel du devoir.

## Agir dans la cité : individu et pouvoir • CORRIGÉ 4

### ● Traiter le sujet de réflexion

#### ■ Recherche d'idées

**Piste 1** — Commence par définir « solidarité ». Étymologiquement, ce terme désigne un rapport de dépendance réciproque entre les personnes.

**Piste 2** — Par quels actes peut-on se montrer solidaire envers ceux qui ont besoin d'aide : en donnant du temps ? de l'argent ? en partageant leurs peines ? en endossant leurs problèmes ?

#### ■ Conseils de rédaction

• Établis une liste de synonymes pour « solidaire » : « compatissant », « charitable », « généreux », « bienfaisant » en font partie, mais aussi « responsable ».

• Pour que ton argumentation soit efficace, n'hésite pas à anticiper les objections que l'on pourrait te faire.

---

## CORRIGÉ GUIDÉ

### TRAVAIL SUR LE TEXTE LITTÉRAIRE ET SUR L'IMAGE

**Grammaire et compétences linguistiques**

▶ **1. a)** « une dizaine d'hommes » désigne l'équipage ; « les centaines d'ombres », « des centaines d'hommes et de femmes » désignent les passagers.
**b)** Le pronom personnel « la » désigne le personnage féminin ; il est COD du verbe « suivre ».

▶ **2. a)** Il s'agit d'un participe passé employé comme adjectif qualificatif.
**b)** Le mot est composé du radical *cercle*, du préfixe *en-* qui signifie « dans » et du suffixe *-é* qui sert à former le participe. La mer à perte de vue entoure l'embarcation : sans rivage, nul sauvetage possible.

▶ **3.** Le verbe est conjugué au plus-que-parfait, pour indiquer l'antériorité par rapport aux actions exprimées par les verbes au passé simple ou à l'imparfait.

▶ **4.** *Les modifications sont en couleur*.
La fatigue les envahit. À partir de cet instant, elles renoncèrent. Elles se laissèrent glisser dans un coin, s'agrippèrent à la rambarde et ne bougèrent plus. Elles n'étaient plus conscientes de rien.

Agir dans la cité : individu et pouvoir • **CORRIGÉ** 4

## Compréhension et compétences d'interprétation

▶ **1.** Le navire lève l'ancre au milieu de la nuit, car la traversée vers l'Europe s'effectue de manière clandestine.

▶ **2.** Les voyageurs sont embarqués de nuit, et les passagers sont trop nombreux : « un pont étroit piétiné par des centaines d'hommes et de femmes ».

▶ **3. a)** Le 1er voyage est celui qui doit mener en Europe. Le 2e commence lorsque les passagers découvrent que l'équipage est parti. C'est le début d'un voyage vers l'horreur.
**b)** Les voyageurs sont en pleine mer ; sans instrument de navigation ni nourriture, ils ne peuvent agir sur leur destinée et sont piégés.
**c)** Trois cent quatre-vingt-six passagers sur cinq cents ont survécu ; presque un quart sont morts.

▶ **4.** La femme produit une impression forte. Sa destinée terrible – exil, perte de son enfant – fait naître de la compassion, mais aussi de l'admiration, puisqu'elle reste digne et fait partie de « ceux que la vie gifle sans raison mais qui restent debout ».

▶ **5.** Le commandant est bouleversé. Les événements racontés lui rappellent des scènes vécues : « sur d'autres mers, il avait dû, parfois, arracher les nourrissons inertes à leur mère ». Le destin de cette femme le révolte et il semble prêt à tout pour essayer de rétablir un semblant de justice : « il était prêt à donner autant qu'il pouvait ».

▶ **6.** La femme a soif de justice, justice qui semble passer par la punition des criminels (propriétaire du bateau et passeurs) qui ont provoqué la mort de son fils.

> **REMARQUE**
> Il est peu vraisemblable que la femme veuille se suicider, car le texte évoque ceux qui restent debout malgré les malheurs.

▶ **7.** Les parallélismes de construction sont nombreux : « De celui-là, elle […] De celui-là, elle […] » ; « Personne ne savait piloter […] Personne ne savait non plus […] ; « Elle qui n'était […] Elle à qui […] Elle qui ne voulait […]. » L'insistance créée par ce procédé de reprise permet de souligner l'horreur des événements vécus.

▶ **8.** La situation des migrants est tragique : poussés à l'exil par une situation malheureuse, ils doivent survivre à une traversée terrible, à la merci des passeurs malhonnêtes.

▶ **9.** La peinture d'Alain Dambès reprend le célèbre tableau de Géricault, *Le Radeau de la Méduse*. Les naufragés, ici originaires d'Afrique, sont dans une situation critique : l'embarcation est chancelante, certains sont morts. Quelques-uns pourtant agitent la main en direction de la rive : l'espoir est permis. En reprenant un illustre modèle, Dambès montre que ces horreurs d'un autre siècle sont encore d'actualité.

## DICTÉE

> **POINT MÉTHODE**
>
> ❶ Attention aux accords sujet-verbe : une subordonnée peut les séparer ! Parfois, la tournure est impersonnelle : le pronom sujet ne désigne personne, et s'écrit au singulier, comme dans *Il semble que…*
>
> ❷ Sois attentif aux accords du participe passé : employé seul, il s'accorde avec le nom ; employé avec *être*, il s'accorde avec le sujet ; employé avec *avoir*, il ne s'accorde pas avec le sujet.

Le bateau lui sembla énorme. C'était une haute silhouette immobile, et cette taille imposante la rassura. Elle se dit que les passeurs avec qui elle avait traité devaient être sérieux et accoutumés à ces traversées s'ils possédaient de tels bateaux.

On la fit attendre sur le quai, au pied du monstre endormi. Les camionnettes ne cessaient d'arriver. Il en venait de partout, déposant leur chargement humain et repartant dans la nuit. La foule croissait sans cesse. Tant de gens. Tant de silhouettes peureuses qui convergeaient vers ce quai. Des jeunes hommes pour la plupart. N'ayant pour seule richesse qu'une veste jetée sur le dos. Elle aperçut quelques familles et d'autres enfants comme le sien, emmitouflés dans de vieilles couvertures. Cela aussi la rassura. Elle n'était pas la seule mère.

## RÉDACTION

*Voici un exemple de rédaction sur chacun des deux sujets.*
*Attention, les indications entre crochets ne doivent pas figurer sur ta copie.*

### Sujet d'imagination

[Mise en place du récit] Le commandant était interdit. Au bout d'un moment, et devant le regard qui ne le lâchait pas, il essaya de répondre à la question et d'aller au-delà de la stupéfaction qu'elle lui avait causée.

« Mais… Comment… Vous ne pouvez pas… »

## Agir dans la cité : individu et pouvoir • CORRIGÉ 4

Un éclair noir passa rapidement dans les yeux de son interlocutrice :

« Il le faut pourtant », déclara-t-elle calmement. Il comprit qu'il avait un devoir envers elle, un devoir d'honnêteté.

[1er argument] « Je ne peux pas vous donner une arme. Vous voulez tuer les passeurs et les intermédiaires qui, tout en sachant ce qui vous attendait, n'ont eu aucun scrupule à embarquer femmes et enfants, après les avoir dépouillés de leurs dernières économies. Je comprends votre colère, mais qui voulez-vous tuer ? Une personne ? Le propriétaire du bateau que vous ne connaissez pas ? Dix personnes ? Les passeurs qui vous ont abandonnés et que vous n'avez aperçus que de nuit ? Les reconnaîtriez-vous après tout ce temps ?

[2e argument] Et même si c'était le cas, qu'est-ce que cela changerait ? Derrière ces personnes, il y en a au moins cent, au moins mille qui font le même travail et qui commettent les mêmes crimes. Elles méritent de mourir. Allez-vous les tuer également ?

[3e argument] Et comment allez-vous vous y prendre ? Vous vous souvenez des dangers auxquels vous avez échappé en faisant la route à l'aller ? Voulez-vous vraiment y être à nouveau confrontée ? Une femme seule ? Qu'on ne ménagera pas car on n'a plus d'argent à lui soutirer ? La situation a changé depuis dans ces régions : elle est pire qu'avant ; personne ne vous sauvera. »

Mais ces mots sonnaient creux. Elle était bien au-delà de la logique. Les raisonnements ne pouvaient plus l'atteindre. Seule restait cette colère. Cette colère immense, cette colère au nom de laquelle elle agissait désormais, cette colère qui seule pouvait rétablir du sens dans le chaos du monde. Et cette colère, il la partageait :

« C'est moi qui les retrouverai et qui les tuerai », s'entendit-il déclarer alors.

**GAGNE DES POINTS**
Termine le récit par un rebondissement ou une idée neuve : tu maintiendras ainsi l'attention du lecteur jusqu'à la dernière ligne.

### Sujet de réflexion

[Introduction] On fait souvent appel à la solidarité dans les périodes difficiles : aider les gens qui sont dans le besoin semble en effet indispensable. Mais selon les besoins, les manières de se montrer solidaire seront différentes.

[Donner de l'argent] Il est fréquent de rencontrer des gens qui n'ont pas les moyens financiers nécessaires pour assurer à leur famille un quotidien convenable. Beaucoup sont obligés de se tourner vers des associations pour obtenir des vêtements ou de la nourriture, par exemple. On peut donc les aider en faisant preuve de générosité ; les dons sont en effet indispensables à ces associations pour fonctionner : argent, vêtements, nourriture ou fournitures scolaires, tout a une utilité.

[Donner de son temps] Mais être solidaire, c'est parfois aussi donner de son temps. Certaines personnes n'ont pas de problèmes financiers, mais souffrent d'isolement. On évoque souvent les personnes âgées qui n'ont pas de famille proche géographiquement et se retrouvent rapidement isolées. De manière individuelle ou collective, par le biais d'associations, il est fréquent de voir des gens prendre en compte la solitude des autres et leur offrir ce dont ils ont besoin : du temps et de la compagnie.

[Partager peines et problèmes] On peut enfin faire profiter les autres de ce que l'on a : il est possible en effet de posséder certaines qualités qui peuvent être utiles aux autres. Un élève qui comprend rapidement un exercice de mathématiques peut prendre le temps d'expliquer consignes et démarches à ceux qui ont plus de mal. En faisant bénéficier les autres de son savoir, il permet au groupe entier de progresser. Être solidaire, c'est donc aussi se sentir responsable des autres.

[Conclusion] La solidarité est une valeur considérée comme inestimable et universelle. En donnant ce dont l'autre a besoin, on se met à sa place et on gagne ainsi le droit, peut-être, de recevoir à notre tour quand cela sera nécessaire.

> **CONSEIL**
> Efforce-toi d'élargir la réflexion à la fin de ton devoir. Il est bon en effet de terminer la conclusion par une ouverture, une nouvelle question : ici, celle de la réciprocité.

## 5 — Polynésie française • Septembre 2019

# Paysage de guerre

3 heures
100 points

● **INTÉRÊT DU SUJET** • Le texte et l'image présentent deux visions opposées de l'expérience vécue par les soldats lors des guerres coloniales : cauchemardesque dans l'extrait, idyllique sur l'affiche de propagande.

**DOCUMENT A** **Texte littéraire**

*Vétéran de la guerre d'Indochine, Victorien Salagnon raconte à un jeune homme ses souvenirs de guerre.*

L'Indochine ? C'est la planète Mars. Ou Neptune. Je ne sais pas. Un autre monde qui ne ressemble à rien d'ici : imagine une terre où la terre ferme n'existerait pas. Un monde mou, tout mélangé, tout sale. La boue du delta[1] est la matière la plus désagréable que je connaisse. C'est là où ils font pousser leur riz, et il pousse à une vitesse qui fait peur. Pas étonnant que l'on cuise la boue pour en faire des briques : c'est un exorcisme, un passage au feu pour qu'enfin ça tienne. Il faut des rituels radicaux, mille degrés au four pour survivre au désespoir qui vous prend devant une terre qui se dérobe toujours, à la vue comme au toucher, sous le pied comme sous la main. Il est impossible de saisir cette boue, elle englue, elle est molle, elle colle et elle pue.

La boue de la rizière colle aux jambes, aspire les pieds, elle se répand sur les mains, les bras, on en trouve jusque sur le front comme si on était tombé ; la boue vous rampe dessus quand on marche dedans. Et autour des insectes vrombissent, d'autres grésillent ; tous piquent. Le soleil pèse, on essaye de ne pas regarder mais il se réfléchit en paillettes blessantes qui bougent sur toutes les flaques d'eau, suivent le regard, éblouissent toujours même quand on baisse les yeux ; mais il faut marcher. Il ne faut rien perdre de l'équipement qui pèse sur nos épaules, des armes que l'on doit garder propres pour qu'elles fonctionnent encore, continuer de marcher sans glisser, sans tomber, et la boue monte jusqu'aux genoux. Et en plus d'être naturellement toxique, cette boue est piégée par ceux que l'on chasse. Parfois elle explose. Parfois elle se dérobe, on s'enfonce de vingt centimètres et des pointes de bambou empalent le pied. Parfois un coup de feu part d'un buisson au bord d'un village, ou de derrière une diguette², et un homme tombe. On se précipite vers le lieu d'où est parti le coup, on se précipite avec cette grosse boue qui colle, on n'avance pas, et quand on arrive, il ne reste rien, pas une trace. On reste con devant cet homme couché, sous un ciel trop grand pour nous. Il nous faudra maintenant le porter. Il semblait être tombé tout seul, d'un coup, et le claquement sec que nous avions entendu avant qu'il ne tombe devait être la rupture du fil qui le tenait debout.

Alexis Jenni, L'Art français de la guerre, 2011,<br>© Éditions Gallimard, www.gallimard.fr.

1. Delta : zone de marécage qui divise un fleuve en plusieurs bras.
2. Diguette : petite digue, construction destinée à contenir les eaux.

**DOCUMENT B** — J. L. Beuzon, *Engagez-vous, Rengagez-vous dans les troupes coloniales.* Affiche de 1931

## Agir dans la cité : individu et pouvoir • SUJET 5

### TRAVAIL SUR LE TEXTE LITTÉRAIRE ET SUR L'IMAGE
**50 POINTS • 1 h 10**

*Les réponses doivent être entièrement rédigées.*

#### Compréhension et compétences d'interprétation

▶ **1.** Relevez six termes permettant de comprendre que le récit se déroule en temps de guerre. (*3 points*)

▶ **2.** « L'Indochine ? C'est la planète Mars. Ou Neptune. Je ne sais pas. » (ligne 1)
Quelle image le narrateur donne-t-il ici de l'Indochine ? (*2 points*)

▶ **3. a)** La présence de l'ennemi est très peu évoquée dans ce passage. Pourquoi, selon vous ? (*2 points*)
**b)** Il y a cependant des indices de cette présence. Repérez-en au moins trois. (*3 points*)

▶ **4.** « le claquement sec que nous avions entendu avant qu'il ne tombe devait être <u>la rupture du fil</u> qui le tenait debout. » (l. 33-34)
**a)** De manière implicite, à quoi l'auteur compare-t-il le soldat mort en employant l'expression soulignée ? Justifiez votre réponse. (*2 points*)
**b)** Quelle réflexion sur le sort des soldats en temps de guerre cela vous inspire-t-il ? Développez votre réponse. (*3 points*)

▶ **5.** Comment la nature apparaît-elle dans le passage ? Développez votre réponse. (*6 points*)

▶ **6.** « la boue vous rampe dessus quand on marche dedans. » (l. 15)
Comment se nomme la figure de style utilisée ici pour évoquer la boue ? Quel effet produit-elle sur vous ? Justifiez votre réponse. (*3 points*)

▶ **7.** L'affiche délivre-t-elle la même vision de la guerre coloniale que le texte ? Justifiez précisément votre réponse. (*6 points*)

#### Grammaire et compétences linguistiques

▶ **8.** « Il semblait être tombé tout seul, d'un coup, et le claquement sec que nous avions entendu avant qu'il ne tombe devait être la rupture du fil qui le tenait debout. » (lignes 32-34)
**a)** Relevez dans cette phrase une proposition subordonnée relative et une proposition subordonnée circonstancielle. (*2 points*)
**b)** Indiquez la fonction de la proposition subordonnée circonstancielle. (*2 points*)

**Agir dans la cité : individu et pouvoir • SUJET 5**

▶ **9.** « Il nous faudra maintenant le porter » (l. 31-32)
**a)** À quelle classe grammaticale appartient le mot souligné ? (*2 points*)
**b)** Que remplace-t-il ? (*2 points*)

▶ **10.** Quel est le sujet grammatical du verbe « devait » (l. 34) ? (*2 points*)

▶ **11.** « La boue de la rizière colle aux jambes, aspire les pieds, elle se répand sur les mains, les bras, on en trouve jusque sur le front […] » (l. 13-14). Mettez ce passage au passé composé. (*5 points*)

▶ **12.** « Et en plus d'être naturellement toxique, cette boue est piégée par ceux que l'on chasse. Parfois elle explose. » (l. 23-25).
Réécrivez ce passage en remplaçant « cette boue » par « ces eaux » et en procédant à toutes les modifications nécessaires. (*5 points*)

| DICTÉE | 10 POINTS • ⏱ 20 min |

*Le nom de l'auteur, le titre de l'œuvre, ainsi que « Martiens » sont écrits au tableau au début de la dictée.*

### Alexis Jenni
*L'Art français de la guerre*, 2011.
© Éditions Gallimard

Les types là-bas ne nous disent rien. Ils sont plus petits que nous, ils sont souvent accroupis, et leur politesse déconseille de regarder en face. Alors nos regards ne se croisent pas. Quand ils parlent c'est avec une langue qui crie et que nous ne comprenons pas. J'ai l'impression de croiser des Martiens ; et de combattre certains d'entre eux que je ne distingue pas des autres. Mais parfois ils nous parlent : des paysans dans un village, ou des citadins qui sont allés tout autant à l'école que nous, ou des soldats engagés avec nous. Quand ils nous parlent en français cela nous soulage de tout ce que nous vivons et commettons chaque jour. […] Nous regardons leurs femmes qui sont belles comme des voilages, comme des palmes, comme quelque chose de souple qui flotte au vent. Nous rêvons qu'il soit possible de vivre là.

| RÉDACTION | 40 POINTS • ⏱ 1 h 30 |

*Vous traiterez au choix un des deux sujets de rédaction suivants. Votre travail fera au moins deux pages (soit une cinquantaine de lignes).*

#### Sujet d'imagination
Vous aussi, vous vous êtes retrouvé(e) dans un lieu où vous avez ressenti un profond dépaysement, avec un sentiment de malaise. Racontez.

Agir dans la cité : individu et pouvoir • **SUJET 5**

**Sujet de réflexion**

L'inconnu fait-il nécessairement peur ? Vous proposerez une réflexion organisée en vous appuyant sur vos lectures et vos connaissances personnelles.

## LES CLÉS DU SUJET

### ● Analyser les documents

### ● Traiter le sujet d'imagination

■ **Recherche d'idées**

Choisis un lieu dans lequel tu t'es senti dépaysé. Il ne s'agit pas forcément d'un pays étranger : ce peut être un autre quartier, une nouvelle école…

■ **Conseils de rédaction**

• Prends le temps de décrire le lieu, de le faire exister. Tu peux aussi parler de la faune, des personnes qui y vivent, de leurs coutumes, de leurs habitudes.

• Décris les sentiments que tu as ressentis : dépaysement, malaise, angoisse, peur, mais aussi peut-être curiosité, excitation… Utilise pour les exprimer le lexique des sentiments.

Agir dans la cité : individu et pouvoir • **CORRIGÉ** 5

## ●  Traiter le sujet de réflexion

### ■ Recherche d'idées

**Piste 1**   Commence par définir ce que peut être l'inconnu : un autre quartier, une nouvelle école, un pays que l'on ne connaît pas, des paysages où l'on perd ses repères : déserts, profondeurs sous-marines, autres planètes, immensité de l'espace…

**Piste 2**   Recherche des exemples tirés de tes lectures et/ou de tes connaissances, dans lesquels des hommes – explorateurs, marins, cosmonautes, aventuriers – ont eu à affronter l'inconnu : événements réels (l'expédition de Christophe Colomb, les premiers pas de l'homme sur la Lune…) ou fictifs (les aventures du jeune Jim Hawkins dans *L'Île au trésor* de Robert Stevenson).

### ■ Conseils de rédaction

Pense à faire un plan avec plusieurs parties. Par exemple :
- partie 1 : définition de l'inconnu ;
- partie 2 : l'inconnu provoque généralement un sentiment de peur ;
- partie 3 : l'inconnu crée de la curiosité et de l'excitation.

## 5  CORRIGÉ GUIDÉ

### TRAVAIL SUR LE TEXTE LITTÉRAIRE ET SUR L'IMAGE

*Les réponses doivent être entièrement rédigées.*

**Compréhension et compétences d'interprétation**

▶ **1.** Les termes suivants permettent de comprendre que le récit se déroule en temps de guerre : « équipement », « armes », « coup de feu », « piégée », « chasse », « explose ».

▶ **2.** Le narrateur donne de l'Indochine l'image d'un pays étranger, angoissant, inhospitalier et hostile, comme pourrait l'être une autre planète.

▶ **3. a)** La présence de l'ennemi est très peu évoquée, car celui-ci se terre, se cache, crée des embuscades et attaque par surprise. Et puis, l'ennemi, c'est aussi cette terre inhospitalière dans laquelle s'engluent les soldats.

**b)** Il y a cependant des indices de cette présence : « C'est là où ils font pousser leur riz », « cette boue est piégée par ceux que l'on chasse », « des pointes de bambou empalent le pied », « un coup de feu part d'un buisson ».

Agir dans la cité : individu et pouvoir • **CORRIGÉ** — 5

▶ **4. a)** L'auteur compare le soldat à une sorte de pantin dont la vie ne tient qu'à un fil comme s'il était manipulé par un marionnettiste (les officiers, les chefs). Le claquement, celui de l'arme à feu, évoque la rupture d'un fil. Le soldat n'est ensuite plus qu'un corps désarticulé, inerte.

**b)** Les soldats, en temps de guerre, sont trop souvent considérés par les chefs comme de la chair à canon qu'on envoie à la mort. Ils sont condamnés à obéir aux ordres sans avoir voix au chapitre.

▶ **5.** La nature apparaît comme extrêmement inhospitalière, hostile, une ennemie tout autant que les soldats adverses.

▶ **6.** Il s'agit d'une personnification. La boue semble devenue vivante et attaquer les soldats. Cela crée un effet angoissant voire fantastique.

> **INFO +**
> Une personnification est une figure de style qui consiste à employer un vocabulaire normalement employé pour des êtres vivants pour parler d'une chose.

▶ **7.** L'affiche ne délivre pas du tout la même vision de la guerre coloniale que le texte : si le texte est très critique et présente la guerre d'Indochine comme un enfer pour les soldats, l'image est une affiche de propagande cherchant à recruter des hommes pour les troupes coloniales. Tout est fait pour en donner une vision idyllique : le soldat est présenté comme un héros admiré et respecté. Les couleurs sont éclatantes, du blanc immaculé de l'uniforme au bleu du fleuve et du ciel. On est bien loin de l'univers hostile dépeint dans le texte.

### Grammaire et compétences linguistiques

▶ **8. a)** Proposition subordonnée relative : « que nous avions entendu ».
Proposition subordonnée circonstancielle : « avant qu'il ne tombe ».

**b)** Il s'agit d'une subordonnée circonstancielle de temps.

▶ **9. a)** Il s'agit d'un pronom personnel.

**b)** Il remplace le groupe nominal « cet homme couché ».

▶ **10.** Le sujet grammatical du verbe « devait » est le groupe nominal suivant : « le claquement sec que nous avions entendu avant qu'il ne tombe ».

▶ **11.** *Les modifications sont en couleur.*
La boue de la rizière a collé aux jambes, a aspiré les pieds, elle s'est répandue sur les mains, les bras, on en a trouvé jusque sur le front [...].

▶ **12.** *Les modifications sont en couleur.*
Et en plus d'être naturellement toxiques, ces eaux sont piégées par ceux que l'on chasse. Parfois elles explosent.

Agir dans la cité : individu et pouvoir • **CORRIGÉ** **5**

## DICTÉE

> **POINT MÉTHODE**
>
> ❶ Attention à l'accord des participes passés :
> - employé avec le verbe *être*, le participe passé s'accorde avec le sujet : *accroupis* (*ils*), *allés* (*qui* utilisés pour *des citadins*) ;
> - employé comme adjectif, il s'accorde avec le nom qu'il qualifie : *engagés* (*des soldats*).
>
> ❷ Attention à l'orthographe de *tout* :
> - le premier *tout* est un adverbe (= *tout à fait* autant) : il est **invariable** ;
> - le deuxième *tout* est un pronom (= *tout* cela). Il est au **singulier**.

Les types là-bas ne nous disent rien. Ils sont plus petits que nous, ils sont souvent accroupis, et leur politesse déconseille de regarder en face. Alors nos regards ne se croisent pas. Quand ils parlent c'est avec une langue qui crie et que nous ne comprenons pas. J'ai l'impression de croiser des Martiens ; et de combattre certains d'entre eux que je ne distingue pas des autres. Mais parfois ils nous parlent : des paysans dans un village, ou des citadins qui sont allés tout autant à l'école que nous, ou des soldats engagés avec nous. Quand ils nous parlent en français cela nous soulage de tout ce que nous vivons et commettons chaque jour. […] Nous regardons leurs femmes qui sont belles comme des voilages, comme des palmes, comme quelque chose de souple qui flotte au vent. Nous rêvons qu'il soit possible de vivre là.

## RÉDACTION

*Voici un exemple de rédaction sur chacun des deux sujets.*
*Attention les indications entre crochets ne doivent pas figurer sur ta copie.*

### Sujet d'imagination

[Introduction] Pour les vacances d'été, cette année-là, ma famille et moi avions loué une maison traditionnelle au cœur d'une petite ville du sud marocain.

[Découverte du lieu] À peine sortis de la voiture, nous avions été entourés d'enfants qui nous dévisageaient avec curiosité. Le quartier n'avait rien de touristique. Notre maison se trouvait dans la kasba. Pour y accéder, il avait fallu passer une porte voûtée ménagée dans la muraille de couleur ocre qui ceignait le cœur

> **CONSEIL**
> Tu peux inventer un lieu, mais veille à rester crédible : écarte tout récit de science-fiction.

de la ville. Plusieurs fois par jour, le chant du muezzin retentissait en provenance du minaret de la mosquée voisine.

[Impressions : dépaysement, malaise] Les premiers jours, le sentiment de dépaysement était intense. Les habitants du quartier nous regardaient avec suspicion et nous avions l'impression d'être des intrus. Nous sentions qu'il était difficile de communiquer avec nos voisins que nous croisions fort peu. Les femmes étaient pour la plupart voilées et nous étions mal à l'aise dans nos vêtements d'été. Pour aller à la piscine d'un palais voisin devenu un hôtel, nous devions longer les murailles de la ville : nous sentions alors les regards braqués sur nous, curieux, bienveillants ou hostiles, il était difficile de le savoir. Nous essayions de nous faire discrets.

Peu à peu, les habitants du quartier finirent par nous accepter. L'animosité fit place à des échanges amicaux. L'impression de malaise disparut : nous n'étions plus des intrus.

[Conclusion] Je garde de ces vacances le souvenir ému d'avoir su nous intégrer à cette vie locale si différente de la nôtre.

### Sujet de réflexion

[Introduction] L'inconnu fait-il nécessairement peur ? Peut-on partir vers l'inconnu sans appréhension ?

**CONSEIL**
N'oublie pas de présenter la question en introduction.

[Définition de l'inconnu] Qu'est-ce que l'inconnu ? Ce que l'on ne connaît pas. Ce peut être le quartier voisin, une ville si l'on vit à la campagne, la campagne si l'on est un citadin, un autre pays où les coutumes et la langue sont différentes, un paysage qui semble inhospitalier, une rencontre : toute situation où l'on perd ses repères.

[La peur devant l'inconnu] Je pense que partir vers l'inconnu ne peut se faire sans appréhension, inquiétude, voire angoisse, car c'est se préparer à affronter une situation, des périls peut-être, que l'on ne connaît pas. Cette peur est nécessaire, car elle permet de rester vigilant, d'essayer de prévoir les dangers afin d'être prêt à les surmonter.

L'expédition de Christophe Colomb parti vers l'ouest à la recherche d'une nouvelle route maritime était très risquée, tant à cause des tempêtes, des risques de naufrage que parce qu'il n'existait aucune carte de cette partie du monde. Les membres de l'équipage n'étaient pas sûrs de revenir. Christophe Colomb ignorait d'ailleurs qu'il allait découvrir un « Nouveau Monde » inconnu des Européens, lui qui espérait atteindre les Indes.

L'espace, de même, a longtemps été source d'angoisse. Les récits de science-fiction ont exploité la peur de l'inconnu en mettant en scène des dangers, des périls venus d'autres planètes et qui viendraient menacer l'humanité, comme dans *La Guerre des mondes* de H. G. Wells. Si l'exploration spatiale et les connaissances scientifiques ont apaisé certaines de ces peurs, l'infinité de l'espace continue de nourrir les angoisses de l'homme.

[La curiosité et l'excitation devant l'inconnu] Cependant, s'il n'y avait que la peur, bien peu auraient pris le risque de partir explorer les mondes inconnus. C'est la curiosité, le désir de découverte, l'exaltation aussi face au danger, qui amènent l'homme à quitter son univers familier pour se faire aventurier. Tous les explorateurs, navigateurs ou encore astronautes ont dû ressentir cette poussée d'adrénaline, ce mélange de peur, de curiosité et d'euphorie au moment de se lancer dans l'inconnu pour ce qui pouvait être un voyage sans retour. Les premiers pas de l'homme sur la lune restent un des événements majeurs de l'histoire de l'humanité, tout comme la découverte de l'Amérique en 1492 par Christophe Colomb.

[Conclusion] Pour conclure, je dirais que l'inconnu provoque un sentiment ambigu : une certaine appréhension, peur, voire angoisse, face à des dangers réels ou imaginaires ; mais aussi une vive curiosité et le désir de vivre des aventures exaltantes.

**CONSEIL**
En conclusion, fais la synthèse de ton développement. L'inconnu provoque des sentiments ambivalents : peur, mais aussi curiosité et excitation.

# 6 Asie • Juin 2019

## Découverte olfactive d'un nouveau monde

3 heures
100 points

● **INTÉRÊT DU SUJET** • Le texte évoque la puissance des sensations olfactives qui annoncent la proximité d'un continent bien avant qu'on ne l'aperçoive et le bonheur de retrouver la terre après une longue traversée.

### DOCUMENT A  Texte littéraire

*Dans son roman, Jean-Christophe Rufin raconte l'expédition du chevalier de Villegagnon, parti au XVIe siècle à la conquête du Brésil.*

Le sillage du vaisseau se colorait de mauve et d'indigo tandis que s'allumait dans le ciel d'orient une étoile immobile. En cette heure ultime du jour, les vents marquaient souvent une pause, les voiles s'affaissaient et le navire, baigné de silence, semblait se recueillir pour
5 une invisible vêpre[1]. Or, tout au contraire, ce fut le moment où parvint dans le carré, assourdi par les tapisseries, un grand tumulte venu de l'avant.
Villegagnon se précipita au-dehors et les autres à sa suite. Tout l'équipage et nombre de passagers se tenaient à la proue le nez en
10 l'air. D'autres arrivaient encore en courant, montant de l'entrepont et des cales. Villegagnon se fraya un chemin jusqu'au beaupré[2]. L'horizon devant eux était rouge à l'endroit où le soleil finissait de disparaître. On ne voyait aucune terre ni, quand le ciel s'assombrit, aucun feu. Les vigies, d'ailleurs, n'avaient pas crié. À vrai dire, rien n'était
15 perceptible sauf une odeur étrange, tout à la fois faible et immense. Faible parce qu'il fallait concentrer toute son attention pour en discerner la pointe dans l'air tiède ; immense parce qu'elle envahissait toutes les directions, entourait le bateau et paraissait s'étendre sur toute la surface de la mer.
20 Pourtant, elle ne lui appartenait pas. Le nez, de science aussi certaine que la vue ou l'ouïe, affirmait que c'était bien une senteur de terre.

Visions poétiques du monde • **SUJET** 6

Il est des terres qui exhalent l'herbe, le bétail, la pourriture, les labours. Cette odeur-là n'évoquait rien de tel. Elle était acidulée,
25 juteuse, turgescente[3], printanière. En fermant les yeux, on avait envie de dire qu'elle était colorée, rouge, peut-être orangée.

Soudain quelqu'un découvrit le mot juste et cria que cela sentait le fruit.

En effet, c'était bien une essence subtile de pulpe qui se répandait
30 en vapeur sur toute l'étendue de la mer, une immense odeur de fruit mûr. Une île se voit mais elle n'a pas ce parfum lointain et puissant. Seul un continent peut jeter aussi loin sur la mer ses fragrances végétales, tout comme l'océan envoie dans la profondeur du littoral ses embruns salés et ses senteurs de varech[4].
35 Villegagnon pleurait de joie dans son poing fermé et tous, autour de lui, s'embrassaient.

Il leur fallut encore naviguer deux jours pour être en vue de la côte.

Trois mois et demi s'étaient écoulés depuis leur départ du Havre.

Jean-Christophe Rufin, *Rouge Brésil*, 2001,<br>© Éditions Gallimard, www.gallimard.fr.

1. Vêpre : prière du soir. 2. Beaupré : mât de beaupré ; l'un des principaux mâts d'un navire, situé à l'avant. 3. Turgescente : enflée, vive, puissante. 4. Varech : mélange d'algues déposé par la marée.

**DOCUMENT B** Georg Flegel, *Nature morte de desserts*, entre 1585 et 1638

Peinture sur bois. Ancienne Pinacothèque, musée de Munich.

## Visions poétiques du monde • SUJET 6

**TRAVAIL SUR LE TEXTE LITTÉRAIRE ET SUR L'IMAGE**  
**50 POINTS • 1 h 10**

*Les réponses doivent être entièrement rédigées.*

### Grammaire et compétences linguistiques

▶ **1. a)** Lignes 35-39 : relevez les verbes conjugués et identifiez les trois temps verbaux. (*1,5 point*)
**b)** Indiquez la valeur de chacun de ces temps. (*1,5 point*)

▶ **2.** Réécrivez le passage suivant en mettant le mot « odeur » au pluriel et faites toutes les modifications nécessaires :
« À vrai dire, rien n'était perceptible sauf une odeur étrange, tout à la fois faible et immense. Faible parce qu'il fallait concentrer toute son attention pour en discerner la pointe dans l'air tiède ; immense parce qu'elle envahissait toutes les directions, entourait le bateau et paraissait s'étendre sur toute la surface de la mer ». (*10 points*)

▶ **3.** Lignes 4 à 7 : « le navire, baigné de silence, semblait se recueillir pour une invisible vêpre. <u>Or</u>, tout au contraire, ce fut le moment où parvint dans le carré, assourdi par les tapisseries, un grand tumulte venu de l'avant. »
**a)** Quelle est la classe grammaticale du mot souligné ? (*1 point*)
**b)** Quel lien logique exprime-t-il ? (*1,5 point*)

▶ **4.** Lignes 29 et 30 : « En effet, c'était bien une essence subtile de pulpe qui se répandait en vapeur sur toute l'étendue de la mer […] ». Relevez toutes les expansions du nom « essence » et identifiez leur classe grammaticale. (*4,5 points*)

### Compréhension et compétences d'interprétation

▶ **5. a)** Depuis combien de temps les personnages ont-ils embarqué ? (*1 point*)
**b)** Comment le premier paragraphe met-il en relief leur attente ? Vous vous appuierez sur trois éléments du texte. (*3 points*)

▶ **6.** « Villegagnon se précipita au-dehors et les autres à sa suite » (l. 8). Pourquoi les personnages réagissent-ils ainsi ? (*2 points*)

▶ **7.** En vous appuyant sur le texte, précisez les deux émotions successives que ressentent Villegagnon et son équipage. (*4 points*)

▶ **8. a)** « Le nez, de science aussi certaine que la vue ou l'ouïe, affirmait que c'était bien une senteur de terre » (l. 20 à 22). Comment le mot « nez » est-il mis en valeur dans cette phrase ? (*2 points*)

**b)** Identifiez le champ lexical dominant dans les lignes 23 à 34 : vous relèverez quatre mots. (*3 points*)

▶ **9.** Lignes 23 à 26 : « Il est des terres qui exhalent l'herbe, le bétail, la pourriture, les labours. Cette odeur-là n'évoquait rien de tel. Elle était acidulée, juteuse, turgescente, printanière. En fermant les yeux, on avait envie de dire qu'elle était colorée, rouge, peut-être orangée. »
En quoi cette évocation revêt-elle une dimension poétique ? Vous appuierez votre réponse sur des relevés précis, que vous commenterez. (*7 points*)

▶ **10.** Observez le tableau de Georg Flegel, *Nature morte de desserts*.
**a)** Quels effets l'évocation des sens produit-elle sur le spectateur du tableau ? (*5 points*)
**b)** Le lecteur du texte ressent-il les mêmes émotions selon vous ? (*3 points*)

## DICTÉE — 10 POINTS • 20 min

*Le nom de l'auteur, le titre de l'œuvre, ainsi que « Madagascar » et « entrelacs » sont écrits au tableau.*

### Jean-Christophe Rufin
*Le tour du monde du roi Zibeline,* 2017.
© Éditions Gallimard, www.gallimard.fr

La nuit résonnait de cris. Des oiseaux invisibles s'appelaient. Des insectes grimpaient sur les cloisons en faisant autant de bruit que des chats. Et très loin, atténué par la distance et l'entrelacs des plantes, parvenait régulier, comme un inexorable balancier liquide, le bruit du ressac.

Ils avaient tant rêvé à ce moment ! Ce n'était pas seulement la parole donnée qui les avait fait revenir. Madagascar était devenue pour eux un remède à toutes les épreuves, un viatique, un abri mental qui les protégeait des humiliations, des tourments de l'exil, des tristesses quotidiennes.

Et voilà que, maintenant, ils y étaient revenus.

## RÉDACTION — 40 POINTS • 1 h 30

*Vous traiterez au choix un des deux sujets de rédaction suivants. Votre travail fera au moins deux pages (soit une cinquantaine de lignes).*

### Sujet d'imagination

Rédigez le journal de bord de Villegagnon : il raconte l'arrivée de son équipage sur les côtes brésiliennes et leurs premières explorations dans ce nouveau monde.
Vous insisterez sur les réactions et les émotions des personnages face à cette terre exotique.

# Visions poétiques du monde • SUJET 6

**Sujet de réflexion**

« Le nez, de science aussi certaine que la vue ou l'ouïe, affirmait que c'était bien une senteur de terre. »
Selon vous, peut-on explorer le monde autrement que par la vue ?
Vous répondrez à cette question en vous appuyant sur votre expérience, sur les textes étudiés en classe ainsi que sur votre culture personnelle, littéraire et artistique (poésie, cinéma, musique et peinture notamment).

## LES CLÉS DU SUJET

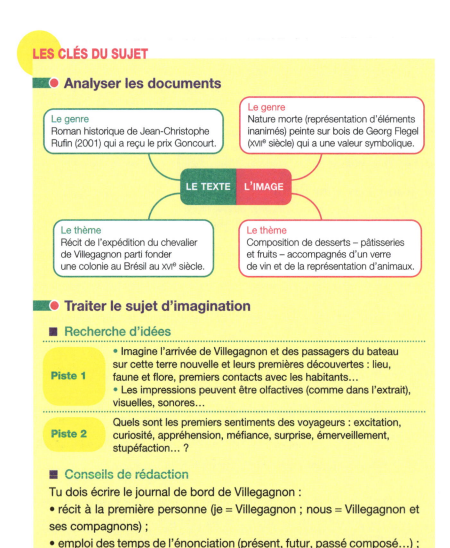

### ● Analyser les documents

**LE TEXTE**

**Le genre**
Roman historique de Jean-Christophe Rufin (2001) qui a reçu le prix Goncourt.

**Le thème**
Récit de l'expédition du chevalier de Villegagnon parti fonder une colonie au Brésil au XVIe siècle.

**L'IMAGE**

**Le genre**
Nature morte (représentation d'éléments inanimés) peinte sur bois de Georg Flegel (XVIIe siècle) qui a une valeur symbolique.

**Le thème**
Composition de desserts – pâtisseries et fruits – accompagnés d'un verre de vin et de la représentation d'animaux.

### ● Traiter le sujet d'imagination

■ **Recherche d'idées**

**Piste 1**
• Imagine l'arrivée de Villegagnon et des passagers du bateau sur cette terre nouvelle et leurs premières découvertes : lieu, faune et flore, premiers contacts avec les habitants…
• Les impressions peuvent être olfactives (comme dans l'extrait), visuelles, sonores…

**Piste 2**
Quels sont les premiers sentiments des voyageurs : excitation, curiosité, appréhension, méfiance, surprise, émerveillement, stupéfaction… ?

■ **Conseils de rédaction**

Tu dois écrire le journal de bord de Villegagnon :
• récit à la première personne (je = Villegagnon ; nous = Villegagnon et ses compagnons) ;
• emploi des temps de l'énonciation (présent, futur, passé composé…) ;
• précision de la date de rédaction des pages du journal.

# Visions poétiques du monde • CORRIGÉ

## ● Traiter le sujet de réflexion

### ■ Recherche d'idées

**Piste 1** — Comment explores-tu le monde qui t'entoure ? Est-ce uniquement par la vue ? Quels sens utilises-tu lorsque tu visites un pays étranger, lorsque tu te retrouves face à un aliment que tu ne connais pas, lorsque tu écoutes un air de musique, que tu lis un poème… ?

**Piste 2** — Recherche dans les textes étudiés en classe ceux qui pourraient illustrer ton propos (poèmes, romans…). Tu peux aussi prendre des exemples dans le cinéma, la peinture, la musique…

### ■ Conseils de rédaction

Emploie un lexique sensoriel riche et varié : vue, image, forme, couleur, odorat, odeur, senteur, parfum, ouïe, bruit, son, musique, chant, cri, toucher, rugueux, lisse, satiné, doux, matière, goût, saveur, sensation…

## CORRIGÉ GUIDÉ

### TRAVAIL SUR LE TEXTE LITTÉRAIRE ET SUR L'IMAGE

*Les réponses doivent être entièrement rédigées.*

**Grammaire et compétences linguistiques**

▶ **1. a)** Les trois temps employés sont l'imparfait de l'indicatif (« pleurait », « s'embrassaient »), le passé simple de l'indicatif (« fallut ») et le plus-que-parfait (« s'étaient écoulés »).

**b)** Ce sont des temps du passé. L'imparfait exprime des actions en cours d'accomplissement, le passé simple une action ponctuelle et le plus-que-parfait un fait antérieur à ceux exprimés aux deux temps simples.

▶ **2.** *Les modifications sont en couleur.*

À vrai dire, rien n'était perceptible sauf des odeurs étranges, tout à la fois faibles et immenses. Faibles parce qu'il fallait concentrer toute son attention pour en discerner la pointe dans l'air tiède ; immenses parce qu'elles envahissaient toutes les directions, entouraient le bateau et paraissaient s'étendre sur toute la surface de la mer.

▶ **3. a)** *Or* est une conjonction de coordination.

**b)** Elle exprime une opposition.

> **INFO+**
> Les conjonctions de coordination sont *mais, ou, et, donc, or, ni, car*.

**Visions poétiques du monde • CORRIGÉ 6**

▶ **4.** • « subtile » : adjectif qualificatif épithète.

• « de pulpe » : nom précédé d'une préposition (complément du nom).

• « qui se répandait en vapeur sur toute l'étendue de la mer » : proposition subordonnée relative.

**Compréhension et compétences d'interprétation**

▶ **5. a)** Le voyage a commencé trois mois et demi auparavant.

> **INFO +**
> Les conjonctions de coordination peuvent jouer le rôle de connecteur entre des propositions ou des phrases en mettant en évidence un rapport logique (cause, conséquence, opposition).

**b)** L'attente des personnages est mise en relief par les procédés suivants : l'emploi de l'adverbe « souvent » ; l'imparfait de répétition qui montre la monotonie du voyage ; l'emploi des connecteurs « or » et « au contraire » qui vient marquer une rupture dans cette longue attente.

▶ **6.** Les personnages se précipitent dehors, car ils ont entendu « un grand tumulte venu de l'avant » : il s'agit des réactions de l'équipage qui a senti une odeur de terre après des mois de mer.

▶ **7.** La première émotion ressentie est la curiosité devant l'inconnu et le mystère de cette odeur : « En fermant les yeux, on avait envie de dire qu'elle était colorée, rouge, peut-être orangée. » ; « Soudain quelqu'un découvrit le mot juste et cria que cela sentait le fruit. »
Vient ensuite la joie d'être arrivés : « Villegagnon pleurait de joie dans son poing fermé et tous, autour de lui, s'embrassaient. »

▶ **8. a)** Le mot « nez » est mis en évidence : il y a une sorte de personnification. C'est le nez qui agit, qui sait, comme si le sens de l'odorat prenait le pouvoir.
**b)** Le champ lexical dominant est celui de l'odeur : « exhalent », « odeur », « sentait », « essence », « parfum », « flagrances », « senteurs ».

▶ **9.** Cette évocation revêt une dimension poétique. Tout d'abord, la construction « il est des terres » à la place de « il y a des terres » et le verbe « exhaler » appartiennent à un registre de langue soutenu, littéraire. Ensuite, les énumérations répétées de noms et d'adjectifs, sans emploi de la conjonction *et* pour les clore évoquent des images suggestives, aussi bien visuelles que gustatives ou olfactives.

▶ **10. a)** Le tableau de Georg Flegel est une nature morte représentant des desserts. Par la peinture, l'artiste cherche à évoquer chez le spectateur aussi bien la texture que les odeurs ou les saveurs des pâtisseries et fruits représentés. Il cherche à éveiller tous les sens à l'exception de l'ouïe : la vue, le toucher, l'odorat et bien sûr le goût. On remarque les animaux (coq, souris et insectes) qui apportent une note insolite au tableau.

**Visions poétiques du monde • CORRIGÉ** — 6

**b)** Le lecteur du texte est invité à ressentir les mêmes émotions et même plus. L'odeur évoque des saveurs (« acidulée », « juteuse »), des couleurs (« colorée », « rouge », « orangée ») et des formes (« turgescente »). Les sonorités du texte éveillent aussi des impressions poétiques. Tous les sens sont stimulés.

## DICTÉE

---

**POINT MÉTHODE**

**1** Attention à l'accord des verbes.

- **Lorsque le sujet est le pronom relatif *qui* :**

un remède [...], un viatique, un abri mental qui les protégeait.
      antécédent                             S

Note que les 3 GN évoquent la même chose (un remède = un viatique = un abri), d'où le verbe au singulier.

- **Lorsque le sujet est inversé** (placé après le verbe) :

*Et de très loin [...] parvenait régulier [...] le bruit du ressac.*
                                                    sujet inversé

**2** Veille à l'accord des participes passés.

- **Employé avec l'auxiliaire *être*, le participe passé s'accorde avec le sujet :**

*Madagascar (l'île) était devenue*      *Ils y étaient revenus*
    S                                            S

- **Employé avec l'auxiliaire *avoir*, le participe passé s'accorde avec le COD s'il est placé avant. Sinon, il ne s'accorde pas.**

*Ils avaient tant rêvé à ce moment !* (pas de COD, donc pas d'accord)

---

La nuit résonnait de cris. Des oiseaux invisibles s'appelaient. Des insectes grimpaient sur les cloisons en faisant autant de bruit que des chats. Et très loin, atténué par la distance et l'entrelacs des plantes, parvenait régulier, comme un inexorable balancier liquide, le bruit du ressac.

Ils avaient tant rêvé à ce moment ! Ce n'était pas seulement la parole donnée qui les avait fait revenir. Madagascar était devenue pour eux un remède à toutes les épreuves, un viatique, un abri mental qui les protégeait des humiliations, des tourments de l'exil, des tristesses quotidiennes.

Et voilà que, maintenant, ils y étaient revenus.

# Visions poétiques du monde • CORRIGÉ 6

## RÉDACTION

**Sujet d'imagination**

30 novembre 1555 : premier jour sur l'île.

[Découverte de la flore] Le moment est solennel : nous allons découvrir une terre nouvelle ! L'excitation de mes compagnons a fait place à un silence religieux. Je sens de la curiosité, mais aussi de l'appréhension chez ceux qui ont accompli ce long voyage et qui ont enfin atteint leur destination. Qu'allons-nous découvrir sur cette île ? En tant que chef de l'expédition, je suis le premier à poser le pied sur ce nouveau rivage, suivi par le reste des hommes… Une longue plage de sable nous accueille. Plus loin, une flore constituée d'arbres exotiques porte des fruits étranges aux odeurs entêtantes. Quelques matelots les cueillent puis les observent hésitant à y planter les dents malgré leur aspect appétissant, juteux et gorgé de soleil : sont-ils comestibles ? Mais l'envie est la plus forte après les privations et la nourriture monotone des trois mois en mer. C'est un festin de roi : nous nous gorgeons du jus sucré de ces fruits inconnus.

Deuxième jour sur l'île.

[Découverte de la faune] Après une courte nuit, je décide de pousser plus loin l'exploration de nos nouvelles terres. Armés de machettes, nous progressons lentement dans une végétation dense. Nous entendons des cris d'animaux et en apercevons, à la cime des hauts arbres, qui se balancent au bout de lianes : ce sont des singes, je le sais, mais la plupart de mes compagnons n'en ont jamais vus et s'émerveillent de leur caractère joueur et facétieux.

> **CONSEIL**
> Pour éviter les anachronismes (l'expédition a lieu au XVIᵉ siècle), tu peux indiquer : « premier jour sur l'île », « deuxième jour sur l'île », etc.

Troisième jour sur l'île.

[Découverte des habitants] Aujourd'hui, nous avons rencontré pour la première fois les hommes qui habitent ces terres. J'étais un peu inquiet : quel accueil allaient-ils nous offrir ? Allaient-ils nous considérer comme des intrus ou comme des invités ? Mes compagnons étaient méfiants et intrigués aussi par les peintures qui recouvraient leurs corps, mais ces hommes nous ont montré une grande gentillesse : je pense que nous sommes aussi exotiques pour eux qu'ils le sont pour nous. Ils ont tendu des mains curieuses vers nos vêtements d'Européens, en ont palpé les étoffes. Ils ont ri et échangé entre eux dans une langue aux sonorités étranges. Mes compagnons se sont enhardis et les premiers échanges ont eu lieu. Je pense que les jours qui vont suivre seront encore pleins d'heureuses surprises : j'ose croire que cette expédition sera une réussite.

**Sujet de réflexion**

[Introduction] Peut-on explorer le monde autrement que par la vue ?

[Voyager, découvrir la faune, la flore ou une civilisation étrangère] Explorer un pays étranger, c'est mettre tous ses sens en éveil pour appréhender ce qui nous est inhabituel, inconnu, étranger : des sons, des musiques, des langues étrangères, des couleurs, des formes, des odeurs. Découvrir la faune ou la flore d'un pays, c'est observer, écouter, toucher, humer : c'est faire appel à la vue, à l'ouïe, au toucher, à l'odorat, au goût. Par exemple, on regarde un fruit, sa forme, sa couleur, on le touche pour en découvrir la texture, on le sent pour en explorer les odeurs, on le mange pour en connaître le goût.

[Évoquer des lieux, des êtres chers] Le souvenir des lieux et des êtres est souvent lié à un parfum, au son d'une voix, parfois à un air de musique… Dans *À la recherche du temps perdu* de Marcel Proust, c'est la saveur d'une madeleine qui fait ressurgir du fond de la mémoire du narrateur un souvenir enfoui.

[La poésie] Selon Rimbaud, pour explorer le monde, le poète « se fait *voyant* par un long, immense et raisonné *dérèglement de tous les sens* ». Dans *Correspondances*, Baudelaire évoque la façon dont se conjuguent impressions olfactives, visuelles et auditives : « Les parfums, les couleurs et les sons se répondent. » Les mots des poèmes font naître à la fois des formes, des couleurs, des images, des sonorités qui éveillent notre imaginaire. La poésie nous conduit à explorer le monde autrement.

[La musique] De même, écouter de la musique, c'est entendre des sons, des notes, mais c'est aussi produire des images mentales, créer tout un univers visuel, sonore, sensible : c'est inventer un monde.

[Conclusion] Helen Keller dont la vie a été mise en scène dans le film *Miracle en Alabama* d'Arthur Penn était sourde et aveugle, et pourtant elle a su sortir de son enfermement et explorer le monde en valorisant des sens que nous négligeons trop souvent. C'est une magnifique leçon de vie qui nous engage à mettre en éveil et à aiguiser tous nos sens pour découvrir pleinement les univers qui nous entourent.

### Centres étrangers • Juin 2019

# *Globalia*, un monde totalitaire

● **INTÉRÊT DU SUJET** • Le texte et la bande dessinée évoquent l'un et l'autre un acte de résistance contre un pouvoir totalitaire qui impose une pensée uniformisée.

> **DOCUMENT A**  **Texte littéraire**

*Baïkal et Kate sont sortis clandestinement de « Globalia », le monde dans lequel ils vivent. Ils se retrouvent dans la « non-zone » qu'ils ne connaissent pas.*

— Tu ne comprends pas, Kate, je te l'ai souvent répété. Ce sera partout la même chose. Partout nous serons en Globalia. Partout, nous retrouverons cette civilisation que je déteste.
— Évidemment, puisqu'il n'y en a qu'une ! Et c'est heureux.
5 Aurais-tu la nostalgie du temps où il y avait des nations différentes qui n'arrêtaient pas de se faire la guerre ?
Baïkal haussa les épaules. Kate poussa son avantage.
— Il n'y a plus de frontières, désormais. Ce n'est tout de même pas plus mal ?
10 — Bien sûr que non, Kate. Tu me récites la propagande que tu as apprise comme nous tous. Globalia, c'est la liberté ! Globalia, c'est la sécurité ! Globalia, c'est le bonheur !
Kate prit l'air vexé. Le mot de propagande était blessant. Il ne s'agissait ni plus ni moins que de la vérité.
15 — Tu te crois certainement plus malin que moi, mais tu ne peux tout de même pas nier qu'on peut aller partout. Ouvre ton multi-fonction[1], sélectionne une agence de voyages et tu pars demain dans n'importe quel endroit du monde…
— Oui, concéda Baïkal, tu peux aller partout. Mais seulement
20 dans les zones sécurisées, c'est-à-dire là où on nous autorise à aller, là où tout est pareil.

— Mais tout Globalia est sécurisé ! L'Europe, l'Amérique, la Chine… Le reste, c'est le vide, ce sont les non-zones.

Baïkal reprit d'un ton passionné et s'écria :

— Moi, je continue à croire qu'existe un ailleurs.

Kate soupira.

— C'est ce que tu m'as expliqué et c'est pour cela que je t'ai suivi. Mais rends-toi à l'évidence. L'ailleurs est dans tes rêves, mon amour. Il n'y a que quelques endroits pourris aux confins du monde, des réserves, des friches.

— Depuis six mois je recoupe les informations, insista Baïkal en secouant la tête – mais on sentait le désespoir éteindre sa voix. Je suis sûr que toutes ces non-zones sont en continuité. On peut sortir d'ici et rejoindre la mer, il doit y avoir des déserts, des villes peut-être. J'ai fait l'impossible pour obtenir des plans. J'ai soudoyé[2] un type dont le grand-père était botaniste[3]. Il avait effectué des missions dans les non-zones. Il m'a vendu ce logiciel cartographique, mais il est sans doute dépassé : on ne reconnaît plus rien.

Kate le sentait au bord des larmes. Elle passa sa main dans ses cheveux, lissa ses éternels épis couleur de jais[4] qui se redressaient aussitôt.

— Rentrons maintenant, souffla-t-elle. Nous raconterons que nous nous sommes perdus, que la porte était ouverte, que nous avons voulu être seuls dans la montagne. Cela n'ira pas bien loin. Une amende peut-être.

— Non, dit Baïkal en secouant la tête. Je ne retournerai pas là-bas. Ce monde est une prison.

Jean-Christophe Rufin, *Globalia*, 2004, © Éditions Gallimard.

---

1. Multifonction : ordinateur.
2. Soudoyer : payer quelqu'un pour obtenir quelque chose de défendu.
3. Botaniste : scientifique qui étudie les plantes, les fleurs et les arbres.
4. Jais : de couleur noire.

**DOCUMENT B** **Quino, *Y a un truc !*, 1981**

*Quino, scénariste et auteur de bandes dessinées argentin, porte un regard critique sur la société, notamment celle de son pays.*

Progrès et rêves scientifiques • **SUJET 7**

**TRAVAIL SUR LE TEXTE LITTÉRAIRE ET SUR L'IMAGE**  50 POINTS • 1 h 10

*Les réponses doivent être entièrement rédigées.*

## Grammaire et compétences linguistiques

▶ **1.** « Globalia » (l. 2)
**a)** À partir de quel mot ce terme est-il formé ? (*1 point*)
**b)** Expliquez le sens de « Globalia ». (*1 point*)

▶ **2.** « […] là où on nous autorise à aller » (l. 20), « mais on sentait le désespoir éteindre sa voix » (l. 32), « on peut sortir d'ici et rejoindre la mer » (l. 33-34).
**a)** Quelle est la classe grammaticale du mot « on » ? (*1 point*)
**b)** Identifiez ce que désigne chacun des trois mots soulignés. (*3 points*)

▶ **3.** « Nous raconterons que nous nous sommes perdus, que la porte était ouverte, que nous avons voulu être seuls dans la montagne. » (l. 42-44)
Comment les paroles du personnage sont-elles rapportées ? (*1 point*)

▶ **4.** « Globalia, c'est la liberté ! Globalia, c'est la sécurité ! Globalia, c'est le bonheur ! » (l. 11-12)
Identifiez une figure de style employée dans ce passage. (*1 point*)

▶ **5.** « Mais rends-toi à l'évidence. » (l. 28)
**a)** Quel mode est employé dans cette phrase ? (*1 point*)
**b)** Expliquez l'emploi de ce mode. (*1 point*)

▶ **6.** « Je ne retournerai pas là-bas. Ce monde est une prison. » (l. 46-47)
**a)** Nommez la relation logique qui unit les deux phrases. (*1 point*)
**b)** Réécrivez-les en utilisant une conjonction de subordination qui exprime la même relation logique. (*1 point*)

▶ **7.** « Tu ne comprends pas, Kate, je te l'ai souvent répété. Ce sera partout la même chose. Partout nous serons en Globalia. Partout, nous retrouverons cette civilisation que je déteste. » (l. 1-3)
Réécrivez ce passage en commençant par : « Baïkal explique à Kate qu'elle… » (*10 points*)

## Compréhension et compétences d'interprétation

▶ **8.** Quel est le sujet central de la conversation entre Kate et Baïkal ? (*2 points*)

▶ **9. a)** Que pense Kate de Globalia ? (*2 points*)
**b)** Reformulez deux arguments qu'avance Kate pour défendre son opinion. Vous illustrerez votre réponse à l'aide de deux citations. (*4 points*)

**c)** Dans les lignes 4 à 18, nommez un procédé qu'elle utilise pour convaincre Baïkal. Justifiez-le à l'aide d'un exemple issu du texte. (*2 points*)

▶ **10. a)** Quelle vision Baïkal a-t-il de Globalia ?
Relevez deux arguments. (*3 points*)
**b)** Quel est son projet ? Justifiez votre réponse. (*3 points*)

▶ **11.** Quelle proposition Kate formule-t-elle à la fin de l'extrait ? Pour quelle raison ? (*2 points*)

▶ **12.** En vous appuyant sur les réponses précédentes et votre lecture du texte, que pensez-vous de Globalia ? Développez votre réponse de manière argumentée. (*4 points*)

▶ **13. a)** Quelles sont les caractéristiques de la société représentée par Quino dans cette planche de bande dessinée ? (*3 points*)
**b)** Quels liens établissez-vous avec le texte *Globalia* ? (*3 points*)

| **DICTÉE** | **10 POINTS • ⏱ 20 min** |

*Le nom de l'auteur, le titre de l'œuvre, ainsi que « Baïkal », « Kate », « glauque » et « biais » sont écrits au tableau.*

### Jean-Christophe Rufin
*Globalia*, 2004
© Éditions Gallimard

Tout à coup, emportés par leur élan, ils butèrent contre la vitre qui courait à mi-pente. Elle rendit un son vibrant quand ils la heurtèrent. Ils étaient tombés accroupis, emmêlés. Baïkal se redressa, couvert d'aiguilles sèches. Il aida Kate à se relever. Elle n'osait pas toucher la vitre. C'était la première fois qu'elle approchait des limites. Le mur lisse et brillant était transparent de près mais prenait un ton vert glauque à mesure qu'il s'éloignait et qu'on le voyait de biais. […] La pente qu'ils avaient dégringolée était si raide qu'il semblait impossible de la remonter.

| **RÉDACTION** | **40 POINTS • ⏱ 1 h 30** |

*Vous traiterez au choix un des deux sujets de rédaction suivants. Votre travail fera au moins deux pages (soit une cinquantaine de lignes).*

#### Sujet d'imagination
Kate rentre seule à Globalia. Imaginez une situation qui lui ouvre les yeux, l'amenant à considérer Globalia comme une prison et à partager le point de vue de Baïkal sur ce monde. Vous respecterez les caractéristiques

Progrès et rêves scientifiques • SUJET 7

de la narration et du cadre spatio-temporel du texte. Vous intégrerez dans votre récit les pensées et les sentiments de Kate.

### Sujet de réflexion

Comment l'expression artistique (la littérature, la peinture, le cinéma, la musique…) permet-elle de dénoncer le totalitarisme ? Vous vous appuierez sur vos lectures, vos connaissances personnelles et culturelles.

## LES CLÉS DU SUJET

### ● Analyser les documents

**LE TEXTE**

Le genre
Roman d'anticipation de J.-C. Rufin, qui prend la forme d'une dystopie (2004).

Le thème
Le jeune héros, Baïkal Smith, cherche à sortir clandestinement de Globalia, un état mondial sécurisé et uniformisé.

**L'IMAGE**

Le genre
Bande dessinée de Quino, dessinateur et scénariste argentin surtout connu pour sa série de bandes dessinées *Mafalda*.

Le thème
Dénonciation d'une pensée unique imposée par une idéologie totalitaire et affirmation de la nécessité d'y résister.

### ● Traiter le sujet d'imagination

#### ■ Recherche d'idées

**Piste 1** — Imagine un événement (rencontre, confrontation, fait, incident) qui va provoquer une prise de conscience chez Kate.

**Piste 2** — Kate peut réaliser que Globalia n'est pas le monde parfait qu'elle pense, que la propagande n'est pas la vérité, qu'elle n'est pas si libre qu'elle le croit, que tout est peut-être trop uniforme et laisse peu de place à l'imagination, au droit à la différence…

#### ■ Conseils de rédaction

• Reprends les caractéristiques de la narration : récit à la troisième personne et au passé.
• Respecte aussi le cadre spatio-temporel.
– Le lieu : à Globalia, un État totalitaire où règnent la propagande et l'uniformité de la pensée imposée.

**Progrès et rêves scientifiques • CORRIGÉ** 7

– Le moment : dans un futur indéterminé, peu de temps après le retour de Kate de son escapade secrète avec Baïkal.
• Intègre dans ton récit les pensées et les sentiments de Kate.
– Imagine, par exemple, un court dialogue intérieur.
– Fais appel au lexique des sentiments pour évoquer ses doutes, ses désirs, ses révoltes.

## ○ Traiter le sujet de réflexion

### ■ Recherche d'idées

**Piste 1** — Recherche les différentes façons dont les artistes peuvent combattre le totalitarisme (les dictatures) :
– le rire, l'ironie ;
– l'art de persuader, d'émouvoir, de se révolter ;
– l'appel à la résistance ;
– les récits d'anticipation, les dystopies.

**Piste 2** — Choisis des exemples précis parmi des œuvres littéraires, picturales, cinématographiques ou encore musicales. N'oublie pas de citer aussi le roman de Jean-Christophe Rufin.

### ■ Conseils de rédaction

• Présente tout d'abord la question dans ton introduction.
• Construis ensuite ton développement en plusieurs paragraphes, chacun correspondant à un moyen d'agir contre le totalitarisme. Introduis chaque paragraphe avec un connecteur : « tout d'abord », « ensuite », « mais aussi », « enfin »…
• N'oublie pas de conclure par une rapide synthèse et en élargissant ta réflexion : par exemple, évoque l'importance de l'expression artistique et les risques encourus par les artistes dans un monde muselé par la censure.

## 7 CORRIGÉ GUIDÉ

### TRAVAIL SUR LE TEXTE LITTÉRAIRE ET SUR L'IMAGE

**Grammaire et compétences linguistiques**

▶ **1. a)** Le nom propre « Globalia » est formé à partir de l'adjectif « global ».
**b)** Globalia est une sorte d'état mondial où les habitants sont englobés dans une même uniformité politique, sociale et intellectuelle.

Progrès et rêves scientifiques • **CORRIGÉ** 7

▶ **2. a)** « On » est un pronom personnel sujet.

**b)** • « là où on nous autorise à aller » : « on » désigne ceux qui gouvernent.

• « mais on sentait le désespoir éteindre sa voix » : « on » désigne ici Kate, le narrateur, les lecteurs, ceux qui écoutent Baïkal.

• « on peut sortir d'ici et rejoindre la mer » : « on » désigne cette fois « nous » (Kate et Baïkal).

▶ **3.** Les paroles sont rapportées au discours indirect.

▶ **4.** La figure de style employée est une anaphore.

▶ **5. a)** Le mode employé est l'impératif.
**b)** Il exprime une invitation pressante, un ordre, une exhortation.

> **INFO +**
> Une anaphore consiste à répéter le même mot ou la même construction au début de plusieurs phrases ou vers.

▶ **6. a)** La relation logique est une relation de cause. Elle est implicite, sous-entendue.

**b)** Je ne retournerai pas là-bas parce que ce monde est une prison.

▶ **7.** *Les modifications sont en couleur.*

« Baïkal explique à Kate qu'elle ne comprend pas, qu'il le lui a souvent répété, que ce sera toujours la même chose, que partout ils seront en Globalia, que partout ils retrouveront cette civilisation qu'il déteste. »

### Compréhension et compétences d'interprétation

▶ **8.** Le sujet central de la conversation entre Kate et Baïkal est la possibilité qu'il existe un autre monde au-delà des frontières de cet univers globalisé et uniformisé dans lequel ils vivent.

▶ **9. a)** Kate a une opinion très positive de Globalia : elle considère que c'est un monde où l'on est heureux.

**b)** Elle apporte deux arguments. Tout d'abord, il s'agit d'un monde sans guerre : « Aurais-tu la nostalgie du temps où il y avait des nations différentes qui n'arrêtaient pas de se faire la guerre ? » Ensuite, c'est un monde sans frontières dans lequel on peut se déplacer librement : « Tu ne peux tout de même pas nier qu'on peut aller partout. »

**c)** Pour tenter de convaincre Baïkal, Kate emploie des questions rhétoriques : « Il n'y a plus de frontières désormais. *Ce n'est tout de même pas plus mal ?* »

> **INFO +**
> Une question rhétorique est une question à laquelle on n'attend pas de réponse, dont on connaît d'avance la réponse.

▶ **10. a)** Baïkal a une vision très critique de Globalia : c'est un monde totalitaire, où la liberté de penser et de

**Progrès et rêves scientifiques • CORRIGÉ**

se déplacer n'est qu'apparente, où tous les habitants sont amenés à penser de la même manière. Il voit Globalia comme une prison, physique et morale.

**b)** Baïkal souhaite s'évader de cet univers, partir à la recherche d'un ailleurs. Cela fait des semaines qu'il enquête sur les « non-zones ». Il s'est procuré un logiciel cartographique. Il est persuadé qu'il y a un autre monde hors de Globalia.

▶ **11.** Kate tente de le convaincre de regagner Globalia. Elle a peur de l'inconnu qui les attend et elle voit Baïkal perdu, au bord des larmes.

▶ **12.** Je pense comme Baïkal que Globalia est un monde totalitaire qui semble offrir le bonheur et la paix, mais au détriment de la liberté de penser, de se déplacer. Les esprits y sont uniformisés, en proie à la propagande. Il n'y a plus de libre-arbitre. C'est un monde aseptisé, sans surprise, sans différences. On peut y voyager à sa guise, mais à quoi bon puisqu'il n'y a plus qu'une civilisation unique ?

▶ **13. a)** La société représentée par Quino sur sa planche de bande dessinée est une société où tout le monde pense de manière identique, ce qui est symbolisé par des carrés. La résistance à cette pensée totalitaire consiste à se procurer clandestinement un instrument subversif, un compas, qui permettra de réaliser des ronds, c'est-à-dire de penser et s'exprimer autrement.

**b)** Le monde de Globalia et celui de la bande dessinée ont les mêmes caractéristiques : ils imposent à leurs habitants une pensée unique. Baïkal ressemble à ce personnage qui se procure un compas : il veut échapper à cette dictature de la pensée, découvrir d'autres horizons.

## DICTÉE

### POINT MÉTHODE

Attention aux règles d'accord du participe passé.

**1** Le participe passé employé avec l'auxiliaire *être* s'accorde avec le sujet : *Ils étaient tombés accroupis, emmêlés.*

**2** Le participe passé employé avec l'auxiliaire *avoir* s'accorde avec le COD si celui-ci est placé avant le verbe : *La pente qu'il avait dégringolée était si raide.*

**3** Le participe passé employé comme adjectif s'accorde avec le nom ou le pronom qu'il qualifie : *Tout à coup, emportés par leur élan, ils butèrent contre la vitre.*

Tout à coup, emportés par leur élan, ils butèrent contre la vitre qui courait à mi-pente. Elle rendit un son vibrant quand ils la heurtèrent. Ils étaient tombés accroupis, emmêlés. Baïkal se redressa, couvert d'aiguilles sèches. Il aida Kate à se relever. Elle n'osait pas toucher la vitre. C'était la première fois qu'elle approchait des limites. Le mur lisse et brillant était transparent de près mais prenait un ton vert glauque à mesure qu'il s'éloignait et qu'on le voyait de biais. […] La pente qu'ils avaient dégringolée était si raide qu'il semblait impossible de la remonter.

## RÉDACTION

*Voici un exemple de rédaction sur chacun des deux sujets.*
*Attention les indications entre crochets ne doivent pas figurer sur ta copie.*

### Sujet d'imagination

[Introduction] Kate laissa Baïkal derrière elle et réintégra discrètement Globalia, soulagée, mais aussi inquiète pour son jeune compagnon affrontant seul les dangers des non-zones, s'y perdant peut-être pour toujours. Elle s'en voulait de l'avoir ainsi abandonné, mais elle ne se sentait pas capable de quitter le cocon protecteur du seul monde qu'elle connaissait.

[Élément déclencheur] Soudain, Kate sentit une odeur lui chatouiller les narines, un léger arôme un peu entêtant, à la fois étrange et familier : cela sentait quelque chose de doux, de subtil et de sauvage en même temps, quelque chose qui éveillait en elle une sorte de nostalgie, une impression de poésie… Elle plongea la main dans sa poche et en sortit une petite poignée de quelque chose qui sentait la terre, l'humus. Cela avait dû s'y glisser alors qu'elle suivait son jeune ami.

[Prise de conscience] Il n'y avait rien de tel à Globalia : les odeurs étaient proscrites, chassées. Tout était désodorisé, aseptisé, fade. Tout ce qui pouvait éveiller des élans de poésie, des désirs, des envies était formellement interdit. Kate, déjà, remarquait quelques regards désapprobateurs et suspicieux. Elle se hâta de s'éloigner de peur d'être soupçonnée de quelque pratique prohibée.

Malgré elle, sa main tâta précautionneusement le fond de sa poche : c'était doux, un peu friable… Elle jeta un coup d'œil rapide à la petite poignée de terre ocre qu'elle venait d'extraire du bout de ses doigts. Elle ne put s'empêcher de porter ces quelques grains à ses narines et huma profondément. Cela lui donna envie de chantonner, même si c'était interdit, à l'exception des chants patriotiques. Comme tout lui semblait terne, insipide, monotone tout à coup. Était-ce cette vie-là qu'elle considérait encore comme heureuse, idéale, quelques heures auparavant ?

[Conclusion] Elle cacha la petite poignée de terre bien profondément dans les plis de sa poche et ressentit le violent désir de fuir cette prison mentale qu'était devenu pour elle, en quelques instants, Globalia. Elle ne souhaitait plus qu'une chose : rejoindre Baïkal et explorer avec lui les espaces inconnus. Mais saurait-elle le retrouver ?

### Sujet de réflexion

[Introduction] L'expression artistique (la littérature, la peinture, le cinéma, la musique…) est un moyen de lutte contre le totalitarisme. Mais de quelle façon une œuvre d'art peut-elle se révéler une arme efficace ?

[Combattre en se moquant] Certains artistes ont choisi l'ironie, la dérision comme arme. Ainsi, Charlie Chaplin dans son film *Le Dictateur* (1940) use-t-il du rire pour mettre en évidence la folie des grandeurs et la mégalomanie d'un chef d'État qui ressemble étrangement à Hitler.

[Combattre en indignant et en frappant les esprits] Une œuvre d'art peut aussi agir en frappant les esprits. S'il est un tableau qui symbolise la barbarie, c'est *Guernica* de Picasso (1937) qui met en scène le martyr de la population de cette petite ville bombardée par les aviations fasciste et nazie lors de la guerre d'Espagne. Cette œuvre est un terrible manifeste contre les horreurs de la guerre et de la dictature.

[Combattre en appelant à la résistance] Une œuvre peut aussi être un appel à la résistance. Ainsi, dans son poème *Courage* (1944), Éluard exhorte les Parisiens à s'élever contre le nazisme. Quant au célèbre *Chant des partisans*, c'est l'hymne de la Résistance française contre l'occupant allemand.

[Alerter sur des dangers futurs] Enfin, des romanciers ont choisi de faire des récits d'anticipation, de dystopies pour alerter leurs lecteurs sur les risques que courent nos sociétés de sombrer dans des régimes totalitaires. Citons par exemple *Le Meilleur des mondes* d'Aldous Huxley (1932), *1984*, de George Orwell (1949), *La Servante écarlate* de Margaret Atwood (1985) ou encore *Globalia* de Jean-Christophe Rufin (2004).

[Conclusion] La création artistique offre donc des formes variées de lutte contre les totalitarismes : l'ironie et le rire, le pouvoir d'émouvoir, de persuader, d'appeler à la résistance ou encore de rendre vigilant et critique face à l'avenir. C'est sous les dictatures que l'expression artistique est la plus essentielle et la plus risquée, lorsqu'on cherche à la museler, preuve qu'elle constitue une arme efficace contre le totalitarisme.

# 4 Répondre à une question de vocabulaire

Ce type de question est récurrent dans un sujet de brevet et peut présenter des formes diverses dont voici ici les plus courantes.

## A Formation d'un mot et définition(s)

Analyser la formation d'un mot, c'est délimiter les **différents éléments** qui le constituent. Cela permet d'en définir le **sens**.

### ▶ Analyser la formation d'un mot dérivé

Prenons l'exemple d'*illégal*.

| Le **préfixe** modifie le sens du mot. | Le **radical** constitue l'élément central du mot, sa racine. | Le **suffixe** précise la classe grammaticale du mot. |
|---|---|---|
| Ex. : *il-* préfixe de sens négatif | *-lég-* radical qui vient du latin *lex, legis* : la loi | *-al* suffixe qui signale l'adjectif |

### ▶ Donner la définition d'un mot

Il s'agit de donner le **sens du mot**. L'adjectif *illégal* signifie « contraire à la loi ».

## B Synonymes, familles de mots et champs lexicaux

On peut te demander de trouver des **synonymes**, des **mots de la même famille** ou appartenant au même **champ lexical** que le mot étudié.

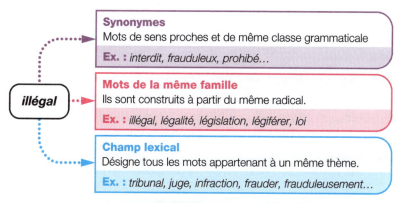

**ATTENTION !** Le radical peut présenter des variantes : *fleur* et *floral*, *mer* et *marin*, *légal* et *loi* sont des mots de la même famille.

# 5 Identifier la classe grammaticale d'un mot

Les mots sont répartis en dix classes grammaticales (ou natures). Il existe cinq classes variables et cinq classes invariables.

## A Les mots variables

Mémorise un exemple pour chaque classe : **remplace**-le par le mot sur lequel tu t'interroges et vois si cela fonctionne.

| Classe grammaticale | Caractéristique |
|---|---|
| **Nom** (*stylo*, *liberté*, *Anglais*) | Il désigne une personne, une idée, une chose. |
| **Déterminant** (*un*, *une*, *le*, *ma*, *son*) | Il accompagne le nom. |
| **Adjectif qualificatif** (*beau*, *laid*, *gentil*, *peureux*) | Il se rapporte à un nom et en exprime une caractéristique. |
| **Pronom** (*je*, *la*, *la sienne*, *ça*) | Il remplace le plus souvent un nom ou un groupe nominal. |
| **Verbe** (*prendre*, *déclarer*, *voir*) | Il se conjugue. |

## B Les mots invariables

Leur orthographe ne **varie jamais**. La **substitution** est le meilleur moyen de les identifier sans se tromper.

| Classe grammaticale | Caractéristique |
|---|---|
| **Adverbe** (*bien*, *mal*, *fortement*, *très*) | Il modifie le sens d'un mot ou d'une phrase. |
| **Préposition** (*à*, *de*, *par*, *pour*, *sur*, *avec*) | Elle introduit un complément. |
| **Interjection** (*Ouf ! Bravo ! Oh ! Zut !*) | Exclamation ou juron exprimant une émotion. |
| **Conjonction de coordination** (*mais*, *ou*, *et*, *donc*, *or*, *ni*, *car*) | Elle lie des mots ou groupes de mots de même nature. |
| **Conjonction de subordination** (*que*, *parce que*, *puisque*, *alors que*) | Elle relie une proposition subordonnée à une proposition principale. |

**ATTENTION !** Un mot peut parfois appartenir à deux classes distinctes, par exemple adjectif et adverbe.
Ex. : elle possède une voix *forte* → une voix puissante
elle parle *fort* → fortement

# Reconnaître la fonction d'un mot ou d'un groupe de mots

La fonction est le rôle qu'un mot ou qu'un groupe de mots occupe dans la phrase.

## A Le sujet et les compléments du verbe

Ces mots ont des **fonctions essentielles**. On ne peut pas les supprimer.

| Fonction | Exemple |
|---|---|
| Le **sujet** accomplit l'action exprimée par le verbe. On le reconnaît en posant la question « qui est-ce qui ? » ou « qu'est-ce qui ? » suivie du verbe. | *Jouer au foot* reste mon activité préférée.<br>*Qu'elle aime le basket* ne m'étonne pas. |
| Le **complément d'objet direct** (COD) se reconnaît en posant la question « qui ? » ou « quoi ? » après le verbe. | Je préfère les *sports d'équipe*.<br>Je *les* préfère. |
| Le **complément d'objet indirect** (COI) se reconnaît en posant la question « de qui/de quoi ? » ou « à qui/à quoi ? » après le verbe. | Le ballon appartient *à son meilleur ami*.<br>Il *lui* appartient. |
| L'**attribut du sujet** caractérise le sujet par l'intermédiaire du verbe *être* ou d'un verbe attributif. | L'équipe adverse semble *impressionnée*. |

**INFO** Pour chacune des fonctions, la classe grammaticale peut varier. Il peut s'agir d'un nom, d'un GN, d'un pronom, d'une proposition…

## B Les compléments circonstanciels

Ils apportent des **précisions sur les circonstances de l'action**.

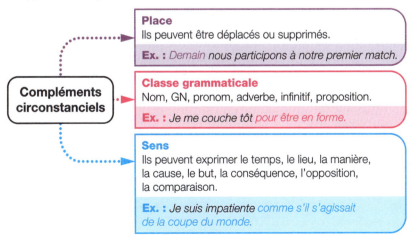

# 7. Analyser une phrase complexe

Une proposition est un ensemble de mots organisé autour d'un verbe conjugué. Une phrase complexe comporte plusieurs verbes conjugués, donc plusieurs propositions.

## A Les propositions indépendantes

- Une proposition indépendante ne dépend d'aucune autre proposition et aucune autre proposition ne dépend d'elle. Elle pourrait **fonctionner seule**.
- Les propositions indépendantes peuvent être **juxtaposées** : elles sont reliées par une virgule, un point-virgule ou deux-points.

Ex. : [*Écrire son autobiographie est une entreprise ambitieuse*] : [*beaucoup d'auteurs s'y sont essayés*].

- Elles peuvent aussi être **coordonnées** : elles sont reliées par une conjonction de coordination (*mais, ou, et, donc, or, ni, car*) ou par un adverbe de liaison (*puis, en effet, par conséquent*…)

Ex. : [*Ils s'engagent à dire la vérité,*] [*mais la tentation d'embellir le réel est grande*].

## B La proposition principale et la proposition subordonnée

- Les propositions ne sont pas toujours indépendantes. La proposition **subordonnée** peut dépendre d'une autre, qu'on appelle **principale**. Une subordonnée est introduite en général par un **mot subordonnant**.
- On distingue **différents types** de subordonnées selon leur fonction.

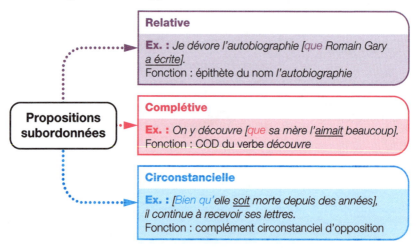

#  Expliquer la valeur d'un temps

Après avoir identifié le temps d'un verbe, il te sera demandé d'en expliquer la valeur dans le texte.

## A Les valeurs du présent de l'indicatif

Le présent de l'indicatif peut avoir des **valeurs très diverses**.

| Valeur du présent de l'indicatif | Exemple |
|---|---|
| Présent de l'énonciation | *Aujourd'hui*, c'est mon anniversaire. |
| Présent de narration | *Un jour*, notre héros décide de partir. |
| Présent de vérité générale | Deux et deux font quatre. |
| Présent d'habitude | Je vais à la piscine une fois par semaine. |
| Présent à valeur de passé récent | Il vient de partir. |
| Présent à valeur de futur proche | Le train part *dans deux minutes*. |

## B Les valeurs du passé simple et de l'imparfait

Le passé simple et l'imparfait sont les **principaux temps du récit au passé** et se partagent les rôles.

- Le **passé simple** est le temps du récit proprement dit. Il exprime des actions ponctuelles qui se succèdent chronologiquement et qui constituent la trame du récit.

- L'**imparfait** est le temps de la description.
Dans un récit au passé, il exprime aussi :
– des actions de second plan, les circonstances de l'action ;
– des actions en cours d'accomplissement ;
– des actions habituelles, qui se répètent.

Ex. : « Il ouvrit toute grande la porte ; une trombe d'eau nous submergea d'un seul coup […]. Dehors, c'était chaud, humide, l'orage battait son plein, des éclairs jaillissaient presque sans cesse et le tonnerre semblait tomber un peu partout […]. »

Michel Tremblay, « Sturm und Drang », *Bonbons assortis*, 2010.

passé simple : premier plan du récit
imparfait : second plan du récit

# 9 Utiliser la bonne terminaison verbale

**L'hésitation est fréquente entre des terminaisons verbales dont la prononciation est identique.**

## A Infinitif ou participe passé ?

Les verbes du premier groupe ont un **infinitif en -er** et un **participe passé en -é**. Il faut les distinguer bien que leur prononciation soit identique.

Ex. : *Le soldat veut aid… son camarade tomb… sous la mitraille ; celui-ci est bless… et doit se faire soign… .*

**❶** J'identifie toutes les formes concernées et je les **remplace** par un **verbe du 3ᵉ groupe** à l'infinitif comme *vendre*, *voir*, *battre*, etc.

**❷** Je vois les substitutions qui fonctionnent et celles qui ne fonctionnent pas.
→ *Le soldat veut battre / son camarade battre sous la mitraille ; / celui-ci est battre / et doit se faire battre.*

**❸** Je choisis l'**infinitif en -er** pour les substitutions qui ont fonctionné, le **participe passé en -é** pour les autres.
→ *Le soldat veut aider son camarade tombé sous la mitraille ; celui-ci est blessé et doit se faire soigner.*

> **ATTENTION !** Au présent de l'indicatif, la terminaison -ez de la 2ᵉ personne du pluriel se prononce comme l'infinitif en -er et le participe passé en -é. Pour l'identifier, repère le pronom sujet *vous*.

## B Passé simple ou imparfait ?

À la première personne du singulier, les verbes du **premier groupe** ont une **prononciation** très proche au passé simple (-ai) et à l'imparfait (-ais). **Changer de personne** permet de les différencier plus aisément.

Ex. : *Hier, je rencontr… par hasard mon ancien camarade ; je lui parl… du métier que j'exerç… depuis deux ans.*

**❶** Pour identifier le temps employé, je repère les formes concernées et je les **remplace par une autre personne**, par exemple la 3ᵉ personne du singulier (passé simple en -a / imparfait en -ait).
→ *Hier, il rencontra par hasard son ancien camarade ; il lui parla du métier qu'il exerçait depuis deux ans.*

**❷** Je choisis la terminaison qui correspond au temps identifié.
→ *Hier, je rencontrai par hasard mon ancien camarade ; je lui parlai du métier que j'exerçais depuis deux ans.*

# 10 Faire les accords nécessaires

Tu dois vérifier que tu as respecté les accords dans toutes les parties de l'épreuve : dans la dictée, mais aussi dans la rédaction et les réponses aux questions.

## A Accorder un verbe

- Le verbe s'accorde **en personne** et **en nombre avec le sujet**, qu'il faut donc identifier sans se tromper (voir fiche 6).
- Voici quelques cas particuliers.

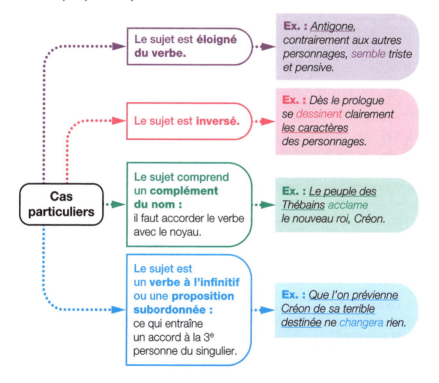

## B  Accorder un adjectif

- L'adjectif qualificatif s'accorde toujours **en genre et en nombre avec le nom** (ou le **pronom** auquel il se rapporte).
- Voici quelques cas particuliers.

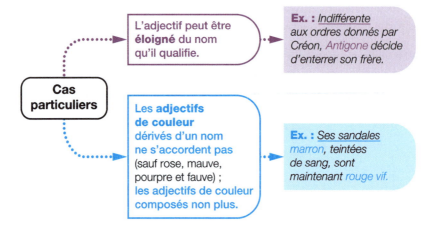

## C  Accorder un participe passé

La règle **varie** selon la manière dont le participe passé est employé.

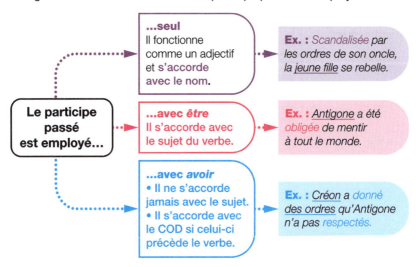

# 11 Confronter un texte et une image

L'objectif consiste à rechercher les points communs, les analogies et les différences, voire les oppositions, entre le texte littéraire et un document iconographique.

## A Analyse de l'image

Commence par observer et présenter brièvement l'image.

- Genre : tableau, dessin satirique, sculpture, photographie, image tirée d'un film, installation artistique, affiche de propagande, publicité…
- Auteur et date
- Registre : réaliste, fantastique, satirique, polémique, comique, pathétique…
- Thème : courte description

## B Confrontation de l'image au texte

- Après avoir bien observé l'image, relis attentivement le texte à la recherche d'**analogies** ou de **différences**.
- Plusieurs cas de figure peuvent se présenter.

| Cas de figure | Conseil |
| --- | --- |
| L'image **illustre bien** le texte : la situation que les deux documents évoquent est assez **similaire**. | • Relève les points communs entre l'image et le texte.<br>• Attention ! La similitude peut porter uniquement sur un paragraphe, voire une seule ligne du texte. |
| L'image et le texte présentent une **situation similaire**, mais avec des **différences**. | Relève d'abord les ressemblances, puis les dissemblances qui existent entre les deux documents. |
| L'image et le texte présentent des **réalités** ou des **points de vue opposés**. | • Ce peut être le cas si l'image est une publicité ou une affiche de propagande dont le dessein est diamétralement opposé à celui d'un texte qui présente un point de vue critique, voire polémique.<br>• Tiens compte des dates de création des deux documents : les époques, et donc le contexte, peuvent être différents. |

> À NOTER La propagande a pour but de diffuser une doctrine, une idéologie afin d'influencer, d'embrigader les esprits et les opinions.

# 12 Construire un récit ou une suite de récit

Les deux démarches sont différentes : construire un récit à partir de ton imagination et/ou d'une expérience vécue ou bien écrire une suite de texte en te glissant dans l'imaginaire de l'auteur.

## A Construire un récit

● Tu dois le plus souvent écrire un **récit autobiographique**. Mais, rien ne t'empêche de faire preuve d'imagination à condition de rester crédible.

● **Lis** bien le sujet et **surligne** les consignes pour ne rien oublier.
Ex. : *Votre texte mêlera description et narration et cherchera à faire partager les sensations et les sentiments que vous avez alors éprouvés.*

● Construis ton récit en **intégrant** les **éléments** suivants.

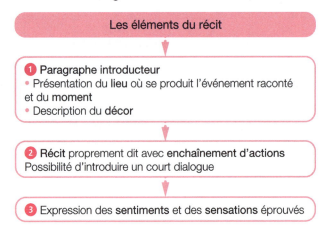

**Les éléments du récit**

**❶ Paragraphe introducteur**
• Présentation du **lieu** où se produit l'événement raconté et du **moment**
• Description du **décor**

**❷ Récit** proprement dit avec **enchaînement d'actions**
Possibilité d'introduire un court dialogue

**❸** Expression des **sentiments** et des **sensations** éprouvés

**REMARQUE** Passages narratifs, descriptifs et dialogues peuvent s'imbriquer les uns dans les autres pour se compléter.

## B Construire une suite de récit

● Construire une suite de récit, c'est imaginer ce qui va se passer à la **fin de l'extrait** proposé dans le sujet de brevet.

● Tu dois respecter un certain nombre de **contraintes** :
– respect des **circonstances** : lieu, époque, personnages... Évite les anachronismes ;
– respect des **temps employés** : présent de narration ou temps du passé ;
– respect du **point de vue narratif** : récit à la 1re ou 3e personne, point de vue d'un des personnages.

# 13 Construire une argumentation

**Tu dois donner ton avis et argumenter sur une question en rapport avec le texte.**

## A Trouver des arguments et des exemples

- Lis attentivement le sujet pour bien comprendre la **question** posée.
- Puis, au brouillon, cherche des **idées** et organise-les.

> **Étapes préparatoires au brouillon**
>
> ❶ Écris tes **arguments** sous forme de **mots-clés**.
>
> ❷ **Classe** ensuite ces arguments du moins important au plus important ou arguments positifs / arguments négatifs.
>
> ❸ Construis un **plan** en au moins deux **parties** :
> thèse / antithèse ou argument 1 / argument 2 / argument 3
>
> ❹ Recherche des **exemple**s tirés de tes lectures et de ton expérience personnelle.

**À NOTER** La thèse, c'est la défense d'un point de vue ; l'antithèse, le point de vue opposé. Ex. : *Je préfère vivre en ville car… . Cependant, la vie urbaine a ses inconvénients…*

## B Rédiger

Passe à présent à l'étape de la **rédaction**.

- Rédige une **introduction** en reprenant la question posée et en la reformulant avec tes propres mots.
- Compose les différents **paragraphes** de ton raisonnement correspondant à tes arguments classés dans un ordre croissant d'importance.
- Emploie des **connecteurs argumentatifs** pour introduire tes arguments (*tout d'abord, ensuite, enfin*) ou pour mettre en évidence la logique de ton raisonnement (*car, donc, parce que, si bien que, c'est pourquoi, mais, cependant, pourtant, quoique…*).
- Illustre tes arguments avec des **exemples** (expériences vécues, lectures…).
- **Conclus** en faisant une **synthèse** de tes arguments et en proposant une **ouverture**, c'est-à-dire une projection dans le futur, un élargissement de la question posée… C'est la dernière impression que gardera ton lecteur.

# √ Maths

## INFOS et CONSEILS sur l'épreuve

**FICHE 1** Comment réussir l'épreuve de maths ? ......... 108

## Sujet de France métropolitaine 2021

**SUJET 8** ......... 109

## Nombres et calculs

**SUJETS 9 à 14** ......... 121

## Organisation et gestion de données, fonctions

**SUJETS 15 à 20** ......... 136

## Grandeurs et mesures

**SUJETS 21 à 24** ......... 155

## Espace et géométrie

**SUJETS 25 à 30** ......... 168

## Algorithmique et programmation

**SUJETS 31 et 32** ......... 184

## Le programme en 15 fiches MÉMO

| | |
|---|---|
| FICHE 2 Différents nombres et leurs représentations | 192 |
| FICHE 3 Puissance et racine carrée | 193 |
| FICHE 4 Calcul avec des fractions | 194 |
| FICHE 5 Multiples, diviseurs, nombres premiers | 195 |
| FICHE 6 Calcul littéral | 196 |
| FICHE 7 Statistiques | 197 |
| FICHE 8 Probabilités | 198 |
| FICHE 9 Proportionnalité, pourcentages | 199 |
| FICHE 10 Fonctions | 200 |
| FICHE 11 Grandeurs et mesures | 201 |
| FICHE 12 Transformations sur une figure | 202 |
| FICHE 13 Repérages | 203 |
| FICHE 14 Triangle et parallélogramme | 204 |
| FICHE 15 Pythagore et Thalès | 205 |
| FICHE 16 Algorithmique et programmation | 206 |

$$\begin{cases} 3x+y=1 & (A) \\ 2x+2y=-2 & (B) \end{cases}$$

# 1 Comment réussir l'épreuve de maths ?

Pour chaque exercice de mathématiques, tu dois comprendre le problème posé, utiliser les données fournies, mobiliser tes connaissances et expliquer clairement ton raisonnement.

## A Bien gérer son temps

● Commence par **survoler l'intégralité** du sujet. Les exercices sont indépendants : tu peux les traiter dans l'ordre que tu veux.

● Tu disposes de 2 heures pour faire 6 à 8 exercices : tu dois donc accorder environ **15 minutes** à chacun. Veille néanmoins à garder **10 minutes** à la fin de l'épreuve pour te relire.

● Si tu peines sur une question ou sur un exercice, ne t'y attarde pas trop : passe au suivant, et tu y reviendras ensuite.

## B Bien analyser chaque exercice

● Lis une fois chaque énoncé ; puis relis en soulignant les **données clés**.

● En géométrie, si l'énoncé ne fournit pas de figure, **trace rapidement celle-ci au brouillon** : tu visualiseras mieux le problème et feras apparaître des configurations connues.

## C Bien rédiger et bien présenter sa copie

### 1. La présentation de la copie

● Travaille d'abord au brouillon, afin d'éviter les ratures.

● Sur ta copie, indique bien le numéro de chacun des exercices. Quand tu développes un **calcul**, passe à la ligne pour chaque étape et souligne le résultat. Tes **figures** doivent être précises, soignées et bien codées.

### 2. La qualité de la rédaction

Tu dois **justifier et rédiger** toutes tes réponses, sauf dans les QCM.

● Dans une démonstration, explicite les hypothèses te permettant de faire appel à une propriété, écris la formule employée.

● Quand tu donnes une réponse chiffrée, fais attention à la précision demandée, n'oublie pas l'unité.

● De façon générale, exprime-toi dans un français correct et efforce-toi d'employer avec justesse le vocabulaire mathématique.

# 8 France métropolitaine • Juin 2021

# Sujet du brevet de France métropolitaine 2021

2 heures
100 points

## EXERCICE 1 • LES TEMPÉRATURES À TOURS — 20 POINTS

Cette feuille de calcul présente les températures moyennes mensuelles à Tours en 2019.

|   | A | B | C | D | E | F | G |
|---|---|---|---|---|---|---|---|
| 1 | Mois | J | F | M | A | M | J |
| 2 | Température en °C | 4,4 | 7,8 | 9,6 | 11,2 | 13,4 | 19,4 |

|   | A | H | I | J | K | L | M | N |
|---|---|---|---|---|---|---|---|---|
| 1 | Mois | J | A | S | O | N | D | Moyenne sur l'année |
| 2 | Température en °C | 22,6 | 20,5 | 17,9 | 14,4 | 8,2 | 7,8 | ? |

▶ **1.** D'après le tableau ci-dessus, quelle a été la température moyenne à Tours en novembre 2019 ?

▶ **2.** Déterminer l'étendue de cette série.

▶ **3.** Quelle formule doit-on saisir en cellule N2 pour calculer la température moyenne annuelle ?

▶ **4.** Vérifier que la température moyenne annuelle est 13,1 °C.

▶ **5.** La température moyenne annuelle à Tours en 2009 était de 11,9 °C.
Le pourcentage d'augmentation entre 2009 et 2019, arrondi à l'unité, est-il de : 7 % ; 10 % ou 13 % ? Justifier la réponse.

### EXERCICE 2 • AU FUTUROSCOPE    20 POINTS

Le Futuroscope est un parc de loisirs situé dans la Vienne. L'année 2019 a enregistré 1,9 million de visiteurs.

▶ **1.** Combien aurait-il fallu de visiteurs en plus en 2019 pour atteindre 2 millions de visiteurs ?

▶ **2.** L'affirmation « Il y a eu environ 5 200 visiteurs par jour en 2019 » est-elle vraie ? Justifier la réponse.

▶ **3.** Un professeur organise une sortie pédagogique au Futuroscope pour ses élèves de troisième. Il veut répartir les 126 garçons et les 90 filles par groupes. Il souhaite que chaque groupe comporte le même nombre de filles et le même nombre de garçons.
**a)** Décomposer en produit de facteurs premiers les nombres 126 et 90.
**b)** Trouver tous les entiers qui divisent à la fois les nombres 126 et 90.
**c)** En déduire le plus grand nombre de groupes que le professeur pourra constituer. Combien de filles et de garçons y aura-t-il alors dans chaque groupe ?

▶ **4.** Deux élèves de troisième, Marie et Adrien, se souviennent avoir vu en mathématiques que les hauteurs inaccessibles pouvaient être déterminées avec l'ombre. Ils souhaitent calculer la hauteur de la Gyrotour du Futuroscope.
Marie se place comme indiquée sur la figure ci-dessous, de telle sorte que son ombre coïncide avec celle de la tour. Après avoir effectué plusieurs mesures, Adrien dessine le schéma ci-dessous (le schéma n'est pas à l'échelle), sur lequel les points A, E et B ainsi que les points A, D et C sont alignés.
Calculer la hauteur BC de la Gyrotour.

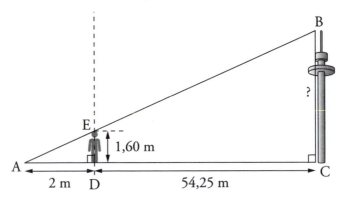

# EXERCICE 3 • QCM                                    20 POINTS

*Cet exercice est un questionnaire à choix multiples (QCM). Aucune justification n'est demandée. Pour chaque question, trois réponses (A, B et C) sont proposées. Une seule réponse est exacte.*

## Partie A

Une urne contient 7 jetons verts, 4 jetons rouges, 3 jetons bleus et 2 jetons jaunes. Les jetons sont indiscernables au toucher.
On pioche un jeton au hasard dans cette urne.

| Questions | Réponse A | Réponse B | Réponse C |
|---|---|---|---|
| ▶ 1. À quel événement correspond une probabilité de $\frac{7}{16}$ ? | Obtenir un jeton de couleur rouge ou jaune. | Obtenir un jeton qui n'est pas vert. | Obtenir un jeton vert. |
| ▶ 2. Quelle est la probabilité de ne pas tirer un jeton bleu ? | $\frac{13}{16}$ | $\frac{3}{16}$ | $\frac{3}{4}$ |

## Partie B

On considère la figure suivante, composée de vingt motifs numérotés de 1 à 20, dans laquelle :
• $\widehat{AOB} = 36°$ ;
• le motif 11 est l'image du motif 1 par l'homothétie de centre O et de rapport 2.

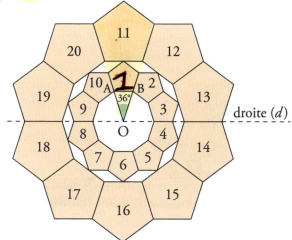

| Questions | Réponse A | Réponse B | Réponse C |
|---|---|---|---|
| ▶ 1. Quelle est l'image du motif 20 par la symétrie d'axe la droite (*d*) ? | Le motif 17. | Le motif 15. | Le motif 12. |
| ▶ 2. Par quelle rotation le motif 3 est-il l'image du motif 1 ? | Une rotation de centre O, et d'angle 36°. | Une rotation de centre O, et d'angle 72°. | Une rotation de centre O, et d'angle 90°. |
| ▶ 3. L'aire du motif 11 est égale : | au double de l'aire du motif 1. | à 4 fois l'aire du motif 1. | à la moitié de l'aire du motif 1. |

## EXERCICE 4 • SCRATCH ET RÉSOLUTIONS D'ÉQUATIONS    20 POINTS

Voici un programme de calcul :

> Choisir un nombre.
> Prendre le carré du nombre de départ.
> Ajouter le triple du nombre de départ.
> Soustraire 10 au résultat.

▶ **1.** Vérifier que si on choisit 4 comme nombre de départ, on obtient 18.

▶ **2.** Appliquer ce programme de calcul au nombre −3.

▶ **3.** Vous trouverez ci-dessous un script, écrit avec Scratch.

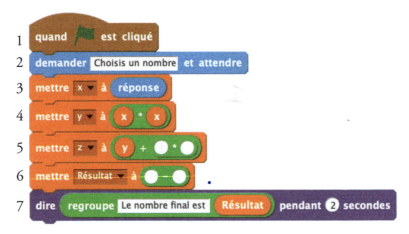

Compléter les lignes 5 et 6 pour que ce script corresponde au programme de calcul.

▶ **4.** On veut déterminer le nombre à choisir au départ pour obtenir zéro comme résultat.
**a)** On appelle $x$ le nombre de départ. Exprimer en fonction de $x$ le résultat final.
**b)** Vérifier que ce résultat peut aussi s'écrire sous la forme : $(x+5)(x-2)$.
**c)** Quel(s) nombre(s) doit-on choisir au départ pour obtenir le nombre 0 à l'arrivée ?

### EXERCICE 5 • LE COMPOSTEUR                    20 POINTS

La production annuelle de déchets par Français était de 5,2 tonnes par habitant en 2007. Entre 2007 et 2017, elle a diminué de 6,5 %.

▶ **1.** De combien de tonnes la production annuelle de déchets par Français en 2017 a-t-elle diminué par rapport à l'année 2007 ?

▶ **2.** Pour continuer à diminuer leur production de déchets, de nombreuses familles utilisent désormais un composteur.
Une de ces familles a choisi le modèle ci-dessous, composé d'un pavé droit et d'un prisme droit (la figure du composteur n'est pas à l'échelle).
Le descriptif indique qu'il a une contenance d'environ 0,5 m³.
On souhaite vérifier cette information.

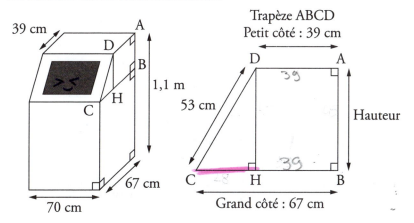

**a)** Dans le trapèze ABCD, calculer la longueur CH.
**b)** Montrer que la longueur DH est égale à 45 cm.
**c)** Vérifier que l'aire du trapèze ABCD est de 2 385 cm².
**d)** Calculer le volume du composteur.
L'affirmation « il a une contenance d'environ 0,5 m³ » est-elle vraie ? Justifier.

**Rappels :**
- Aire du trapèze = $\dfrac{(\text{petit côté} + \text{grand côté}) \times \text{hauteur}}{2}$
- Volume du prisme droit = aire de la base × hauteur
- Volume du pavé droit = longueur × largeur × hauteur

## LES CLÉS DU SUJET

### ● Exercice 1

#### ■ L'intérêt du sujet

Les statistiques permettent d'étudier de nombreux phénomènes et, dans cet exercice, tu vas découvrir leur application dans le domaine de la météorologie.

#### ■ Nos coups de pouce, question par question

| | |
|---|---|
| ▶ 1. Lire un tableau | Lis la valeur en L2. |
| ▶ 2. Calculer un indicateur statistique | L'étendue est la différence entre la plus grande et la plus petite valeur. |
| ▶ 3. Utiliser une feuille de calculs | Rappelle-toi que, dans un tableur, toute formule commence par un signe « = ». |
| ▶ 4. Calculer un indicateur statistique | • Calcule la somme des 12 températures.<br>• Divise ensuite le tout par 12. |
| ▶ 5. Calculer un pourcentage | Divise la hausse de température par la moyenne de température en 2009, puis multiplie par 100. |

### ● Exercice 2

#### ■ L'intérêt du sujet

Tu vas découvrir quelques renseignements sur le Futuroscope et travailler le théorème de Thalès et l'arithmétique.

France métropolitaine • Juin 2021 • SUJET 8

### ■ Nos coups de pouce, question par question

| ▶ 1. Lire des unités | Calcule une différence en faisant attention aux unités employées. |

| ▶ 2. Calculer un indicateur statistique | On demande de calculer un nombre moyen quotidien de visiteurs ; il faut donc que tu utilises le fait qu'il y a 365 jours en 2019. |

| ▶ 3. a) Décomposer un nombre en produit de facteurs premiers | Pour décomposer un nombre en produit de facteurs premiers, regarde si tes nombres sont divisibles par 2, puis 3, puis 5… |

| b) et c) Déterminer des diviseurs | Observe les nombres en commun dans les décompositions en facteurs premiers. |

| ▶ 4. Calculer une longueur | Utilise le théorème de Thalès dans les triangles AED et ABC. |

## ● Exercice 3

### ■ L'intérêt du sujet

À travers un QCM, tu vas réviser les notions de transformations planes ainsi que les probabilités.

### ■ Nos coups de pouce, question par question

| Partie A Déterminer une probabilité | Souviens-toi que le dénominateur correspond au nombre total d'issues et le numérateur au nombre d'issues de l'événement cherché. |

| Partie B ▶ 1. et ▶ 2. Utiliser des transformations | Une symétrie axiale fait un effet miroir ; une rotation « tourne » une figure d'un certain angle. |

| ▶ 3. Calculer l'effet d'un agrandissement sur une aire | Dans un agrandissement de coefficient $k$, les aires sont multipliées par $k^2$. |

France métropolitaine • Juin 2021 • SUJET 8

## Exercice 4

### ■ L'intérêt du sujet
Tu vas réinvestir les leçons sur le calcul littéral et l'algorithmique.

### ■ Nos coups de pouce, question par question

| ▶ 1. et ▶ 2. Appliquer un programme de calcul | • Prends comme nombre de départ 4 puis calcule chaque étape du programme.<br>• Suis le même raisonnement avec comme nombre de départ –3. |
|---|---|
| ▶ 3. Compléter un algorithme sous Scratch | La ligne 5 de Scratch correspond à la 3$^e$ ligne du programme de calcul. La ligne 6 de Scratch correspond à la 4$^e$ ligne du programme de calcul. |
| ▶ 4. Manipuler le calcul littéral et les équations | b) Développe la forme proposée avec la double distributivité.<br>c) Résous une équation produit. |

## Exercice 5

### ■ L'intérêt du sujet
À travers un problème de développement durable, tu vas retravailler le théorème de Pythagore, les formules d'aires et de volumes, ainsi que les pourcentages.

### ■ Nos coups de pouce, question par question

| ▶ 1. Appliquer un pourcentage | Multiplie le pourcentage par la valeur initiale. |
|---|---|
| ▶ 2. a) Calculer une longueur | Remarque que ABHD est un rectangle. |
| b) Utiliser un théorème de géométrie | Utilise le théorème de Pythagore dans le triangle rectangle CDH. |
| c) Appliquer une formule d'aire | Remplace, dans la formule rappelée, les côtés par les valeurs de l'énoncé. |
| d) Calculer un volume et convertir | • Calcule d'abord les volumes du prisme droit et du pavé droit.<br>• Convertis enfin le volume total en m$^3$ et conclus. |

# France métropolitaine • Juin 2021 • CORRIGÉ

## CORRIGÉ GUIDÉ

### EXERCICE 1

▶ **1.** En cellule L2, on lit que la température moyenne en novembre est de 8,2 °C.

▶ **2.** 22,6 – 4,4 = 18,2
L'étendue est de 18,2 °C.

▶ **3.** La formule à entrer en N2 est « =SOMME(B2:M2)/12 » ou « =(B2+C2+D2+E2+F2+G2+H2+I2+J2+K2+L2+M2)/12 ».

▶ **4.** La moyenne des températures pour l'année est :
$$\frac{4,4+7,8+9,6+11,2+13,4+19,4+22,6+20,5+17,9+14,4+8,2+7,8}{12} = 13,1 \text{ °C}.$$

▶ **5.** Le pourcentage d'augmentation entre 2009 et 2019 est de :
$$\frac{13,1-11,9}{11,9} \times 100 \approx 10.$$

### EXERCICE 2

▶ **1.** 2 – 1,9 = 0,1
Il aurait fallu 0,1 million de visiteurs en plus, soit 100 000 visiteurs.

▶ **2.** $\frac{1\ 900\ 000}{365} \approx 5\ 205$

Il y a donc bien eu environ 5 200 visiteurs par jour en 2019. L'affirmation est vraie.

**REMARQUE**
2019 n'est pas une année bissextile ; elle contient donc 365 jours.

▶ **3. a)** 126 = 2 × 63 = 2 × 3 × 21 = 2 × 3 × 3 × 7
90 = 2 × 45 = 2 × 3 × 15 = 2 × 3 × 3 × 5

**b)** Les diviseurs communs à 126 et 90 sont des facteurs communs aux décompositions faites précédemment. Il y a donc :
1 ; 2 ; 3 ; 2 × 3 = 6 ; 3 × 3 = 9 et 2 × 3 × 3 = 18.

**c)** Le plus grand nombre de groupes que pourra faire le professeur est 18.

Il y aura alors, dans chaque groupe :
- 126 ÷ 18 = 7 garçons ;
- 90 ÷ 18 = 5 filles.

▶ **4.** Les droites (DC) et (EB) sont sécantes en A.

Puisque (ED) et (BC) sont toutes deux perpendiculaires à la même droite (AC), alors (ED) et (BC) sont parallèles.

Donc d'après le théorème de Thalès, on a :

$\dfrac{AD}{AC} = \dfrac{AE}{AB} = \dfrac{DE}{BC}$.

En remplaçant les longueurs connues, on obtient :

$\dfrac{2}{54,25+2} = \dfrac{AE}{AB} = \dfrac{1,60}{BC}$.

Donc : $BC = \dfrac{56,25 \times 1,60}{2} = 45$.

La Gyrotour mesure 45 m de hauteur.

## EXERCICE 3

## Partie A

▶ **1.** La bonne réponse est la réponse C.

Il y a bien 7 jetons verts sur les 16 disponibles.

▶ **2.** La bonne réponse est la réponse A.

Il y a bien 13 jetons non bleus sur les 16 disponibles.

## Partie B

▶ **1.** La bonne réponse est la réponse A.

Les motifs 20 et 17 se superposent par pliage le long de l'axe (*d*).

▶ **2.** La bonne réponse est la réponse B.

Les motifs 3 et 1 correspondent dans la rotation de centre O d'angle 72°.

▶ **3.** La bonne réponse est la réponse B.

Le rapport de l'homothétie est 2 donc les aires sont multipliées par $2^2$, c'est-à-dire par 4.

## EXERCICE 4

▶ **1.** On applique le programme de calcul.

On choisit 4.

$4^2 = 16$

$16 + 3 \times 4 = 28$

$28 - 10 = 18$

On obtient bien 18 en prenant 4 au départ.

▶ **2.** On applique le programme de calcul.
On choisit $-3$.
$(-3)^2 = 9$
$9 + 3 \times (-3) = 0$
$0 - 10 = -10$

On obtient $-10$ en prenant $-3$ au départ.

> **RAPPELS**
> • Le carré d'un nombre est toujours positif.
> • Le triple d'un nombre $x$ est $3x$.

▶ **3.** Voici le script complété :

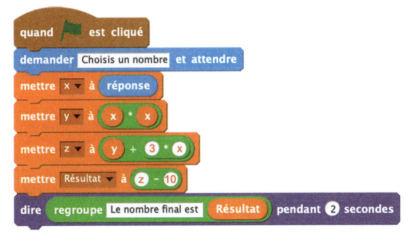

▶ **4. a)** Prenons $x$ comme nombre de départ. Le programme de calcul donne successivement :
$x^2$
$x^2 + 3x$
$x^2 + 3x - 10$
Le résultat final est : $x^2 + 3x - 10$.

**b)** $(x + 5)(x - 2) = x^2 - 2x + 5x - 10$
$= x^2 + 3x - 10$

> **RAPPEL**
> Double distributivité :
> $(a + b)(c + d)$
> $= ac + ad + bc + bd$.

On obtient bien le même résultat.

**c)** Il s'agit de résoudre l'équation $x^2 + 3x - 10 = 0$, donc de résoudre l'équation $(x + 5)(x - 2) = 0$. C'est une équation produit. Or, si un produit de facteurs est nul alors l'un au moins de ses facteurs est nul.

Donc : $x + 5 = 0$ ou $x - 2 = 0$. C'est-à-dire : $x = -5$ ou $x = 2$.
Donc, pour obtenir 0 avec le programme de calculs, il faut choisir les nombres −5 ou 2.

### EXERCICE 5

▶ **1.** $5{,}2 \times \dfrac{6{,}5}{100} = 0{,}338$

La production annuelle de déchets a diminué de 0,338 t en 2017 par rapport à 2007.

▶ **2. a)** DABH a trois angles droits, c'est donc un rectangle et HB = DA = 39 cm.
Les points C, H et B sont alignés donc :
CH = CB − HB
CH = 67 − 39
CH = 28 cm.

**b)** CDH est rectangle en H donc, d'après le théorème de Pythagore, on a :
$CD^2 = CH^2 + HD^2$
$53^2 = 28^2 + HD^2$
$2\,809 = 784 + HD^2$
$HD^2 = 2\,809 - 784 = 2\,025$
Donc : $HD = \sqrt{2\,025} = 45$ cm.

> **RAPPEL**
> Dans la formule de Pythagore, le carré de l'hypoténuse est égal à la somme des carrés des deux autres côtés.

**c)** Aire du trapèze = $\dfrac{(\text{petit côté} + \text{grand côté}) \times \text{hauteur}}{2}$

$= \dfrac{(39 + 67) \times 45}{2} = 2\,385$ cm².

**d)** Volume du pavé droit = $L \times l \times h$
$= 70 \times 67 \times (110 - 45) = 304\,850$ cm³.
Volume du prisme droit
= aire de la base × hauteur
$= 2\,385 \times 70 = 166\,950$ cm³.

> **ATTENTION !**
> Pense à convertir 1,10 m en centimètres.

Par somme on trouve :
Volume du composteur = $304\,850 + 166\,950 = 471\,800$ cm³
$= 0{,}471\,800$ m³ $\approx 0{,}5$ m³.

Donc l'affirmation est vraie.

# 9  Amérique du Nord • Juin 2019

## Le gaspillage alimentaire

**EXERCICE 3**

Le diagramme ci-dessous représente, pour six pays, la quantité de nourriture gaspillée (en kg) par habitant en 2010.

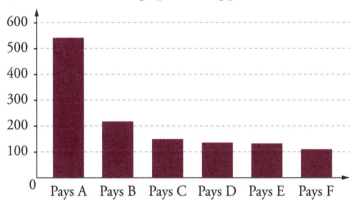

**Quantité de nourriture gaspillée en kg par habitant en 2010**

▶ **1.** Donner approximativement la quantité de nourriture gaspillée par un habitant du pays D en 2010.

▶ **2.** Peut-on affirmer que le gaspillage de nourriture d'un habitant du pays F représente environ un cinquième du gaspillage de nourriture d'un habitant du pays A ?

**Comparer, calculer et résoudre des problèmes • SUJET 9**

▶ **3.** On veut rendre compte de la quantité de nourriture gaspillée pour d'autres pays. On réalise alors le tableau ci-dessous à l'aide d'un tableur.
*Rappel* : 1 tonne = 1 000 kg.

| | A | B | C | D |
|---|---|---|---|---|
| 1 | | Quantité de nourriture gaspillée par habitant en 2010 (en kg) | Nombre d'habitants en 2010 (en millions) | Quantité totale de nourriture gaspillée (en tonnes) |
| 2 | Pays X | 345 | 10,9 | 3 760 500 |
| 3 | Pays Y | 212 | 9,4 | |
| 4 | Pays Z | 135 | 46,6 | |

**a)** Quelle est la quantité totale de nourriture gaspillée par les habitants du pays X en 2010 ?
**b)** Voici trois propositions de formule, recopier sur votre copie celle qu'on a saisie dans la cellule D2 avant de l'étirer jusqu'en D4.

| Proposition 1 | Proposition 2 | Proposition 3 |
|---|---|---|
| =B2*C2*1000000 | =B2*C2 | =B2*C2*1000 |

## LES CLÉS DU SUJET

### ● L'intérêt du sujet

Le gaspillage alimentaire est un enjeu de développement durable primordial dans nos sociétés modernes.

### ● Nos coups de pouce, question par question

▶ **1.** Lire un diagramme en barres
Observe que la hauteur de la barre correspondant au pays D dépasse un peu la graduation 100.

▶ **2.** Calculer une fraction d'une quantité
• Lis, sur le diagramme, les quantités de nourriture gaspillée par les pays A et F.
• Regarde si $\frac{1}{5}$ de la quantité trouvée pour le pays A correspond bien à la quantité gaspillée par le pays F.

▶ **3.** Écrire une formule avec un tableur
**a)** Lis le nombre de la cellule D2.
**b)** Écris le nombre en C2 en écriture décimale, puis calcule le nombre de kilogrammes de nourriture gaspillée par le pays X.
Convertis le résultat trouvé en tonnes.

## CORRIGÉ GUIDÉ

▶ **1.** Par lecture, on voit que la quantité de nourriture gaspillée par un habitant du pays D est d'environ 140 kg.

▶ **2.** La quantité de nourriture gaspillée par un habitant du pays F est d'environ 110 kg.
La quantité de nourriture gaspillée par un habitant du pays A est d'environ 545 kg.

$545 \times \dfrac{1}{5} = 109$

Donc on peut affirmer que le gaspillage de nourriture d'un habitant du pays F représente environ un cinquième du gaspillage de nourriture d'un habitant du pays A.

▶ **3. a)** La quantité totale de nourriture gaspillée par les habitants du pays X en 2010 est de 3 760 500 tonnes.

**b)** La formule à saisir est : =B2*C2*1000

# 10 Centres étrangers • Juin 2019

## QCM très varié

**EXERCICE 1**  15 min — 15 points

*Cet exercice est un questionnaire à choix multiples (QCM). Pour chaque question, une seule des trois réponses proposées est exacte. Une bonne réponse rapporte 3 points ; aucun point ne sera enlevé en cas de mauvaise réponse.*

| Questions | Réponse A | Réponse B | Réponse C |
|---|---|---|---|
| ▶ **1.** Quelle est la décomposition en produit de facteurs premiers de 28 ? | $4 \times 7$ | $2 \times 14$ | $2^2 \times 7$ |
| ▶ **2.** Un pantalon coûte 58 €. Quel est son prix en € après une réduction de 20 % ? | 38 | 46,40 | 57,80 |
| ▶ **3.** Quelle est la longueur en m du côté [AC], arrondie au dixième près ? (triangle rectangle en A, angle en B = 15°, BA = 25 m) | 6,5 | 6,7 | 24,1 |
| ▶ **4.** Quelle est la médiane de la série statistique suivante ? 2 ; 5 ; 3 ; 12 ; 8 ; 6. | 5,5 | 6 | 10 |
| ▶ **5.** Quel est le rapport de l'homothétie qui transforme le carré A en carré B ? | −0,5 | 0,5 | 2 |

# Comparer, calculer et résoudre des problèmes • SUJET 10

## LES CLÉS DU SUJET

### ■● L'intérêt du sujet

Utilise ce QCM pour tester tes connaissances dans des domaines bien précis, mais très différents.

### ■● Nos coups de pouce, question par question

▶ **1. Décomposer un nombre en produit de facteurs premiers**
Cherche tous les nombres premiers diviseurs de 28. Tu peux utiliser un algorithme.

▶ **2. Calculer la réduction d'un prix par un pourcentage donné**
• Calcule le montant de la réduction de 20 % sur le prix du pantalon, c'est-à-dire sur 58 euros.
• Soustrais ensuite le montant de la réduction au prix total du pantalon.

▶ **3. Calculer la mesure d'un côté de l'angle droit**
Utilise la trigonométrie et plus précisément calcule $\tan \widehat{ABC}$.

▶ **4. Calculer la médiane d'une série de nombres**
Rappelle-toi que la médiane d'une série est un nombre qui permet de partager la population étudiée en deux ensembles de même effectif.

▶ **5. Déterminer un rapport d'homothétie**
• Souviens-toi que, dans une homothétie, son centre, un point et son image sont alignés ; regarde comment sont disposés ces trois points.
• Regarde sur le dessin s'il s'agit d'un agrandissement ou d'une réduction.

# 10 CORRIGÉ GUIDÉ

▶ **1.** La bonne réponse est la réponse C.
En effet, nous avons $28 = 2 \times 2 \times 7$ ou encore $28 = 2^2 \times 7$.

▶ **2.** La bonne réponse est la réponse B.
En effet le montant de la réduction est $\dfrac{20}{100} \times 58$ soit 11,6 euros.

Après réduction le pantalon coûte donc $(58 - 11,6)$ soit 46,4 euros.

▶ **3.** La bonne réponse est la réponse B.
Dans le triangle ABC rectangle en A, nous avons $\tan \widehat{ABC} = \dfrac{AC}{AB}$ ou encore
$AC = AB \tan \widehat{ABC}$.

**RAPPEL**
$\tan \widehat{ABC} = \dfrac{\text{côté opposé}}{\text{côté adjacent}}$.

Alors $AC = 25 \tan(15°)$ soit $AC = 6,7$ m valeur arrondie au dixième près.

▶ **4.** La bonne réponse est la réponse A.
La médiane *M* d'une série statistique est la valeur qui partage la série statistique rangée par ordre croissant (ou décroissant) en deux parties de même effectif.

Série statistique rangée en ordre croissant : 2 – 3 – 5 – 6 – 8 – 12.
Avant et après 5,5 il existe 3 termes. Donc $M = 5,5$.

▶ **5.** La bonne réponse est la réponse A.
En effet :
• les points P, O et P′ sont alignés ;
• $OP' = 0,5 \times OP$ ;
• le point O est situé sur le segment [PP′].

Le carré A est transformé en le carré B par une homothétie de rapport $-0,5$.

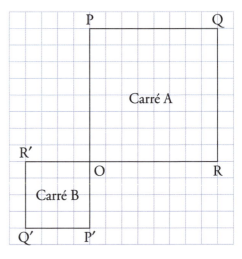

**Polynésie française • Juillet 2019**

# Les JO de Rio

**EXERCICE 6**

15 min
12 points

Le tableau ci-dessous regroupe les résultats de la finale du 200 m hommes des Jeux Olympiques de Rio de Janeiro en 2016, remportée par Usain Bolt en 19,78 secondes.

| Rang | Athlète | Nation | Performance en seconde |
|---|---|---|---|
| 1 | U. Bolt | Jamaïque | 19,78 |
| 2 | A. De Grasse | Canada | 20,02 |
| 3 | C. Lemaître | France | 20,12 |
| 4 | A. Gemili | Grande-Bretagne | 20,12 |
| 5 | C. Martina | Hollande | 20,13 |
| 6 | L. Merritt | USA | 20,19 |
| 7 | A. Edward | Panama | 20,23 |
| 8 | R. Guliyev | Turquie | 20,43 |

▶ **1.** Calculer la vitesse moyenne en m/s de l'athlète le plus rapide. Arrondir au centième.

▶ **2.** Calculer la moyenne des performances des athlètes. Arrondir au centième.

▶ **3.** En 1964, à Tokyo, la moyenne des performances des athlètes sur le 200 m hommes était de 20,68 s et l'étendue était de 0,6 s. En comparant ces résultats à ceux de 2016, qu'observe-t-on ?

**Comparer, calculer et résoudre des problèmes • CORRIGÉ** **11**

## LES CLÉS DU SUJET

### ● L'intérêt du sujet

Cet exercice te fait entrer dans l'univers des JO en analysant des performances d'athlètes.

### ● Nos coups de pouce, question par question

| ▶ 1. Calculer une vitesse moyenne | La vitesse moyenne s'obtient en divisant la distance parcourue par le temps mis. |
|---|---|
| ▶ 2. Calculer une moyenne arithmétique | Pour calculer une moyenne arithmétique, ajoute toutes les valeurs puis divise le tout par le nombre de valeurs. |
| ▶ 3. Calculer une étendue | Pour calculer une étendue, soustrais la plus petite valeur à la plus grande. |

## 11 CORRIGÉ GUIDÉ

▶ **1.** Usain Bolt a parcouru 200 m en 19,78 s, d'où sa vitesse moyenne :
$$V = \frac{d}{t} = \frac{200}{19,78}.$$
Au centième près :
$$\boxed{V \approx 10,11 \text{ m/s}}.$$

▶ **2.**
$$\frac{19,78+20,02+20,12+20,12+20,13+20,19+20,23+20,43}{8} = 20,13$$
La moyenne des performances des athlètes est de 20,13 s environ.

▶ **3.** L'étendue des performances des athlètes aux JO de 2016 est :
$$20,43 - 19,78 = 0,65 \text{ s}.$$
On constate que l'étendue des performances des athlètes reste globalement stable, mais que leur vitesse moyenne a baissé entre 1964 et 2016.

# 12 — France métropolitaine • Juillet 2019

## Le trésor

**EXERCICE 1**

15 min
10 points

Le capitaine d'un navire possède un trésor constitué de 69 diamants, 1 150 perles et 4 140 pièces d'or.

▶ **1.** Décomposer 69 ; 1 150 et 4 140 en produits de facteurs premiers.

▶ **2.** Le capitaine partage équitablement le trésor entre les marins. Combien y a-t-il de marins sachant que toutes les pièces, perles et diamants ont été distribués ?

### LES CLÉS DU SUJET

#### ● L'intérêt du sujet

Travaille l'arithmétique à travers un cas concret de partage d'argent !

#### ● Nos coups de pouce, question par question

| ▶ 1. Décomposer un nombre en produit de facteurs premiers | Décompose chaque nombre comme produit de nombres premiers en commençant par 2, puis 3, puis 5… |
|---|---|
| ▶ 2. Calculer un PGCD | Regarde quel nombre est commun aux trois décompositions. |

**Utiliser la divisibilité et les nombres premiers • CORRIGÉ**

## 12 CORRIGÉ GUIDÉ

▶ **1.** $69 = 3 \times 23$
$1\,150 = 2 \times 575 = 2 \times 5 \times 115 = 2 \times 5^2 \times 23$
$4\,140 = 2 \times 2\,070 = 2^2 \times 1\,035 = 2^2 \times 3 \times 345 = 2^2 \times 3^2 \times 115$
$\phantom{4\,140} = 2^2 \times 3^2 \times 5 \times 23$

▶ **2.** Le facteur commun aux trois nombres est 23.
Donc PGCD(69 ; 1 150 ; 4 140) = 23.

Il y a donc 23 marins.

# 13 France métropolitaine • Septembre 2019

## Décompositions

**EXERCICE 2**  15 min / 14 points

▶ **1. a)** Déterminer la décomposition en produit de facteurs premiers de 2 744.
**b)** En déduire la décomposition en produit de facteurs premiers de $2\,744^2$.
**c)** À l'aide de cette décomposition, trouver $x$ tel que $x^3 = 2\,744^2$.

▶ **2.** Soient $a$ et $b$ deux nombres entiers supérieurs à 2 tels que $a^3 = b^2$.
**a)** Calculer $b$ lorsque $a = 100$.
**b)** Déterminer deux nombres entiers $a$ et $b$ supérieurs à 2 et inférieurs à 10 qui vérifient l'égalité $a^3 = b^2$.

## LES CLÉS DU SUJET

### ● L'intérêt du sujet

Cet exercice te permet de vérifier tes connaissances dans le domaine de l'arithmétique et des puissances.

### ● Nos coups de pouce, question par question

| | |
|---|---|
| ▶ **1. a)** Décomposer un nombre en produit de facteurs premiers | Vois si le nombre est divisible par 2, puis par 3, puis par 5… |
| **b) et c)** Calculer avec des puissances | Utilise les formules $(a \times b)^n = a^n \times b^n$ et $(a^m)^n = a^{mn}$. |
| ▶ **2. a)** Utiliser les règles de calculs avec les puissances | Tu as à résoudre une équation carrée, pense à la racine carrée. |
| **b)** Résoudre un problème | Dresse un tableau de valeurs de tous les cas possibles avec $a$ allant de 2 à 10. |

## Utiliser la divisibilité et les nombres premiers • CORRIGÉ 13

### 13 CORRIGÉ GUIDÉ

▶ **1. a)** $2\,744 = 2 \times 2 \times 2 \times 343 = 2^3 \times 7 \times 7 \times 7$

D'où :
$$\boxed{2\,744 = 2^3 \times 7^3}.$$

**b)** D'après **a)** :
$$2\,744^2 = (2^3 \times 7^3)^2$$
$$\boxed{2\,744^2 = 2^6 \times 7^6}.$$

**c)** Soit $x$ tel que $x^3 = 2\,744^2$, alors :
$$x^3 = (2^3 \times 7^3)^2 = (2^2 \times 7^2)^3$$

donc :
$$\boxed{x = 2^2 \times 7^2 = 196}.$$

▶ **2. a)** Si $a^3 = b^2$ avec $a = 100$ et $b > 2$, alors :
$$100^3 = b^2$$
$$b^2 = 1\,000\,000$$
$$b = \sqrt{1\,000\,000}$$
$$\boxed{b = 1\,000}.$$

**b)** Dressons un tableau de tous les cas possibles :

| Valeur de $a$ | Valeur de $a^3$ | Valeur de $b$ | Valeur de $b^2$ |
|---|---|---|---|
| 2 | 8 | 2 | 4 |
| 3 | 27 | 3 | 9 |
| 4 | 64 | 4 | 16 |
| 5 | 125 | 5 | 25 |
| 6 | 216 | 6 | 36 |
| 7 | 343 | 7 | 49 |
| 8 | 512 | 8 | 64 |
| 9 | 729 | 9 | 81 |
| 10 | 1 000 | 10 | 100 |

Donc les valeurs qui conviennent sont :
$$\boxed{a = 4 \text{ et } b = 8}.$$

# 14  France métropolitaine • Juillet 2019

## Programme de calcul

**EXERCICE 6**

 15 min
12 points

Voici deux programmes de calcul.

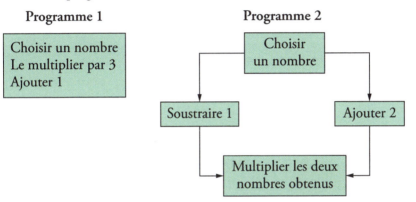

▶ **1.** Vérifier que si on choisit 5 comme nombre de départ,
• Le résultat du programme 1 vaut 16.
• Le résultat du programme 2 vaut 28
On appelle A($x$) le résultat du programme 1 en fonction du nombre $x$ choisi au départ.
La fonction B : $x \mapsto (x-1)(x+2)$ donne le résultat du programme 2 en fonction du nombre $x$ choisi au départ.

▶ **2. a)** Exprimer A($x$) en fonction de $x$.
**b)** Déterminer le nombre que l'on doit choisir au départ pour obtenir 0 comme résultat du programme 1.

▶ **3.** Développer et réduire l'expression :
B($x$) = ($x$ – 1)($x$ + 2).

▶ **4. a)** Montrer que B($x$) – A($x$) = ($x$ + 1)($x$ – 3).
**b)** Quels nombres doit-on choisir au départ pour que le programme 1 et le programme 2 donnent le même résultat ? Expliquer la démarche.

Utiliser le calcul littéral • SUJET 14

## LES CLÉS DU SUJET

### ● L'intérêt du sujet

Dans cet exercice sur les programmes de calcul, tu vas retravailler le calcul littéral et les équations.

### ● Nos coups de pouce, question par question

**▶ 1. Appliquer un programme de calcul**
Prends comme nombre de départ 5 et calcule chaque étape des programmes.

**▶ 2. Résoudre une équation du 1$^{er}$ degré à 1 inconnue**
a) Choisis pour nombre de départ l'inconnue $x$ et déroule le programme.
b) Résous l'équation $3x + 1 = 0$.

**▶ 3. Développer une expression littérale à l'aide de la double distributivité**
Utilise la formule de la double distributivité suivante :
$(a + b)(c + d) = ac + ad + bc + bd$.

**▶ 4. b) Résoudre une équation produit**
Résous l'équation $A(x) = B(x) = 0$. C'est une équation-produit nulle avec deux facteurs, elle a donc deux solutions.

### ● Les étapes de résolution pour la question 4. a)

**Montrer l'égalité de deux expressions littérale**

❶ Réduis l'expression $B(x) - A(x)$.

❷ Développe l'expression $(x + 1)(x - 3)$.

❸ Compare les expressions obtenues et conclus.

# 14 CORRIGÉ GUIDÉ

▶ **1.**

**Programme 1 :**
5
$5 \times 3 = 15$
$15 + 1 = \boxed{16}$

**Programme 2 :**

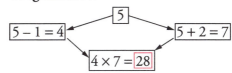

▶ **2. a)** $\boxed{A(x) = 3x + 1}$

**b)** On résout l'équation $3x + 1 = 0$.
$3x = -1$
$\boxed{x = -\dfrac{1}{3}}$

▶ **3.** $B(x) = (x-1)(x+2) = x^2 + 2x - x - 2 = \boxed{x^2 + x - 2}$

▶ **4. a)** D'une part : $B(x) - A(x) = x^2 + x - 2 - 3x - 1 = x^2 - 2x - 3$.
D'autre part : $(x+1)(x-3) = x^2 - 3x + x - 3 = x^2 - 2x - 3$.

Donc les deux expressions sont bien égales.

**b)** On cherche $x$ tel que $B(x) = A(x)$ donc $B(x) - A(x) = 0$, soit $(x+1)(x-3) = 0$.

**ATTENTION !**
$B(x) = A(x)$ signifie que $B(x) - A(x) = 0$.

C'est une équation produit, or, si un produit de facteurs est nul alors l'un au moins des facteurs est nul.

Donc $x + 1 = 0$ ou $x - 3 = 0$, soit :

$x = -1$ ou $x = 3$.

Conclusion : les deux valeurs pour lesquelles ces deux programmes sont égaux sont $-1$ et $3$.

Polynésie française • Septembre 2019

# Rupture de contrat

**EXERCICE 3**

15 min
14 points

Une assistante maternelle gardait plusieurs enfants, dont Farida qui est entrée à l'école en septembre 2017. Ses parents ont alors rompu leur contrat avec cette assistante maternelle. La loi les oblige à verser une « indemnité de rupture ».
Le montant de cette indemnité est égal au $1/120^e$ du total des salaires nets perçus par l'assistante maternelle pendant toute la durée du contrat.
Ils ont reporté le montant des salaires nets versés, de mars 2015 à août 2017, dans un tableur comme ci-dessous :

| | A | B | C | D | E | F | G | H | I | J | K | L | M |
|---|---|---|---|---|---|---|---|---|---|---|---|---|---|
| 1 | Salaires nets versés en 2015 (en €) | | | | | | | | | | | | |
| 2 | | | | | | | | | | | | | |
| 3 | Janvier | Février | Mars | Avril | Mai | Juin | Juillet | Août | Septembre | Octobre | Novembre | Décembre | Total |
| 4 | | | 77,81 | 187,11 | 197,21 | 197,11 | 187,11 | 170,63 | 186,28 | 191,37 | 191,37 | 197,04 | 1 783,04 |
| 5 | | | | | | | | | | | | | |
| 6 | Salaires nets versés en 2016 (en €) | | | | | | | | | | | | |
| 7 | | | | | | | | | | | | | |
| 8 | Janvier | Février | Mars | Avril | Mai | Juin | Juillet | Août | Septembre | Octobre | Novembre | Décembre | Total |
| 9 | 191,37 | 191,37 | 191,37 | 197,04 | 194,21 | 191,37 | 211,21 | 216,89 | 212,63 | 212,63 | 218,3 | 218,3 | 2 446,69 |
| 10 | | | | | | | | | | | | | |
| 11 | Salaires nets versés en 2017 (en €) | | | | | | | | | | | | |
| 12 | | | | | | | | | | | | | |
| 13 | Janvier | Février | Mars | Avril | Mai | Juin | Juillet | Août | Septembre | Octobre | Novembre | Décembre | Total |
| 14 | 223,97 | 261,64 | 270,15 | 261,64 | 261,64 | 267,3 | 261,64 | 261,64 | | | | | 2 069,62 |
| 15 | | | | | | | | | | | | | |
| 16 | Montant total des salaires versés (en €) | | | | | | | | | | | | |
| 17 | | | | | | | | | | | | | |
| 18 | Montant de l'indemnité de rupture de contrat (en €) | | | | | | | | | | | | |
| 19 | | | | | | | | | | | | | |

**Interpréter, représenter et traiter des données • SUJET 15**

▶ **1. a)** Que représente la valeur 1 783,04 dans la cellule M4 ?
**b)** Quelle formule a-t-on écrit dans la cellule M4 pour obtenir cette valeur ?
**c)** Dans quelle cellule doit-on écrire la formule « =M4+M9+M14 » ?

▶ **2.** Déterminer le montant de « l'indemnité de rupture ». Arrondir au centime d'euro près.

▶ **3.** Déterminer le salaire moyen net mensuel versé à cette assistante maternelle sur toute la durée du contrat de la famille de Farida. Arrondir au centime d'euro près.

▶ **4.** Calculer l'étendue des salaires versés.

## LES CLÉS DU SUJET

### ● L'intérêt du sujet

Dans le cas d'une rupture de contrat avec un salarié, la loi prévoit le versement d'une indemnité au salarié concerné. Celle-ci est calculée à partir de la rémunération brute perçue.

### ● Nos coups de pouce, question par question

| | |
|---|---|
| ▶ **1.** Effectuer une lecture sur un tableur | Tu peux repérer une cellule avec sa position sur une ligne et sur une colonne. Exemple : M4 est la cellule située à l'intersection de la ligne 4 et de la colonne M. |
| ▶ **2.** Calculer une fraction d'une somme de valeurs | Calcule d'abord la somme des salaires versés de mars 2015 à août 2017. |
| ▶ **3.** Calculer une moyenne | Le salaire moyen net mensuel $S_{moy}$ est égal à la somme de tous les salaires versés divisée par le nombre total de mois. |
| ▶ **4.** Calculer une étendue | Applique la définition de l'étendue d'une série statistique (voir le Mémo). |

# Interpréter, représenter et traiter des données • CORRIGÉ 15

## CORRIGÉ GUIDÉ

▶ **1. a)** La valeur 1 783,04 dans la cellule M4 représente la somme des salaires nets versés en 2015.

**b)** Pour obtenir cette valeur, la formule écrite dans la cellule M4 est :

$$\boxed{\text{=SOMME(C4:L4)}}.$$

**ATTENTION !** Les formules utilisées sur le tableur obéissent à une syntaxe bien précise.

**c)** La formule « =M4+M9+M14 » est écrite dans la cellule M16.

Ce résultat représente le montant total des salaires versés en euros durant toute la durée du contrat.

▶ **2.** Notons $R$ l'indemnité de rupture. Alors :

$R = (1\ 783{,}04 + 2\ 446{,}69 + 2\ 069{,}62) \times \dfrac{1}{120}$.

$R = 6\ 299{,}35 \times \dfrac{1}{120}$.

$R = 52{,}49$.

Conclusion : le montant de l'indemnité de rupture est de 52,49 euros, valeur arrondie au centième d'euro.

▶ **3.** Le salaire moyen net mensuel $S_{\text{moy}}$ est égal au salaire total versé sur toute la durée du contrat divisé par son nombre de mois. L'assistante maternelle a travaillé pendant 30 mois. Donc $S_{\text{moy}} = \dfrac{6\ 299{,}35}{30}$.

La valeur arrondie au centième d'euro du salaire moyen net est :

$$\boxed{S_{\text{moy}} = 209{,}98 \text{ euros}}.$$

▶ **4.** L'étendue $e$ d'une série statistique est la différence entre la plus grande valeur et la plus petite valeur de la série statistique.

La valeur la plus grande est 270,15 et la valeur la plus petite est 77,81. D'où l'étendue des salaires :

$$e = 270{,}15 - 77{,}81$$

$$\boxed{e = 192{,}34 \text{ euros}}.$$

# 16 — Centres étrangers • Juin 2019

## Des chaussures en vitrine

**EXERCICE 4**

15 min
13 points

Dans la vitrine d'un magasin A sont présentés au total 45 modèles de chaussures. Certaines sont conçues pour la ville, d'autres pour le sport et sont de trois couleurs différentes : noire, blanche ou marron.

▶ **1.** Compléter le tableau suivant.

| Modèle | Pour la ville | Pour le sport | Total |
|---|---|---|---|
| Noir |  | 5 | 20 |
| Blanc | 7 |  |  |
| Marron |  | 3 |  |
| Total | 27 |  | 45 |

▶ **2.** On choisit un modèle de chaussures au hasard dans cette vitrine.
**a)** Quelle est la probabilité de choisir un modèle de couleur noire ?
**b)** Quelle est la probabilité de choisir un modèle pour le sport ?
**c)** Quelle est la probabilité de choisir un modèle pour la ville de couleur marron ?

▶ **3.** Dans la vitrine d'un magasin B, on trouve 54 modèles de chaussures dont 30 de couleur noire. On choisit au hasard un modèle de chaussures dans la vitrine du magasin A puis dans celle du magasin B. Dans laquelle des deux vitrines a-t-on le plus de chance d'obtenir un modèle de couleur noire ? Justifier.

Utiliser les probabilités • SUJET 16

# LES CLÉS DU SUJET

## ● L'intérêt du sujet

Toutes les chaussures n'ont pas le même usage. Pour son confort et sa sécurité, il est souhaitable de prendre des chaussures faites pour l'usage qui est prévu comme, par exemple, choisir des chaussures de sport pour jouer au basket-ball.

## ● Nos coups de pouce, question par question

▶ **1. Gérer les données d'un exercice**
- Complète le tableau à double entrée.
- Vérifie bien tes résultats.

▶ **2. Calculer des probabilités dans des contextes familiers**

Pour chaque question, la démarche est toujours la même :
– évalue le nombre de résultats favorables ;
– évalue le nombre de résultats possibles ;
– applique la formule :
$$p(E) = \frac{\text{nombre de résultats favorables}}{\text{nombre de résultats possibles}}.$$

## ● Les étapes de résolution de la question 3

**Comparer deux probabilités**

❶ Calcule la probabilité pour que le modèle choisi dans la vitrine A soit noir.

❷ Calcule la probabilité pour que le modèle choisi dans la vitrine B soit noir.

❸ Compare ces deux résultats et conclus.

## Utiliser les probabilités • CORRIGÉ 16

### 16 CORRIGÉ GUIDÉ

**1.** Tableau complété.

| Modèle | Pour la ville | Pour le sport | Total |
|---|---|---|---|
| Noir | 15 | 5 | 20 |
| Blanc | 7 | 10 | 17 |
| Marron | 5 | 3 | 8 |
| Total | 27 | 18 | 45 |

**2. a)** Soit $E_1$ l'événement « choisir un modèle de couleur noire ».
Parmi les 45 modèles, il en existe 20 de couleur noire.

$p(E_1) = \dfrac{20}{45}$ ou encore $\boxed{p(E_1) = \dfrac{4}{9}}$.

**b)** Soit $E_2$ l'événement « choisir un modèle pour le sport ».
Parmi les 45 modèles, il en existe 18 pour le sport.

$p(E_2) = \dfrac{18}{45}$ ou encore $\boxed{p(E_2) = \dfrac{2}{5}}$.

**c)** Soit $E_3$ l'événement « choisir un modèle pour la ville de couleur marron ».
Parmi les 45 modèles, il en existe 5 pour la ville de couleur marron.

$p(E_3) = \dfrac{5}{45}$ ou encore $\boxed{p(E_3) = \dfrac{1}{9}}$.

**3.** Soit A l'événement « le modèle choisi dans la vitrine A est noir ».
D'après la question **2. a)**, $p(A) = \dfrac{4}{9}$.

Soit B l'événement « le modèle choisi dans la vitrine B est noir ».
$p(B) = \dfrac{30}{54} = \dfrac{5}{9}$. On a $p(B) > p(A)$.

Conclusion : on a plus de chance d'obtenir un modèle de couleur noire dans la vitrine B.

# 17 Centres étrangers • Juin 2019

## La randonnée

**EXERCICE 6**  15 min — 14 points

Une famille a effectué une randonnée en montagne. Le graphique ci-après donne la distance parcourue en km en fonction du temps en heures.

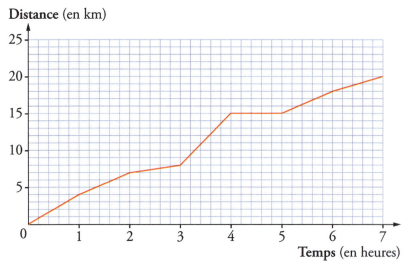

▶ **1.** Ce graphique traduit-il une situation de proportionnalité ? Justifier la réponse.

▶ **2.** On utilisera le graphique pour répondre aux questions suivantes. Aucune justification n'est demandée.
**a)** Quelle est la durée totale de cette randonnée ?
**b)** Quelle distance cette famille a-t-elle parcourue au total ?
**c)** Quelle est la distance parcourue au bout de 6 h de marche ?
**d)** Au bout de combien de temps ont-ils parcouru les 8 premiers km ?
**e)** Que s'est-il passé entre la 4$^e$ et la 5$^e$ heure de randonnée ?

▶ **3.** Un randonneur expérimenté marche à une vitesse moyenne de 4 km/h sur toute la randonnée.
Cette famille est-elle expérimentée ? Justifier la réponse.

# Résoudre des problèmes de proportionnalité • CORRIGÉ (17)

## LES CLÉS DU SUJET

### ● L'intérêt du sujet

La randonnée pédestre en montagne est la découverte d'un nouvel environnement autant qu'un sport exigeant. La randonnée a des règles qu'il faut impérativement respecter.

### ● Nos coups de pouce, question par question

**▶ 1. Reconnaître une situation de proportionnalité**
Rappelle-toi qu'une situation de proportionnalité est graphiquement représentée par une droite passant par l'origine du repère.

**▶ 2. Effectuer des lectures graphiques**
a) Lis l'abscisse du point A.
b) Lis l'ordonnée du point A.
c) Lis l'ordonnée du point B d'abscisse 6.
d) Lis l'abscisse du point C d'ordonnée 8.
e) Quelle distance a été parcourue entre la 4$^e$ et la 5$^e$ heure ?

**▶ 3. Calculer une vitesse moyenne**
Utilise la relation $v = \dfrac{d}{t}$ où $d$ désigne la distance parcourue, $t$ le temps mis pour la parcourir et $v$ la vitesse moyenne réalisée.

## 17 CORRIGÉ GUIDÉ

**▶ 1.** Le graphique ne traduit pas une situation de proportionnalité. En effet ce n'est pas une droite passant par l'origine du repère.

**▶ 2. a)** Le point A situé sur le graphique a pour abscisse 7.
La durée totale de la randonnée est de 7 heures.

**ATTENTION !**
Le point A situé sur le graphique représente l'arrivée de la randonnée.

**b)** Le point A situé sur le graphique a pour ordonnée 20.
La famille a parcouru 20 km.

**c)** Le point B situé sur le graphique et d'abscisse 6 a pour ordonnée 18.
La distance parcourue au bout de 6 h de marche est de 18 km.

**d)** Le point C situé sur le graphique et d'ordonnée 8 a pour abscisse 3.
Les 8 premiers kilomètres ont été parcourus en 3 heures.

**e)** Aucune distance n'a été parcourue entre la 4ᵉ et la 5ᵉ heure. Cela peut correspondre à une pause.

▶ **3.** Calculons la vitesse moyenne $v$ de la famille au cours de la randonnée.

Cette famille a parcouru 20 km en 7 h.

Donc $v = \dfrac{d}{t} = \dfrac{20}{7}$ km/h. Nous remarquons que $\dfrac{20}{7} < 4$.

**Conclusion** : la famille n'est pas expérimentée.

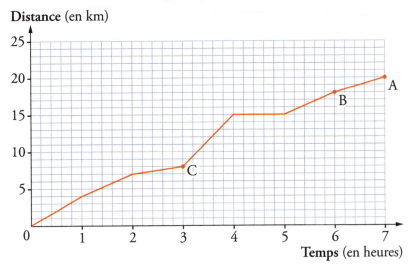

# 18 France métropolitaine • Septembre 2019

## Les pièces montées

**EXERCICE 4**

15 min
16 points

Pour le mariage de Dominique et Camille, le pâtissier propose deux pièces montées constituées de gâteaux de taille et de forme différentes.

| | |
|---|---|
| **La tour de Pise**<br><br>La première pièce montée est constituée d'un empilement de 4 gâteaux de forme cylindrique, de même hauteur et dont le diamètre diminue de 8 cm à chaque étage.<br><br>Le gâteau du bas a pour diamètre 30 cm et pour hauteur 6 cm. |  |
| **La tour Carrée**<br><br>La deuxième pièce montée est constituée d'un empilement de 3 pavés droits à base carrée de même hauteur. La longueur du côté de la base diminue de 8 cm à chaque étage.<br><br>La hauteur des gâteaux est 8 cm ; le côté de la base du gâteau du bas mesure 24 cm. |  |

Tous les gâteaux ont été confectionnés à partir de la recette ci-dessous, qui donne la quantité des ingrédients correspondant à 100 g de chocolat.

| Recette du gâteau pour 100 g de chocolat : | • 65 g de sucre<br>• 2 œufs<br>• 75 g de beurre<br>• 30 g de farine |
|---|---|

▶ **1.** Quel est le ratio (masse de beurre : masse de chocolat) ? Donner le résultat sous forme de fraction irréductible.

▶ **2.** Calculer la quantité de farine nécessaire pour 250 g de chocolat noir suivant la recette ci-avant.

▶ **3.** Calculer la longueur du côté de la base du plus petit gâteau de la tour Carrée.

▶ **4.** Quelle est la tour qui a le plus grand volume ? Justifier votre réponse en détaillant les calculs.
On rappelle que le volume $V$ d'un cylindre de rayon $r$ et de hauteur $h$ est donné par la formule : $V = \pi \times r^2 \times h$.

## LES CLÉS DU SUJET

### ● L'intérêt du sujet

Les pièces montées sont des gâteaux à étages souvent mangées lors des mariages. À travers l'étude du volume de pièces montées, tu vas travailler la proportionnalité et le calcul littéral.

### ● Nos coups de pouce, question par question

| ▶ 1. Connaître la notion de ratio | Le ratio est une fraction, ici : ratio = $\dfrac{\text{masse de beurre}}{\text{masse de chocolat}}$. |
|---|---|
| ▶ 2. Calculer avec des grandeurs proportionnelles | Dresse un tableau de proportionnalité entre la masse de farine et la masse de chocolat. |
| ▶ 3. Effectuer des calculs numériques | Observe que chaque étage perd 8 cm de longueur de côté. |

### ● Les étapes de résolution pour la question 4

**Calculer le volume d'un cylindre et d'un pavé droit**

❶ Calcule le volume de chaque étage de la tour Carrée.

❷ Ajoute-les pour avoir le volume total de la tour Carrée.

❸ Fais de même pour la tour de Pise en utilisant la formule du volume d'un cylindre donnée.

❹ Compare les deux résultats obtenus et conclus en indiquant la pièce montée qui a le plus grand volume.

# 18 CORRIGÉ GUIDÉ

▶ **1.** Le ratio est :

$$\frac{\text{masse de beurre}}{\text{masse de chocolat}} = \frac{75}{100} = \frac{3}{4}$$

$$\boxed{\text{Ratio} = \frac{3}{4}}.$$

▶ **2.** On peut dresser un tableau de proportionnalité :

| Masse de chocolat (g) | 100 | 250 |
|---|---|---|
| Masse de farine (g) | 30 | $x$ |

$x = \dfrac{30 \times 250}{100} = 75$ g.

Donc il faut 75 g de farine pour 250 g de chocolat noir.

▶ **3.** Chaque étage perd 8 cm de longueur de côté, donc le côté du plus petit carré de la tour Carrée mesure :

$$\boxed{24 - 8 - 8 = 8 \text{ cm}}.$$

▶ **4.** Le volume de la tour Carrée est :

$V_{\text{tour Carrée}} = V_{1^{\text{er}} \text{ étage}} + V_{2^{\text{e}} \text{ étage}} + V_{3^{\text{e}} \text{ étage}}$

$V_{\text{tour Carrée}} = 24 \times 24 \times 8 + 16 \times 16 \times 8 + 8 \times 8 \times 8$

$V_{\text{tour Carrée}} = 4\,608 + 2\,048 + 512$

$\boxed{V_{\text{tour Carrée}} = 7\,168 \text{ cm}^3}.$

**ATTENTION !**
N'oublie pas d'enlever 8 cm au diamètre ou au côté quand tu passes d'un étage à l'autre.

Le volume de la tour de Pise est :

$V_{\text{tour de Pise}} = V_{1^{\text{er}} \text{ étage}} + V_{2^{\text{e}} \text{ étage}} + V_{3^{\text{e}} \text{ étage}} + V_{4^{\text{e}} \text{ étage}}$

$V_{\text{tour de Pise}} = \pi \times 15^2 \times 6 + \pi \times 11^2 \times 6 + \pi \times 7^2 \times 6 + \pi \times 3^2 \times 6$

$V_{\text{tour de Pise}} = 2\,424\pi$

$\boxed{V_{\text{tour de Pise}} \approx 7\,615 \text{ cm}^3}.$

C'est donc la tour de Pise qui a le plus grand volume.

# 19 Amérique du Nord • Juin 2019

# Le médicament

**EXERCICE 6**

15 min
12 points

*Les deux parties A et B sont indépendantes.*

## PARTIE A • ABSORPTION DU PRINCIPE ACTIF D'UN MÉDICAMENT

Lorsqu'on absorbe un médicament, que ce soit par voie orale ou non, la quantité de principe actif de ce médicament dans le sang évolue en fonction du temps. Cette quantité se mesure en milligrammes par litre de sang.

Le graphique ci-dessous représente la quantité de principe actif d'un médicament dans le sang, en fonction du temps écoulé, depuis la prise de ce médicament.

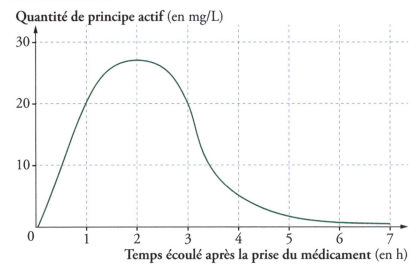

▶ **1.** Quelle est la quantité de principe actif dans le sang, trente minutes après la prise de ce médicament ?

▶ **2.** Combien de temps après la prise de ce médicament, la quantité de principe actif est-elle la plus élevée ?

Utiliser la notion de fonction • **SUJET 19**

## PARTIE B • COMPARAISON DE MASSES D'ALCOOL DANS DEUX BOISSONS

On fournit les données ci-dessous :

| Formule permettant de calculer la masse d'alcool en g dans une boisson alcoolisée : $m = V \times d \times 7,9$ <br> $V$ : volume de la boisson alcoolisée en cL <br> $d$ : degré d'alcool de la boisson (exemple, un degré d'alcool de 2 % signifie que $d$ est égal à 0,02) | Deux exemples de boissons alcoolisées : <br> **Boisson ①** <br> Degré d'alcool : 5 % <br> Contenance : 33 cL <br> **Boisson ②** <br> Degré d'alcool : 12 % <br> Contenance : 125 mL |
|---|---|

▶ Question : la boisson ① contient-elle une masse d'alcool supérieure à celle de la boisson ② ?

## LES CLÉS DU SUJET

### ● L'intérêt du sujet

Les médicaments issus de la chimie moderne permettent de te remettre sur pied en cas de maladie. À travers l'étude du temps d'action d'un médicament, tu vas travailler la lecture de courbe et le calcul littéral.

### ● Nos coups de pouce, question par question

**Partie A**
**▶ 1. Convertir une durée Lire une courbe**
- Souviens-toi que 30 min = 0,5 h.
- Lis l'ordonnée du point de la courbe d'abscisse 0,5.

**▶ 2. Repérer le maximum d'une courbe**
Lis l'abscisse qui correspond au maximum de la courbe.

### ● Les étapes de résolution pour la partie B

**Substituer dans une expression littérale**

❶ Calcule la masse d'alcool dans la boisson 1 : remplace $V$ par 33 et $d$ par 5 % = 0,05 dans la formule donnée.

❷ Calcule de la même façon la masse d'alcool dans la boisson 2, en commençant par convertir le volume en cL.

❸ Compare les masses obtenues et conclus.

# 19 CORRIGÉ GUIDÉ

## PARTIE A

▶ **1.** La quantité de principe actif dans le sang, trente minutes après la prise de ce médicament, est de $\boxed{10 \text{ mg/L}}$.

**RAPPEL**
30 minutes correspondent à ½ h.

▶ **2.** La quantité de principe actif est la plus élevée au bout de $\boxed{2 \text{ h}}$.

## PARTIE B

• La masse d'alcool présente dans la boisson alcoolisée ① est de :
$m_1 = V_1 \times d_1 \times 7,9 = 33 \times 0,05 \times 7,9 = \boxed{13,035 \text{ g}}$

• La masse d'alcool présente dans la boisson alcoolisée ② est de :
$m_2 = V_2 \times d_2 \times 7,9 = 12,5 \times 0,12 \times 7,9 = \boxed{11,85 \text{ g}}$

Donc la boisson ① contient une masse d'alcool supérieure à celle de la boisson ②.

# 20 France métropolitaine • Septembre 2019

## Le réchauffement climatique

**EXERCICE 3**

Les activités humaines produisent du dioxyde de carbone ($CO_2$) qui contribue au réchauffement climatique. Le graphique suivant représente l'évolution de la concentration atmosphérique moyenne en $CO_2$ (en ppm) en fonction du temps (en année).

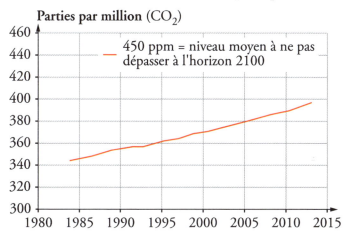

Source : Centre Mondial de Données relatives aux Gaz à Effet de Serre sous l'égide de l'OMM

1 ppm de $CO_2$ = 1 partie par million de $CO_2$
= 1 milligramme de $CO_2$ par kilogramme d'air.

▶ **1.** Déterminer graphiquement la concentration de $CO_2$ en ppm en 1995, puis en 2005.

▶ **2.** On veut modéliser l'évolution de la concentration de $CO_2$ en fonction du temps à l'aide d'une fonction $g$, où $g(x)$ est la concentration de $CO_2$ en ppm en fonction de l'année $x$.
**a)** Expliquer pourquoi une fonction affine semble appropriée pour modéliser la concentration en $CO_2$ en fonction du temps entre 1995 et 2005.

**b)** Arnold et Billy proposent chacun une expression pour la fonction $g$ : Arnold propose l'expression $g(x) = 2x - 3\,630$ ; Billy propose l'expression $g(x) = 2x - 2\,000$. Quelle expression modélise le mieux l'évolution de la concentration de $CO_2$ ? Justifier.

**c)** En utilisant la fonction que vous avez choisie à la question précédente, indiquer l'année pour laquelle la valeur de 450 ppm est atteinte.

▶ **3.** En France, les forêts, grâce à la photosynthèse, captent environ 70 mégatonnes de $CO_2$ par an, ce qui représente 15 % des émissions nationales de carbone (année 2016). Calculer une valeur approchée à une mégatonne près de la masse $M$ du $CO_2$ émis en France en 2016.

## LES CLÉS DU SUJET

### ● L'intérêt du sujet

Les émissions de gaz à effet de serre, tels que la vapeur d'eau, le méthane, le dioxyde de carbone et le protoxyde d'azote, augmentent régulièrement. Elles sont à l'origine du réchauffement climatique.

### ● Nos coups de pouce, question par question

| | |
|---|---|
| ▶ **1.** Effectuer des lectures graphiques | • Lis l'ordonnée du point situé sur le graphique et d'abscisse 1995.<br>• Lis l'ordonnée du point situé sur le graphique et d'abscisse 2005. |
| ▶ **2. a)** Approcher une courbe par la représentation d'une fonction affine | • Remarque que le graphique est pratiquement une droite !<br>• Vérifie à l'aide d'une règle. |
| **b)** Exploiter la notion de fonction | Calcule les images de 1995 et de 2005 en prenant l'expression proposée par Arnold, puis celle proposée par Billy. Conclus. |
| **c)** Résoudre une équation | Résous l'équation $g(x) = 450$, c'est-à-dire $2x - 3\,630 = 450$. |
| ▶ **3.** Résoudre un problème de pourcentage | Note $M$ la masse de $CO_2$ émise en France en 2016 puis traduis l'énoncé par une équation que tu résous. |

# Utiliser la notion de fonction • CORRIGÉ 20

## CORRIGÉ GUIDÉ

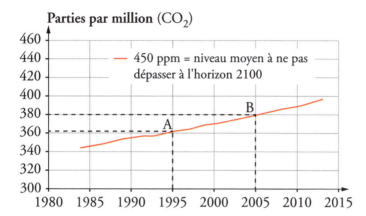

▶ **1.** L'ordonnée du point A situé sur le graphique et d'abscisse 1995 est environ 360.
La concentration de $CO_2$ en 1995 était d'environ **360 ppm**.

L'ordonnée du point B situé sur le graphique et d'abscisse 2005 est environ 380.
La concentration de $CO_2$ en 2005 était d'environ **380 ppm**.

**ATTENTION !**
Ne pas oublier que les lectures graphiques ne peuvent pas fournir des valeurs exactes. D'où l'importance du mot « environ ».

▶ **2. a)** Entre A et B, le graphique obtenu est très voisin d'une droite. Donc une **fonction affine** semble appropriée pour modéliser la concentration en $CO_2$ en ppm et en fonction de l'année $x$.

**b)** Calculons les images des nombres 1995 puis 2005 en prenant l'expression choisie par Arnold : $g(x) = 2x - 3\,630$. On trouve :

$$g(1995) = 2 \times 1995 - 3\,630 = 360$$
$$g(2005) = 2 \times 2005 - 3\,630 = 380.$$

Calculons les images des nombres 1 995 puis 2005 en prenant l'expression choisie par Billy : $g(x) = 2x - 2\,000$. On trouve :

$$g(1995) = 2 \times 1995 - 2\,000 = 1\,990$$
$$g(2005) = 2 \times 2\,005 - 2\,000 = 2\,010.$$

À la première question, nous avons vu que les points (1995 ; 360) et (2005 ; 380) étaient sur le graphique.

Conclusion : l'expression d'Arnold, $g(x) = 2x - 3\,630$, modélise le mieux la concentration en $CO_2$.

**c)** Résolvons l'équation $2x - 3\,630 = 450$ soit :
$$2x = 450 + 3\,630$$
$$x = \frac{450 + 3\,630}{2} = 2\,040.$$
Conclusion : la valeur de 450 ppm sera atteinte en 2040.

▶ **3.** Notons $M$ la masse de $CO_2$ émise en France en 2016.
$\frac{15}{100} \times M = 70$ ou encore $M = \frac{70 \times 100}{15} = 466{,}666\ldots$
D'où, à une mégatonne près :
$\boxed{M = 467 \text{ mégatonnes}}$.

# 21 Asie • Juin 2019

## Le puits

**EXERCICE 4**

Pour fabriquer un puits dans son jardin, Mme Martin a besoin d'acheter 5 cylindres en béton comme celui décrit ci-dessous.

**Caractéristiques d'un cylindre :**
- diamètre intérieur : 90 cm
- diamètre extérieur : 101 cm
- hauteur : 50 cm
- masse volumique du béton : 2 400 kg/m³

Rappel : volume d'un cylindre = π × rayon × rayon × hauteur

Dans sa remorque, elle a la place pour mettre les 5 cylindres mais elle ne peut transporter que 500 kg au maximum.

À l'aide des caractéristiques du cylindre, déterminer le nombre minimum d'allers-retours nécessaires à Mme Martin pour rapporter ses 5 cylindres avec sa remorque.

Calculer avec des grandeurs mesurables • **SUJET 21**

## LES CLÉS DU SUJET

### ● L'intérêt du sujet

L'eau potable est une denrée qui se raréfie sur Terre. Dans cet exercice, qui étudie la construction d'un puits cylindrique, tu vas travailler les notions de proportionnalité, de volume et de masse volumique.

### ● Les étapes de résolution

**Résoudre un problème**

❶ Détermine les rayons intérieurs et extérieurs d'un cylindre.

❷ Calcule les volumes des cylindres intérieurs et extérieurs.

❸ Déduis-en le volume d'un cylindre de béton.

❹ Par proportionnalité, calcule la masse d'un cylindre en utilisant l'information sur la masse volumique.

❺ Détermine le nombre d'allers-retours à faire.

## 21 CORRIGÉ GUIDÉ

• **Étape 1.** Calculer le volume d'un cylindre en béton.

Le rayon intérieur d'un cylindre est :

$$\frac{90}{2} = 45 \text{ cm} = 0{,}45 \text{ m.}$$

Le rayon extérieur d'un cylindre est :

$$\frac{101}{2} = 50{,}5 \text{ cm} = 0{,}505 \text{ m.}$$

Le volume du cylindre extérieur est :

$$V_{\text{cylindre extérieur}} = \pi \times 0{,}505^2 \times 0{,}5 = 0{,}1275125\pi \text{ m}^3.$$

Le volume du cylindre intérieur est :

$$V_{\text{cylindre intérieur}} = \pi \times 0{,}45^2 \times 0{,}5 = 0{,}10125\pi \text{ m}^3.$$

**ATTENTION !**
Le cylindre n'est pas plein : il faut soustraire le volume intérieur au volume extérieur.

# Calculer avec des grandeurs mesurables • CORRIGÉ 21

D'où le volume d'un cylindre en béton :

$$V_{\text{cylindre en béton}} = V_{\text{cylindre extérieur}} - V_{\text{cylindre intérieur}}$$
$$V_{\text{cylindre en béton}} = 0{,}1275125\,\pi - 0{,}10125\,\pi$$
$$\boxed{V_{\text{cylindre en béton}} = 0{,}0262625\pi \text{ m}^3}.$$

- **Étape 2.** Calculer la masse d'un cylindre en béton.
$$M = 2\,400 \times 0{,}0262625\,\pi$$
$$\boxed{M \approx 198 \text{ kg}}.$$

- **Étape 3.** Estimer le nombre d'allers-retours à faire.

$2 \times 198 = 396 < 500$ et $3 \times 198 = 594 > 500$, donc Mme Martin ne peut transporter que 2 cylindres à la fois.

Donc elle devra faire 3 allers-retours pour tout transporter.

# 22 — Antilles, Guyane • Juin 2019

## Les verres de jus de fruits

**EXERCICE 6**

15 min
20 points

Pour servir ses jus de fruits, un restaurateur a le choix entre deux types de verres : un verre cylindrique A de hauteur 10 cm et de rayon 3 cm et un verre conique B de hauteur 10 cm et de rayon 5,2 cm.

Verre A      Verre B

Rappels :
- Volume d'un cylindre de rayon $r$ et de hauteur $h$ : $\pi \times r^2 \times h$
- Volume d'un cône de rayon $r$ et de hauteur $h$ : $\dfrac{1}{3} \times \pi \times r^2 \times h$
- 1 L = 1 dm³

Le graphique ci-après représente le volume de jus de fruits dans chacun des verres en fonction de la hauteur de jus de fruits qu'ils contiennent.

## Calculer avec des grandeurs mesurables • SUJET 22

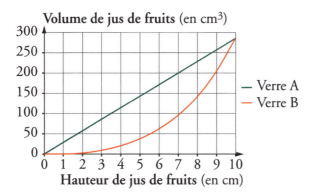

▶ **1.** Répondre aux questions suivantes à l'aide du graphique ci-dessus.
**a)** Pour quel verre le volume et la hauteur de jus de fruits sont-ils proportionnels ? Justifier.
**b)** Pour le verre A, quel est le volume de jus de fruits si la hauteur est de 5 cm ?
**c)** Quelle est la hauteur de jus de fruits si on en verse 50 cm³ dans le verre B ?

▶ **2.** Montrer, par le calcul, que les deux verres ont le même volume total à 1 cm³ près.

▶ **3.** Calculer la hauteur du jus de fruits servi dans le verre A pour que le volume de jus soit égal à 200 cm³. Donner une valeur approchée au centimètre près.

▶ **4.** Un restaurateur sert ses verres de telle sorte que la hauteur du jus de fruits dans le verre soit égale à 8 cm.
**a)** Par lecture graphique, déterminer quel type de verre le restaurateur doit choisir pour servir le plus grand nombre possible de verres avec 1 L de jus de fruits.
**b)** Par le calcul, déterminer le nombre maximum de verres A qu'il pourra servir avec 1 L de jus de fruits.

## Calculer avec des grandeurs mesurables • SUJET 22

### LES CLÉS DU SUJET

#### ◉ L'intérêt du sujet

Un restaurateur doit toujours, en fonction des quantités d'ingrédients dont il dispose, optimiser ses ventes. À travers ce thème, tu vas pouvoir travailler les notions de proportionnalité, d'équation, de volume et de lecture graphique.

#### ◉ Nos coups de pouce, question par question

| | |
|---|---|
| ▶ 1. a) Reconnaître graphiquement une situation de proportionnalité | Une situation de proportionnalité est représentée graphiquement par une droite passant par l'origine du repère. |
| b) et c) Lire un graphique | **b)** Lis l'ordonnée du point d'abscisse 5 sur la courbe du verre A.<br>**c)** Lis l'abscisse du point d'ordonnée 50 sur la courbe du verre B. |
| ▶ 2. Calculer le volume d'un cylindre ou d'un cône en substituant dans une formule | • Pour le verre A, remplace $r$ par 3 et $h$ par 10.<br>• Opère le même raisonnement pour le verre B, en utilisant les valeurs de $r$ et de $h$ qui lui sont propres. |
| ▶ 3. Résoudre une équation du 1$^{er}$ degré à une inconnue | Résous l'équation $\pi \times 3^2 \times h = 200$. |
| ▶ 4. a) Comparer deux courbes | Regarde quelle courbe est en dessous de l'autre. |
| b) Passer d'unités de volume à des unités de contenance | • Calcule le volume d'un verre A.<br>• Sachant que 1 L = 1 000 cm$^3$, détermine le nombre de verres. |

# 22 CORRIGÉ GUIDÉ

▶ **1. a)** La représentation graphique correspondant au verre A est une droite passant par l'origine du repère, donc le volume de jus de fruits et la hauteur sont proportionnels pour le verre A.

**b)** Pour le verre A, si la hauteur est de 5 cm, le volume de jus de fruits lu sur le graphique est environ 140 cm$^3$.

**c)** Si on verse 50 cm$^3$ dans le verre B, la hauteur de jus de fruits lue sur le graphique est environ 5,6 cm.

▶ **2.** Le volume du verre A est :
$$V_{\text{verre A}} = \pi \times 3^2 \times 10 = 90\pi \approx 283 \text{ cm}^3.$$
Le volume du verre B est :
$$V_{\text{verre B}} = \frac{1}{3} \times \pi \times 5{,}2^2 \times 10 \approx 283 \text{ cm}^3.$$
Donc les volumes sont bien égaux à 1 cm$^3$ près.

▶ **3.** Si $h$ est la hauteur du jus de fruits servi dans le verre A pour que le volume de jus soit égal à 200 cm$^3$, alors :
$$\pi \times 3^2 \times h = 200$$
$$h = \frac{200}{\pi \times 3^2}$$
$$\boxed{h \approx 7 \text{ cm}}.$$

▶ **4. a)** La courbe représentant l'évolution du volume du verre B est en dessous de celle qui représente l'évolution du volume du verre A.
Le restaurateur aura intérêt à choisir le verre B pour servir le plus grand nombre de verres.

**b)** Pour une hauteur de 8 cm :
$$V_{\text{verre A}} = \pi \times 3^2 \times 8 = 72\pi \text{ cm}^3.$$
Or 1 L = 1 000 cm$^3$ et $\dfrac{1\,000}{72\pi} \approx 4{,}4$ verres.

**RAPPEL**
1 L = 1 000 cm$^3$.

Conclusion : avec 1 L de jus de fruits, le restaurateur pourra servir au plus 4 verres A.

**23** Centres étrangers • Juin 2019

# Une piscine cylindrique

**EXERCICE 7**   15 min — 14 points

Une famille désire acheter, pour les enfants, une piscine cylindrique hors-sol équipée d'une pompe électrique. Elle compte l'utiliser cet été du mois de juin au mois de septembre inclus. Elle dispose d'un budget de 200 €. À l'aide des documents suivants, dire si le budget de cette famille est suffisant pour l'achat de cette piscine et les frais de fonctionnement.

*Laisser toute trace de recherche, même si elle n'est pas aboutie.*

 **Caractéristiques techniques**

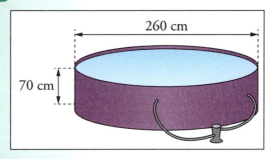

- Hauteur de l'eau : 65 cm.
- Consommation électrique moyenne de la pompe : 3,42 kWh par jour.
- Prix (piscine + pompe) : 80 €.

**DOCUMENT 2**   **Données**

- Prix d'un kWh : 0,15 €.
- Le kWh (kilowattheure) est l'unité de mesure de l'énergie électrique.
- Prix d'un m³ d'eau : 2,03 €.
- Le volume d'un cylindre est donné par la formule suivante :
$$\mathcal{V} = \pi \times r^2 \times h$$
où $r$ est le rayon du cylindre et $h$ sa hauteur.

## Calculer avec des grandeurs mesurables • CORRIGÉ 23

## LES CLÉS DU SUJET

### ● L'intérêt du sujet

Un élément essentiel n'est pas prévu dans cet achat : lequel ? Un système d'alarme pour augmenter la sécurité des nageurs !

### ● Nos coups de pouce, question par question

**Calculer sur des grandeurs mesurables : prix et volume**

Pour pouvoir effectuer l'achat de la piscine, il faut tenir compte de 3 dépenses incontournables :
– le prix de la piscine et de la pompe ;
– le prix de l'électricité ;
– le prix de l'eau.
Voir les étapes de résolution ci-dessous.

### ● Les étapes de résolution de la question

**Résoudre un problème**

❶ Lis le prix d'achat de la piscine dans les documents.

❷ Calcule la consommation totale d'électricité, puis son coût.

❸ Calcule le volume d'eau nécessaire pour remplir la piscine, puis son prix.

❹ Calcule le coût total. Compare ce coût au budget. Conclus.

## 23 CORRIGÉ GUIDÉ

Pour effectuer l'achat de la piscine, il faut tenir compte de 3 dépenses.

• Le prix $p_1$ de la piscine et de la pompe est $p_1 = 80$ euros.

• Calculons le prix $p_2$ de l'électricité. La piscine sera utilisée durant 4 mois (juin, juillet, août et septembre) soit 122 jours.

La consommation électrique moyenne sera de $3{,}42 \times 122$ kWh.

Alors $p_2 = 3{,}42 \times 122 \times 0{,}15$ soit $p_2 = 62{,}59$ euros.

- Calculons le prix $p_3$ de l'eau.

Le volume d'eau $\mathcal{V}$ contenu dans la piscine cylindrique est donné par la formule :

$\mathcal{V} = \pi \times r^2 \times h$ où $r$ représente le rayon du cylindre et $h$ la hauteur d'eau.

> **ATTENTION !**
> Il faut prendre la hauteur d'eau dans la piscine et non la hauteur de la piscine.

Nous avons $r = \dfrac{260}{2} = 130$ cm $= 1,3$ m et $h = 65$ cm $= 0,65$ m.

$$\mathcal{V} = \pi \times 1,3^2 \times 0,65 \text{ m}^2$$

Alors $p_3 = (\pi \times 1,3^2 \times 0,65) \times 2,03$ soit $p_3 = 7,01$ euros.

Le coût de la piscine pour la saison est
$p = p_1 + p_2 + p_3 = 80 + 62,59 + 7,01 = 149,60$ euros.

**Conclusion :** Un budget de 200 euros est suffisant pour l'achat de cette piscine ainsi que les frais de fonctionnement.

# 24 Polynésie française • Juillet 2019

## La pyramide du Louvre

**EXERCICE 4**

15 min
12 points

La pyramide du Louvre à Paris est une pyramide à base carrée de côté 35,4 m et de hauteur 21,6 m.
C'est une réduction de la pyramide de Khéops en Égypte, qui mesure environ 230,5 m de côté.

▶ **1.** Montrer que la hauteur de la pyramide de Khéops est d'environ 140,6 m.

▶ **2.** Calculer le volume en m³ de la pyramide du Louvre. (Arrondir à l'unité)

▶ **3.** Par quel nombre peut-on multiplier le volume de la pyramide du Louvre pour obtenir celui de la pyramide de Khéops ? (Arrondir à l'unité)

Rappel : Volume d'une pyramide = $\dfrac{\text{Aire de la base} \times \text{Hauteur}}{3}$.

**Comprendre l'effet de quelques transformations • CORRIGÉ** 24

## LES CLÉS DU SUJET

### ● L'intérêt du sujet

La pyramide du Louvre est faite de carreaux de verre et est située dans la cour principale du musée du Louvre. Elle a été construite par Pei en 1989. Dans cet exercice, tu vas travailler les notions de volume et d'agrandissement à travers une comparaison des pyramides du Louvre et de Khéops.

### ● Nos coups de pouce, question par question

▶ **1. Connaître la notion de coefficient d'agrandissement**
- Calcule le coefficient d'agrandissement.
- Puis la hauteur de la pyramide de Khéops.

▶ **2. Calculer le volume d'une pyramide**
- Calcule l'aire de la base carrée.
- Puis remplace la hauteur par 21,6.

▶ **3. Savoir l'effet d'un agrandissement sur un volume**

Utilise la formule :
$V_{agrandi} = (\text{coefficient d'agrandissement})^3 \times V_{initial}$.

## 24 CORRIGÉ GUIDÉ

▶ **1.** Le coefficient d'agrandissement vaut exactement $\dfrac{230,5}{35,4}$.

Donc la hauteur $h$ de la pyramide de Khéops vaut réellement :

$$h = \dfrac{230,5}{35,4} \times 21,6$$

$\boxed{h \approx 140,6 \text{ m}}$.

**RAPPEL**
Le coefficient d'agrandissement est le quotient entre les longueurs réelles et les longueurs réduites.

### Comprendre l'effet de quelques transformations • CORRIGÉ 24

▶ **2.** Le volume de la pyramide du Louvre est :

$$V_{\text{pyramide du Louvre}} = \frac{1}{3} \times \text{aire base} \times \text{hauteur}$$

$$V_{\text{pyramide du Louvre}} = \frac{1}{3} \times 35{,}4^2 \times 21{,}6$$

$$\boxed{V_{\text{pyramide du Louvre}} \approx 9\,023 \text{ m}^3}.$$

▶ **3.** Le coefficient d'agrandissement étant $\dfrac{230{,}5}{35{,}4}$ :

$$V_{\text{Khéops}} = \left(\frac{230{,}5}{35{,}4}\right)^3 \times V_{\text{Louvre}}.$$

Or $\left(\dfrac{230{,}5}{35{,}4}\right)^3 \approx 276$, donc il suffit de multiplier le volume de la pyramide du Louvre par environ 276 pour obtenir le volume de la pyramide de Khéops.

# 25  Amérique du Nord • Juin 2019

## Figure géométrique

**EXERCICE 1**

15 min
14 points

On considère la figure ci-dessous, réalisée à main levée et qui n'est pas à l'échelle.

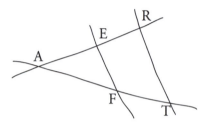

On donne les informations suivantes :
- les droites (ER) et (FT) sont sécantes en A ;
- AE = 8 cm, AF = 10 cm, EF = 6 cm ;
- AR = 12 cm, AT = 14 cm.

▶ **1.** Démontrer que le triangle AEF est rectangle en E.

▶ **2.** En déduire une mesure de l'angle $\widehat{EAF}$ au degré près.

▶ **3.** Les droites (EF) et (RT) sont-elles parallèles ?

### LES CLÉS DU SUJET

**● L'intérêt du sujet**

Dans cet exercice, tu vas travailler les théorèmes de Pythagore et Thalès et revoir les formules de trigonométrie.

Utiliser la géométrie plane pour démontrer • **CORRIGÉ** **25**

## ●  Nos coups de pouce, question par question

▶ **1. Connaître la réciproque du théorème de Pythagore** — Repère le plus grand côté, puis calcule les carrés des longueurs des côtés du triangle AEF.

▶ **2. Utiliser une formule de trigonométrie pour calculer un angle** — Utilise la formule du cosinus de l'angle $\widehat{A}$ dans le triangle rectangle AEF.

▶ **3. Utiliser la réciproque du théorème de Thalès** — Pour déterminer si les droites sont parallèles, vérifie si les quotients $\dfrac{AE}{AR}$ et $\dfrac{AF}{AT}$ sont égaux.

## 25 CORRIGÉ GUIDÉ

▶ **1.** [AF] est le plus grand côté du triangle AEF.
D'une part : $AF^2 = 10^2 = 100$.
D'autre part : $AE^2 + FE^2 = 8^2 + 6^2 = 64 + 36 = 100$.
Donc : $AF^2 = AE^2 + FE^2$.
Donc d'après la réciproque du théorème de Pythagore, on a AEF rectangle en E.

▶ **2.** AEF est rectangle en E.
$\cos(\widehat{A}) = \dfrac{\text{côté adjacent à } \widehat{A}}{\text{hypoténuse}} = \dfrac{AE}{AF} = \dfrac{8}{10}$

Donc $\widehat{A} = \arccos\left(\dfrac{8}{10}\right) \approx 37°$.

**RAPPEL**
Moyen mnémotechnique : SOHCAHTOA.

▶ **3.** Les droites (ER) et (FT) sont sécantes en A.
D'une part : $\dfrac{AE}{AR} = \dfrac{8}{12}$ ; d'autre part : $\dfrac{AF}{AT} = \dfrac{10}{14}$.
On a $8 \times 14 \neq 12 \times 10$
Donc d'après le produit en croix on a $\dfrac{AE}{AR} \neq \dfrac{AF}{AT}$.
Donc les droites (EF) et (RT) ne sont pas parallèles.

# 26 France métropolitaine • Juillet 2019

## Les transformations du plan

**EXERCICE 5**

Olivia s'est acheté un tableau pour décorer le mur de son salon. Ce tableau, représenté ci-contre, est constitué de quatre rectangles identiques nommés ①, ②, ③ et ④ dessinés à l'intérieur d'un grand rectangle ABCD d'aire égale à 1,215 m². Le ratio longueur : largeur est égal à 3 : 2 pour chacun des cinq rectangles.

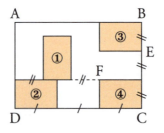

▶ **1.** Recopier, en les complétant, les phrases suivantes. Aucune justification n'est demandée.
**a)** Le rectangle … est l'image du rectangle … par la translation qui transforme C en E.
**b)** Le rectangle ③ est l'image du rectangle … par la rotation de centre F et d'angle 90° dans le sens des aiguilles d'une montre.
**c)** Le rectangle ABCD est l'image du rectangle … par l'homothétie de centre … et de rapport 3.
(Il y a plusieurs réponses possibles, une seule est demandée.)

▶ **2.** Quelle est l'aire d'un petit rectangle ?

▶ **3.** Quelles sont la longueur et la largeur du rectangle ABCD ?

Utiliser la géométrie plane pour démontrer • **SUJET 26**

## LES CLÉS DU SUJET

### ● L'intérêt du sujet

Tu vas travailler les transformations du plan ainsi que l'effet d'une réduction sur une figure.

### ● Nos coups de pouce, question par question

▶ **1. Reconnaître des transformations planes**
Une translation est un « glissement », une rotation est un « pivot » et une homothétie est un « agrandissement/réduction ».

▶ **2. Connaître l'effet d'une réduction sur les aires**
Si l'on note $k$ le coefficient de réduction d'une figure, l'aire réduite est obtenue en multipliant l'aire initiale par $k^2$.

### ● Les étapes de résolution pour la question 3

**Connaître et utiliser la notion de ratio**

❶ Écris le lien entre longueur et largeur grâce à la définition du ratio.

❷ À partir de l'aire d'un rectangle, résous une équation carrée pour trouver la largeur du rectangle.

❸ Déduis-en ensuite la longueur.

## 26 CORRIGÉ GUIDÉ

▶ **1. a)** Le rectangle ③ est l'image du rectangle ④ par la translation qui transforme C en E.

**b)** Le rectangle ③ est l'image du rectangle ① par la rotation de centre F d'angle 90° dans le sens des aiguilles d'une montre.

**c)** Le rectangle ABCD est l'image du rectangle ② par l'homothétie de centre D de rapport 3.

Le rectangle ABCD est l'image du rectangle ③ par l'homothétie de centre B de rapport 3.

Le rectangle ABCD est l'image du rectangle ④ par l'homothétie de centre C de rapport 3.

▶ **2.** $\mathcal{A}_{ABCD} = 3^2 \times \mathcal{A}_{petit\ rectangle}$
$1,215 = 9 \times \mathcal{A}_{petit\ rectangle}$
Donc $\mathcal{A}_{petit\ rectangle} = \dfrac{1,215}{9} = \boxed{0,135\ m^2}$.

▶ **3.** Calculons la longueur et la largeur du grand rectangle :

On a $L = 1,5 \times l$.

Or $\mathcal{A}_{ABCD} = L \times l$.

Donc $1,5 \times l^2 = 1,215$

$\boxed{l = \sqrt{\dfrac{1,215}{1,5}} = 0,9\ m}$

De plus : $\boxed{L = 1,5 \times 0,9 = 1,35\ m}$

> **À NOTER**
> $L : l = 3 : 2$ signifie que la longueur est 1,5 fois plus grande que la largeur.

# 27 Antilles, Guyane • Juin 2019

## Photo de la tour Eiffel

**EXERCICE 4**

15 min
10 points

Leila est en visite à Paris. Aujourd'hui, elle est au Champ de Mars où l'on peut voir la tour Eiffel dont la hauteur totale BH est 324 m. Elle pose son appareil photo au sol à une distance AB = 600 m du monument et le programme pour prendre une photo (voir le dessin ci-dessous).

*Le dessin n'est pas à l'échelle*

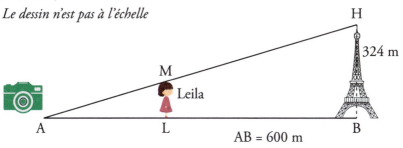

▶ **1.** Quelle est la mesure, au degré près, de l'angle $\widehat{HAB}$ ?

▶ **2.** Sachant que Leila mesure 1,70 m, à quelle distance AL de son appareil doit-elle se placer pour paraître aussi grande que la tour Eiffel sur sa photo ?
Donner une valeur approchée du résultat au centimètre près.

Utiliser la géométrie plane pour démontrer • **SUJET 27**

## LES CLÉS DU SUJET

### ● L'intérêt du sujet

Tous les touristes visitant Paris vont admirer la « tour Eiffel » et souhaitent en faire une photo. Ceci est bien difficile étant donné la hauteur de ce monument ! Cette tour a été construite par l'ingénieur Gustave Eiffel en 1887, à l'occasion de l'exposition universelle de Paris de 1889.

### ● Nos coups de pouce, question par question

▶ **1. Calculer un rapport trigonométrique**

Dans le triangle ABH rectangle en B, tu connais les distances BH et BA. Calcule $\tan \widehat{HAB}$.

▶ **2. Utiliser un rapport trigonométrique ou le théorème de Thalès**

Remarque que les points A, M et H sont alignés.

## 27 CORRIGÉ GUIDÉ

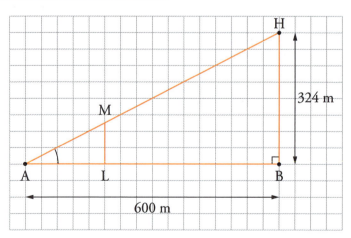

Utiliser la géométrie plane pour démontrer • CORRIGÉ 27

▶ **1.** Dans le triangle ABH rectangle en B :
$\tan \widehat{HAB} = \dfrac{BH}{BA} = \dfrac{324}{600} = 0{,}54.$

**RAPPEL**
Dans un triangle ABH rectangle en B, $\tan \widehat{HAB} = \dfrac{\text{côté opposé}}{\text{côté adjacent}}$.

La calculatrice indique alors, au degré près :
$\boxed{\widehat{HAB} = 28°}$.

▶ **2.** Nous avons $\widehat{MAL} = \widehat{HAB}$.
Dans le triangle MAL rectangle en L, $\tan \widehat{MAL} = \dfrac{ML}{AL}$.
Soit $0{,}54 = \dfrac{1{,}7}{AL}$ ou encore $AL = \dfrac{1{,}7}{0{,}54} = 3{,}15$ m, valeur approchée au centimètre près.

Conclusion : Leila doit se positionner à 3,15 m devant son appareil photo.

**Autre méthode :**
On peut admettre que Leila et la tour Eiffel sont perpendiculaires au sol, donc parallèles entre elles. Le théorème de Thalès donne $\dfrac{AL}{AB} = \dfrac{LM}{BH}$
soit $\dfrac{AL}{600} = \dfrac{1{,}7}{324}$, d'où $AL = \dfrac{1{,}7 \times 600}{324} = 3{,}15$ m.

# 28 Centres étrangers • Juin 2019

## Les étagères

**EXERCICE 5**

15 min
14 points

*Dans l'exercice suivant, les figures ne sont pas à l'échelle.*

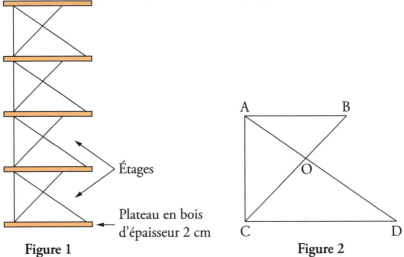

Figure 1

Figure 2

Un décorateur a dessiné une vue de côté d'un meuble de rangement composé d'une structure métallique et de plateaux en bois d'épaisseur 2 cm, illustré par la figure 1.
Les étages de la structure métallique de ce meuble de rangement sont tous identiques et la figure 2 représente l'un d'entre eux.
On donne :
• OC = 48 cm ; OD = 64 cm ; OB = 27 cm ; OA = 36 cm et CD = 80 cm ;
• les droites (AC) et (CD) sont perpendiculaires.

▶ **1.** Démontrer que les droites (AB) et (CD) sont parallèles.

▶ **2.** Montrer par le calcul que AB = 45 cm.

▶ **3.** Calculer la hauteur totale du meuble de rangement.

Utiliser la géométrie plane pour démontrer • SUJET 28

## LES CLÉS DU SUJET

### ● L'intérêt du sujet

Cet exercice regroupe les « grands théorèmes » du collège : le théorème de Thalès (ainsi que sa réciproque) et le théorème de Pythagore.

### ● Nos coups de pouce, question par question

| ▶ 1. Appliquer la réciproque du théorème de Thalès | • Compare, par exemple, $\dfrac{OA}{OD}$ et $\dfrac{OB}{OC}$. <br>• Conclus en appliquant la réciproque du théorème de Thalès. |
|---|---|
| ▶ 2. Appliquer le théorème de Thalès | Applique le théorème de Thalès en justifiant tes affirmations. Utilise le produit en croix. |
| ▶ 3. Appliquer le théorème de Pythagore | Applique le théorème de Pythagore au triangle ACD rectangle en C. |

## 28 CORRIGÉ GUIDÉ

▶ **1.** Calculons :
$\dfrac{OA}{OD} = \dfrac{36}{64} = \dfrac{9}{16}$ et $\dfrac{OB}{OC} = \dfrac{27}{48} = \dfrac{9}{16}$. Donc $\dfrac{OA}{OD} = \dfrac{OB}{OC}$.

Les points O, A, D sont alignés dans le même ordre que les points O, B, C. De plus $\dfrac{OA}{OD} = \dfrac{OB}{OC}$. D'après la réciproque du théorème de Thalès **les droites (AB) et (CD) sont parallèles.**

### Utiliser la géométrie plane pour démontrer • CORRIGÉ 28

▶ **2.** Les points O, A, D sont alignés dans le même ordre que les points O, B, C et les droites (AB) et (CD) sont parallèles. Nous pouvons appliquer le théorème de Thalès et écrire

$$\frac{OA}{OD} = \frac{OB}{OC} = \frac{AB}{CD} \text{ soit } \frac{36}{64} = \frac{27}{48} = \frac{AB}{80}.$$

Un produit en croix permet d'écrire $AB = \dfrac{27 \times 80}{48} = 45$.

$\boxed{AB = 45 \text{ cm}}$.

▶ **3.** Calculons AC.

Les droites (AC) et (CD) sont perpendiculaires, donc le triangle ACD est rectangle en C. Appliquons le théorème de Pythagore : $AC^2 + DC^2 = AD^2$ ou encore $AC^2 = AD^2 - DC^2$.

Mais $AD = OA + OD = 36 + 64$ donc $AD = 100$ cm.

Alors $AC^2 = 100^2 - 80^2 = 3\,600$ et $AC = \sqrt{3\,600} = 60$ cm.

Notons $H$ la hauteur totale du meuble de rangement.

Cette étagère possède 5 plateaux en bois de 2 cm d'épaisseur et 4 éléments d'armature tels que [AC].

Nous avons $H = 4 \times 60 + 5 \times 2 = 250$ cm soit $\boxed{H = 2{,}5 \text{ m}}$.

> **ATTENTION !**
> Ne pas oublier de tenir compte de l'épaisseur des 5 étagères.

# 29 France métropolitaine • Juillet 2019

## Le décor de la pièce de théâtre

**EXERCICE 2**

15 min
19 points

*Dans cet exercice, on donnera, si nécessaire, une valeur approchée des résultats au centième près.*

Pour construire le décor d'une pièce de théâtre (figure 1), Joanna dispose d'une plaque rectangulaire ABCD de 4 m sur 2 m dans laquelle elle doit découper les trois triangles du décor avant de les superposer. Elle propose un découpage de la plaque (figure 2).

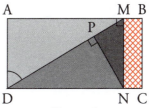

**Figure 1**  **Figure 2**

Le triangle ADM respecte les conditions suivantes :
• le triangle ADM est rectangle en A ;
• AD = 2 m ;
• $\widehat{ADM} = 60°$.

▶ **1.** Montrer que [AM] mesure environ 3,46 m.

▶ **2.** La partie de la plaque non utilisée est représentée en quadrillé sur la figure 2. Calculer une valeur approchée au centième de la proportion de la plaque qui n'est pas utilisée.

▶ **3.** Pour que la superposition des triangles soit harmonieuse, Joanna veut que les trois triangles AMD, PNM et PDN soient semblables. Démontrer que c'est bien le cas.

▶ **4.** Joanna aimerait que le coefficient d'agrandissement pour passer du triangle PDN au triangle AMD soit plus petit que 1,5. Est-ce le cas ? Justifier.

# Utiliser la géométrie plane pour démontrer • CORRIGÉ

## LES CLÉS DU SUJET

### ● L'intérêt du sujet

Dans cet exercice de construction de décor, tu vas travailler la trigonométrie et le thème des triangles semblables.

### ● Nos coups de pouce, question par question

| ▶ 1. Utiliser une formule de trigonométrie | • Dans le triangle AMD, repère quel côté est connu et quel côté est recherché.<br>• Déduis-en la bonne formule de trigonométrie à appliquer à l'angle $\widehat{ADM}$. |
|---|---|
| ▶ 2. Calculer une proportion | Calcule la division de l'aire non utilisée par l'aire totale. |
| ▶ 3. Reconnaître deux triangles semblables | Deux triangles sont semblables si, en particulier, ils ont deux angles égaux. |
| ▶ 4. Calculer un coefficient d'agrandissement | Un coefficient d'agrandissement se calcule par division de deux longueurs qui se correspondent dans des triangles semblables. |

## 29 CORRIGÉ GUIDÉ

▶ **1.** ADM est rectangle en A.

$$\tan(\widehat{D}) = \frac{\text{côté opposé à l'angle } \widehat{D}}{\text{côté adjacent à l'angle } \widehat{D}} = \frac{AM}{AD}$$

Donc $\tan(60°) = \dfrac{AM}{2}$

et $AM = 2 \times \tan(60°) \approx \boxed{3{,}46 \text{ m}}$.

**ATTENTION !**
Pour additionner deux fractions, il faut les mettre au même dénominateur.

▶ **2.** Aire(BMNC) = BM × BC = (4 − 3,46) × 2 = 1,08 m²
Aire(ABCD) = AB × BC = 4 × 2 = 8 m²

Donc la proportion de plaque non utilisée est : $\dfrac{1{,}08}{8} \approx \boxed{0{,}14}$.

▶ **3.** • Dans les triangles ADM et MPN :
$\widehat{DAM} = \widehat{MPN}$ car ce sont des angles droits ;
$\widehat{ADM} = \widehat{PMN}$ car les deux angles sont alternes-internes.
Les triangles ADM et MPN ont deux angles égaux, ils sont donc semblables.

• Dans les triangles ADM et PDN :
$\widehat{DAM} = \widehat{NPD}$ car ce sont des angles droits ;
$\widehat{PDN} = 90° - 60° = 30°$ et par la somme des mesures des angles d'un triangle, $\widehat{AMD} = 30°$.
Donc les deux angles $\widehat{PDN}$ et $\widehat{AMD}$ sont égaux.
Les triangles ADM et PND ont deux angles égaux, ils sont donc semblables.

▶ **4.** ADM est rectangle en A.

$\cos(\widehat{D}) = \dfrac{\text{côté adjacent à l'angle } \widehat{D}}{\text{hypoténuse}} = \dfrac{AD}{DM}$

donc $\cos(60°) = \dfrac{2}{DM}$

donc $DM = \dfrac{2}{\cos(60°)} = \boxed{4 \text{ m}}$.

Or DN = 3,46 m

donc $\dfrac{DM}{DN} = \dfrac{4}{3,46} \approx 1{,}15 < 1{,}5$.

Le coefficient d'agrandissement convient.

> **À NOTER**
> Une proportion est la division de deux mêmes grandeurs.

# 30 Polynésie française • Juillet 2019

## Deux voiliers face au vent

**EXERCICE 5**

15 min
14 points

Lorsqu'un voilier est face au vent, il ne peut pas avancer.
Si la destination choisie nécessite de prendre une direction face au vent, le voilier devra progresser en faisant des zigzags.
Comparer les trajectoires de ces deux voiliers en calculant la distance en kilomètres et arrondie au dixième, que chacun a parcourue.

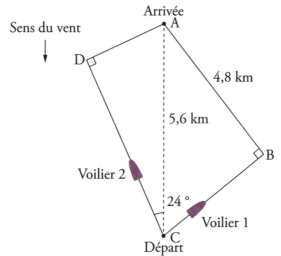

La figure n'est pas à l'échelle

## LES CLÉS DU SUJET

### L'intérêt du sujet

Pour progresser face au vent, le skipper doit s'écarter de l'axe du vent et avancer en zigzag.

## Utiliser la géométrie plane pour démontrer • CORRIGÉ 30

### Les étapes de résolution de la question

**Comparer deux trajectoires**

① Calcule la distance parcourue par le voilier 1 en appliquant le théorème de Pythagore au triangle CBA rectangle en B.

② Calcule la distance parcourue par le voilier 2 en calculant, dans le triangle CDA rectangle en D, cos $\widehat{ACD}$ et sin $\widehat{ACD}$.

③ Compare les distances parcourues.

## 30 CORRIGÉ GUIDÉ

- **Distance parcourue par le voilier 1**

Le voilier 1 a parcouru la distance $p_1$ = CB + BA.

En appliquant le théorème de Pythagore au triangle CBA rectangle en B, on obtient : $CA^2 = CB^2 + BA^2$.

D'où : $CB^2 = CA^2 - BA^2 = 5{,}6^2 - 4{,}8^2 = 8{,}32$.

Soit CB = $\sqrt{8{,}32}$. Alors $p_1 = \sqrt{8{,}32} + 4{,}8$.

Une valeur arrondie au dixième de $p_1$ est alors : $\boxed{p_1 = 7{,}7 \text{ km}}$.

- **Distance parcourue par le voilier 2**

Dans le triangle CDA rectangle en D,

$\cos \widehat{ACD} = \dfrac{CD}{CA}$, d'où :

CD = CA × cos $\widehat{ACD}$ = 5,6 × cos 24°

CD = 5,1 (valeur arrondie au dixième).

> **RAPPEL**
> Dans le triangle CDA :
> $\sin \widehat{ACD} = \dfrac{\text{côté opposé}}{\text{hypoténuse}}$
> et $\cos \widehat{ACD} = \dfrac{\text{côté adjacent}}{\text{hypoténuse}}$.

Dans ce même triangle CDA rectangle en D, $\sin \widehat{ACD} = \dfrac{AD}{CA}$, d'où :

$$AD = CA \times \sin \widehat{ACD} = 5{,}6 \times \sin 24°$$

AD = 2,3 (valeur arrondie au dixième).

Alors $p_2$ = CD + DA ≈ 5,1 + 2,3 cm.

Une valeur arrondie au dixième de $p_2$ est alors : $\boxed{p_2 = 7{,}4 \text{ km}}$.

$p_1 > p_2$, donc le voilier 1 a parcouru une distance plus grande que le voilier 2.

# 31 France métropolitaine • Septembre 2019

## Jeux de dés

**EXERCICE 6**

15 min
20 points

Deux amis, Armelle et Basile, jouent aux dés en utilisant des dés bien équilibrés, mais dont les faces ont été modifiées. Armelle joue avec le dé A et Basile joue avec le dé B.
Lors d'une partie, chaque joueur lance son dé et celui qui obtient le plus grand numéro gagne un point.
Voici les patrons des deux dés :

**Patron du dé A**   **Patron du dé B**

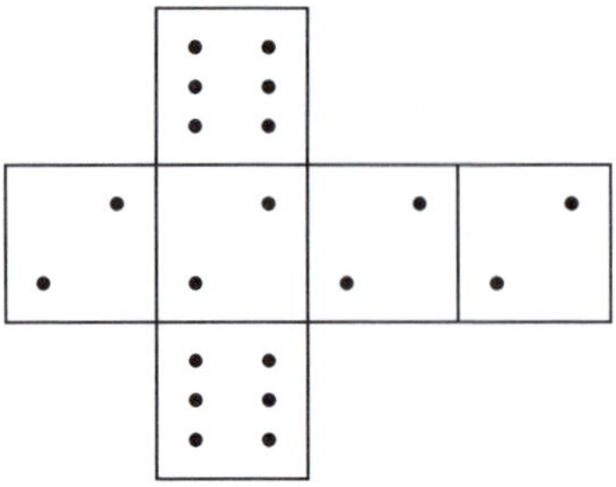

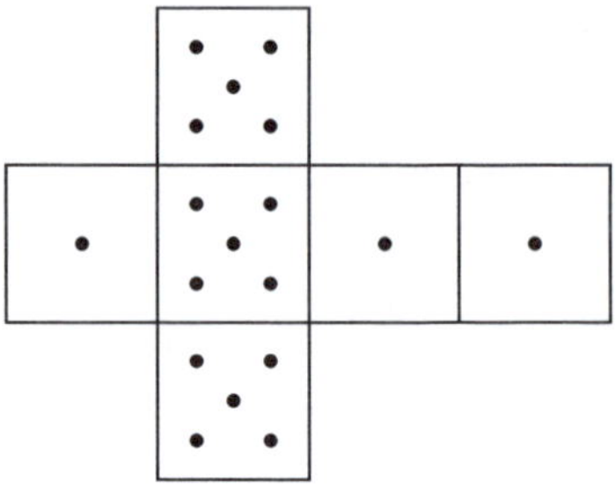

▶ **1.** Une partie peut-elle aboutir à un match nul ?

▶ **2. a)** Si le résultat obtenu avec le dé A est 2, quelle est la probabilité que Basile gagne un point ?
**b)** Si le résultat obtenu avec le dé B est 1, quelle est la probabilité qu'Armelle gagne un point ?

▶ **3.** Les joueurs souhaitent comparer leur chance de gagner. Ils décident de simuler un match de soixante mille duels à l'aide d'un programme informatique.
Voici une partie du programme qu'ils ont réalisé.

On précise que l'expression (**nombre aléatoire entre 1 et 6**) renvoie de manière équiprobable un nombre pouvant être 1 ; 2 ; 3 ; 4 ; 5 ou 6.
Les variables *FaceA* et *FaceB* enregistrent les résultats des dés A et B. Par exemple, la variable *FaceA* peut prendre soit la valeur 2, soit la valeur 6, puisque ce sont les seuls nombres présents sur le dé A.
Les variables *Victoire de A* et *Victoire de B* comptent les victoires des joueurs.
**a)** Lorsqu'on exécute le sous-programme « Lancer le dé A », quelle est la probabilité que la variable *FaceA* prenne la valeur 2 ?
**b)** Recopier la ligne 7 du programme principal en la complétant.
**c)** Rédiger un sous-programme « Lancer le dé B » qui simule le lancer du dé B et enregistre le nombre obtenu dans la variable *FaceB*.

▶ **4.** Après exécution du programme principal, on obtient les résultats suivants :
*Victoire de A* = 39 901 ; *Victoire de B* = 20 099.
**a)** Calculer la fréquence de gain du joueur A, exprimée en pourcentage. On donnera une valeur approchée à 1 % près.
**b)** Conjecturer la probabilité que A gagne contre B.

Écrire et exécuter un programme simple • **CORRIGÉ** 31

## LES CLÉS DU SUJET

### ● L'intérêt du sujet

Tu vas travailler les notions de probabilité et de fréquence au travers d'un exercice de programmation Scratch.

### ● Nos coups de pouce, question par question

| ▶ 1. Comprendre un énoncé | Demande-toi à quelle condition il pourrait y avoir un match nul. |
|---|---|
| ▶ 2. Calculer une probabilité simple | a) Basile a 3 fois le chiffre 5 sur son dé.<br>b) Demande-toi à partir de quel chiffre Basile peut gagner et quelle est la probabilité que ce chiffre sorte. |
| ▶ 3. Comprendre, compléter et écrire un algorithme Scratch dans une situation de jeu | a) La variable *FaceA* prend la valeur 2 si le tirage du dé est strictement inférieur à 5.<br>b) Il y a victoire de A si le chiffre de B est strictement inférieur à celui de A.<br>c) Réécris un sous-programme du même type que celui déjà proposé, mais en veillant aux valeurs prises par le dé de B, à savoir 1 et 5. |
| ▶ 4. Calculer une fréquence | Utilise la formule :<br>fréquence$_{\text{événement}}$ = $\dfrac{\text{nombre de fois où l'événement apparait}}{\text{nombre total de fois où l'expérience est menée}}$. |

## 31 CORRIGÉ GUIDÉ

▶ **1.** Il n'y a aucun chiffre en commun sur les deux dés, donc **il ne peut pas y avoir de match nul**.

▶ **2. a)** Sachant que c'est le chiffre 2 qui est sorti pour Armelle, pour que Basile gagne 1 point, il est nécessaire qu'il sorte un chiffre supérieur à 2, donc un 5.

Or, sur les six faces, il y a trois fois le chiffre 5, donc :

$$p(\text{« Basile gagne un point »}) = \dfrac{3}{6} = 0,5.$$

### Écrire et exécuter un programme simple • CORRIGÉ

**b)** Sachant que c'est le chiffre 1 qui est sorti pour Basile, pour qu'Armelle gagne 1 point, il est nécessaire qu'elle sorte un chiffre supérieur à 1.

> **RAPPEL**
> Un événement certain a une probabilité de 1.

Or, les chiffres des faces du dé d'Armelle sont des 2 et des 6. Donc Armelle est sûre de gagner un point :

$$\boxed{p(\text{« Armelle gagne un point »}) = 1}.$$

▶ **3. a)** Il y a 4 chances sur 6 que le nombre tiré soit inférieur à 5, donc que *Face A* prenne la valeur 2, d'où :

$$\boxed{p(\text{« Face A = 2 »}) = \frac{4}{6} = \frac{2}{3}}.$$

**b)** Il y a victoire de A si *Face B* est inférieur à *Face A*.
Il faut donc compléter la ligne 7 ainsi :

si ⟨ FaceB < FaceA ⟩ alors

**c)** Voici le script attendu :

▶ **4. a)** Sur les 60 000 lancers, 39 901 cas apportent la victoire du joueur A.

Donc la fréquence de gain du joueur A est $\dfrac{39\ 901}{60\ 000} \approx 0{,}67$ soit 67 % à 0,1 près.

**b)** La probabilité de réalisation d'un événement est sa fréquence d'apparition lorsque l'on reproduit un très grand nombre de fois l'expérience.
La probabilité que A gagne est donc de 0,67.

# 32 France métropolitaine • Juillet 2019

## Dessin sous Scratch

**EXERCICE 4**

15 min
19 points

On veut réaliser un dessin constitué de deux types d'éléments (tirets et carrés) mis bout à bout.
Chaque script ci-dessous trace un élément, et déplace le stylo.
On rappelle que « s'orienter à 90 » signifie qu'on oriente le stylo vers la droite.

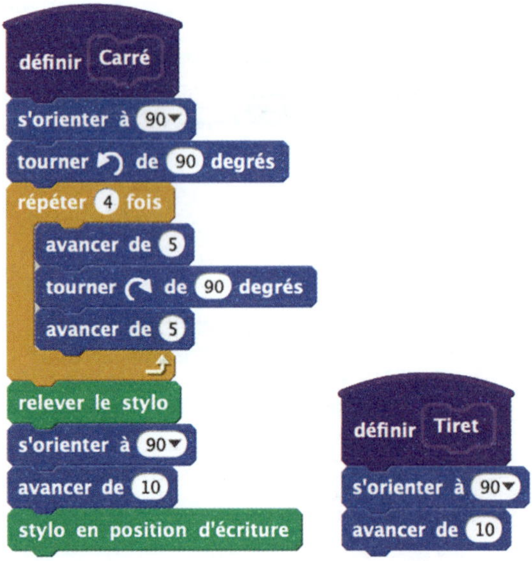

```
définir Carré
    s'orienter à 90
    tourner ↺ de 90 degrés
    répéter 4 fois
        avancer de 5
        tourner ↻ de 90 degrés
        avancer de 5
    relever le stylo
    s'orienter à 90
    avancer de 10
    stylo en position d'écriture

définir Tiret
    s'orienter à 90
    avancer de 10
```

▶ **1.** En prenant 1 cm pour 2 pixels, représenter la figure obtenue si on exécute le script Carré.
Préciser les positions de départ et d'arrivée du stylo sur votre figure.

**Écrire et exécuter un programme simple • SUJET 32**

Pour tracer le dessin complet, on a réalisé 2 scripts qui se servent des blocs « Carré » et « Tiret » ci-avant :

Script 1                Script 2

```
quand flèche haut est pressé
aller à x: -230 y: 0
s'orienter à 90
effacer tout
stylo en position d'écriture
répéter 23 fois
    Carré
    Tiret
```

```
quand flèche bas est pressé
aller à x: -230 y: 0
s'orienter à 90
effacer tout
stylo en position d'écriture
répéter 46 fois
    si  nombre aléatoire entre 1 et 2 = 1  alors
        Carré
    sinon
        Tiret
```

On exécute les deux scripts et on obtient les deux dessins ci-dessous.

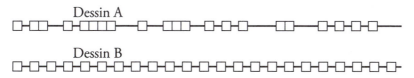

▶ **2.** Attribuer à chaque script la figure dessinée. Justifier votre choix.

▶ **3.** On exécute le script 2.
**a)** Quelle est la probabilité que le premier élément tracé soit un carré ?
**b)** Quelle est la probabilité que les deux premiers éléments soient des carrés ?

▶ **4.** Dans le script 2, on aimerait que la couleur des différents éléments, tirets ou carrés, soit aléatoire, avec à chaque fois 50 % de chance d'avoir un élément noir et 50 % de chance d'avoir un élément rouge.
Écrire la suite d'instructions qu'il faut alors créer et préciser où l'insérer dans le script 2.
Indication : on pourra utiliser les instructions `mettre la couleur du stylo à ■` et `mettre la couleur du stylo à ■` pour choisir la couleur du stylo.

Écrire et exécuter un programme simple • **SUJET** **32**

## LES CLÉS DU SUJET

### ● L'intérêt du sujet

Dans cet exercice d'algorithmique, tu vas comprendre et compléter des programmes permettant de tracer des figures plus ou moins régulières.

### ● Nos coups de pouce, question par question

| ▶ 1. Tracer une figure programmée avec Scratch | Remarque que le carré a comme côté 10 pixels, soit 5 cm, et qu'à chaque répétition la portion dessinée représente un coin du carré entre deux milieux de côtés consécutifs. |
|---|---|
| ▶ 2. Comprendre un programme sous Scratch | Le dessin B a un motif qui se répète régulièrement, quel programme a pu le tracer ? |
| ▶ 3. a) Calculer des probabilités simples | Demande-toi quelle valeur permet d'obtenir un carré. Puis quelle probabilité cette valeur a d'apparaître. |
| b) Construire un arbre des possibles | Dessine un arbre des possibles et regarde quelles branches mènent à deux carrés. |
| ▶ 4. Compléter un programme Scratch | Dans le bloc Si… Alors… Sinon : remplace « Carré » et « Tiret » par les blocs indiqués dans l'énoncé. |

▶ **1.**

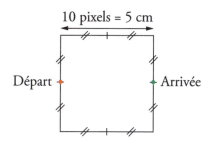

▶ **2.** Le script 1 correspond au dessin B car il crée 23 fois le même motif carré-tiret. Le script 2 correspond au dessin A car il crée 46 tracés aléatoires de carrés et de tirets.

▶ **3. a)** Si le nombre aléatoire est 1, c'est un carré qui est tracé. Or la probabilité que le 1 sorte est de $\frac{1}{2}$.

Donc la probabilité que le premier tracé soit un carré est de $\boxed{\frac{1}{2}}$.

**b)** Pour obtenir la probabilité que les deux premiers tracés soient des carrés, on dessine un arbre des possibles :

La seule possibilité d'avoir carré-carré est d'avoir les valeurs 1– 1. Il y a une branche sur quatre qui conduit à cette situation. Donc la probabilité d'avoir carré-carré vaut $\frac{1}{4}$.

▶ **4.** À l'intérieur du bloc « répéter 46 fois », il faut glisser les blocs suivants :

## 2 Différents nombres et leurs représentations

| Notion | Définition |
|---|---|
| **Nombre entier naturel** | Nombre entier (c'est-à-dire qui s'écrit sans chiffre après la virgule) positif ou nul. |
| **Nombre entier relatif** | Nombre entier positif, négatif ou nul. |
| **Nombre décimal** | Nombre qui s'écrit avec un nombre fini de chiffres après la virgule.<br>*Exemple* : 0,64. |
| **Nombre rationnel (ou fraction)** | Nombre qui peut s'écrire sous la forme d'une fraction, c'est-à-dire sous la forme $\frac{a}{b}$, où $a$ et $b$ sont des nombres entiers relatifs et $b \neq 0$.<br>*Exemple* : $\frac{16}{25}$. |
| **Fraction décimale** | Fraction dont le dénominateur est une puissance de 10.<br>*Exemple* : $\frac{64}{10^2} = \frac{64}{100}$. |
| **Notation scientifique d'un nombre** | Notation de la forme $x = a \times 10^n$ où $1 \leq a < 10$ et $n$ est un entier relatif. On peut utiliser cette notation pour tout nombre positif $x$.<br>*Exemple* : $6,4 \times 10^{-1}$. |
| **Nombre irrationnel** | Nombre qui ne peut pas s'écrire sous la forme d'une fraction.<br>*Exemples* : $\sqrt{2}$, $\pi$... |

**REMARQUES**

**1.** Un même nombre peut s'écrire de différentes façons.
Ainsi 0,64, $\frac{16}{25}$, $\frac{64}{100}$ et $6,4 \times 10^{-1}$ représentent le même nombre.

**2.** Un nombre rationnel a une infinité d'écritures sous forme de fraction. Une **fraction irréductible** est une fraction qui ne peut pas être simplifiée.

**3.** Attention ! Ne pas confondre l'opposé et l'inverse d'un nombre.
- Deux nombres sont **opposés** si leur somme est nulle.

*Exemples* : $-5$ est l'opposé de 5, $-\frac{1}{3}$ est l'opposé de $\frac{1}{3}$.

- Deux nombres sont **inverses** si leur produit est 1.

*Exemples* : $\frac{1}{5}$ est l'inverse de 5, $-\frac{1}{3}$ est l'inverse de $-3$.

# Puissance et racine carrée

## A Définitions

| Notion | Définition |
|---|---|
| **Puissance d'un nombre** | Produit de $n$ facteurs égaux à $a$ ($a$ étant un nombre non nul et $n$ un nombre entier naturel positif).<br>On le note $a^n$ : $a^n = \underbrace{a \times a \times \ldots \times a}_{n \text{ facteurs}}$.<br>$a^{-n}$ est l'inverse de $a^n$. Donc $a^{-n} = \dfrac{1}{a^n}$.<br>*Exemples* : $5^3 = 5 \times 5 \times 5 = 125$ ;<br>$10^{-2} = \dfrac{1}{10^2} = \dfrac{1}{100} = 0{,}01$. |
| **Racine carrée d'un nombre** | Nombre positif dont le carré est égal à $a$ (où $a$ est un nombre positif donné).<br>On le note $\sqrt{a}$.<br>*Exemples* : $\sqrt{25} = 5$ ; $\sqrt{56{,}25} = 7{,}5$. |

## B Préfixes scientifiques

| Préfixe | Symbole | Puissance de 10 | Valeur | Exemples |
|---|---|---|---|---|
| **giga** | G | $10^9$ | 1 000 000 000 | 1 gigawatt = 1 000 000 000 watts |
| **méga** | M | $10^6$ | 1 000 000 | 1 mégahertz = 1 000 000 hertz |
| **kilo** | k | $10^3$ | 1 000 | 1 kilocalorie = 1 000 calories |
| **hecto** | h | $10^2$ | 100 | 1 hectopascal = 100 pascals |
| **déca** | da | $10^1$ | 10 | 1 décalitre = 10 litres |
| **déci** | d | $10^{-1}$ | 0,1 | 1 décimètre = 0,1 mètre |
| **centi** | c | $10^{-2}$ | 0,01 | 1 centigramme = 0,01 gramme |
| **milli** | m | $10^{-3}$ | 0,001 | 1 milliseconde = 0,001 seconde |
| **micro** | μ | $10^{-6}$ | 0,000 001 | 1 microampère = 0,000 001 ampère |
| **nano** | n | $10^{-9}$ | 0,000 000 001 | 1 nanomètre = 0,000 000 001 m |

# 4 Calcul avec des fractions

## A Règles de calcul

| Objectif | Règle |
|---|---|
| Comparer | • Si deux fractions ont le même dénominateur, la fraction la plus grande est celle qui a le plus grand numérateur.<br>• Si deux fractions ont le même numérateur, la fraction la plus grande est celle qui a le plus petit dénominateur. |
| Additionner ou soustraire | Pour additionner (ou soustraire) deux fractions, on les réduit au même dénominateur puis on additionne (ou on soustrait) les numérateurs et on conserve le dénominateur commun.<br>Exemple : $-\dfrac{9}{14} - \dfrac{5}{3} = -\dfrac{9 \times 3}{14 \times 3} - \dfrac{5 \times 14}{3 \times 14} = -\dfrac{27}{42} - \dfrac{70}{42} = -\dfrac{97}{42}$. |
| Multiplier | Pour multiplier deux fractions, on multiplie les numérateurs entre eux et les dénominateurs entre eux.<br>Exemple : $\dfrac{7}{9} \times \left(-\dfrac{2}{7}\right) = \dfrac{7 \times (-2)}{9 \times 7} = -\dfrac{2}{9}$. |
| Diviser | Pour diviser deux fractions, on multiplie la fraction numérateur par l'inverse de la fraction dénominateur.<br>Exemple : $\dfrac{\frac{5}{3}}{-\frac{9}{14}} = \dfrac{5}{3} \times \left(-\dfrac{14}{9}\right) = -\dfrac{70}{27}$. |

## B Règles de priorité

Dans une expression qui comporte plusieurs opérations, on effectue les calculs dans l'ordre suivant :

> ❶ Commencer par effectuer les calculs entre parenthèses (s'il y en a !).

> ❷ Effectuer toujours les multiplications et les divisions avant les additions et les soustractions.

> ❸ S'il n'y a que des additions et des soustractions, les effectuer dans l'ordre où elles sont indiquées.

Exemple : $B = \left(-\dfrac{3}{4} + \dfrac{1}{4}\right) \times \dfrac{1}{2} - \dfrac{5}{8}$

$B = -\dfrac{2}{4} \times \dfrac{1}{2} - \dfrac{5}{8}$

$B = \dfrac{-2 \times 1}{4 \times 2} - \dfrac{5}{8} = -\dfrac{7}{8}$.

# 5 Multiples, diviseurs, nombres premiers

## A Multiples, diviseurs : définitions

| Notion | Définition |
|---|---|
| Multiple | On appelle multiple d'un entier naturel le produit de ce nombre entier naturel par un autre nombre entier naturel. *Exemples* : 45, 135 et 225 sont des multiples de 15, car $45 = 3 \times 15$ et $135 = 9 \times 15$ et $225 = 15 \times 15$. |
| Diviseur | Soient deux entiers naturels *a* et *b*. *a* est un diviseur de *b* lorsque la division de *b* par *a* se fait exactement, c'est-à-dire ne donne pas de reste. *Exemples* : 13 est un diviseur de 91 car $91 = 13 \times 7 + 0$. |

## B Critères de divisibilité

Un nombre entier est divisible…

- …par 2 si son chiffre des unités est 0, 2, 4, 6 ou 8. *Exemple* : 218
- …par 3 si la somme de ses chiffres est divisible par 3. *Exemple* : 324
- …par 5 si son chiffre des unités est 0 ou 5. *Exemple* : 115
- …par 10 si son chiffre des unités est 0. *Exemple* : 820
- …par 9 si la somme de ses chiffres est divisible par 9. *Exemple* : 387

## C Nombres premiers

| Nombre premier | Un nombre premier est un nombre entier naturel divisible seulement par lui-même et par 1. *Exemple* : 17 est un nombre premier car il est divisible seulement par 17 et par 1. 55 n'est pas un nombre premier car il est divisible par 5. |
|---|---|
| Décomposition d'un nombre entier en un produit de facteurs premiers | Cette opération consiste à transformer un nombre entier en un produit de nombres premiers. *Exemple* : $600 = 2^3 \times 3 \times 5^2$. |

# 6 Calcul littéral

## A Développer

● À l'aide de la **propriété de distributivité** : on utilise les règles de la distributivité de la multiplication par rapport à l'addition.

Quels que soient les nombres $a, b, c, d$ :
$a \times (b+c) = a \times b + a \times c$
Exemple : $2x \times (x+3) = 2x^2 + 6x$
$(a+b) \times (c+d) = a \times c + a \times d + b \times c + b \times d$
Exemple : $(6-x) \times (2-3x) = 12 - 18x - 2x + 3x^2 = 3x^2 - 20x + 12$

● À l'aide des **identités remarquables** : on distingue trois identités remarquables, $a$ et $b$ étant deux réels quelconques :

$(a+b)^2 = a^2 + 2ab + b^2$     Exemple : $(2x+5)^2 = 4x^2 + 20x + 25$
$(a-b)^2 = a^2 - 2ab + b^2$     Exemple : $(2x-4)^2 = 4x^2 - 16x + 16$
$(a+b) \times (a-b) = a^2 - b^2$     Exemple : $(3x+1) \times (3x-1) = 9x^2 - 1$

## B Factoriser

● À l'aide de la **propriété de distributivité**.

Quels que soient les nombres $a, b, c, d$ :
$a \times b + a \times c = a \times (b+c)$     Exemple : $2x \times (3x+1) + 2x \times (2x+5) = 2x \times (5x+6)$

● À l'aide des **identités remarquables** :
$a^2 + 2ab + b^2 = (a+b)^2$     Exemple : $x^2 + 6x + 9 = (x+3)^2 = (x+3) \times (x+3)$
$a^2 - 2ab + b^2 = (a-b)^2$     Exemple : $x^2 - 4x + 4 = (x-2)^2 = (x-2) \times (x-2)$
$a^2 - b^2 = (a+b) \times (a-b)$     Exemple : $x^2 - 4 = x^2 - 2^2 = (x+2) \times (x-2)$

## C Équation produit

On utilise la propriété : lorsqu'un produit de facteurs est nul, alors l'un au moins des facteurs est nul.
Exemple : résoudre l'équation $(2x-1) \times (-x+3) = 0$.
La propriété ci-dessus permet d'affirmer que :
$2x - 1 = 0$, soit $x = \dfrac{1}{2}$ ou $-x + 3 = 0$, soit $x = 3$.
Conclusion : $\dfrac{1}{2}$ et 3 sont les solutions de l'équation.

# 7 Statistiques

## A Représentation d'une série statistique

On peut représenter une série statistique à l'aide de différentes représentations graphiques.

● Le **diagramme en barres** donne en abscisse le caractère étudié, tandis que les effectifs correspondants sont en ordonnée. La hauteur de chaque barre est proportionnelle à l'effectif : **plus l'effectif est grand, plus la barre est haute**, et plus le caractère est fréquent.

● Le **diagramme circulaire** est composé de **plusieurs secteurs**. Chaque secteur possède un angle au centre qui est proportionnel à l'effectif.

● L'**histogramme** est utilisé quand les éléments de la série sont **regroupés en classes**. On porte les classes en abscisse et les effectifs en ordonnée.

## B Caractéristiques de position

| Notion | Définition |
|---|---|
| Fréquence d'une valeur | On appelle fréquence d'une valeur, le quotient de l'effectif de cette valeur par l'effectif total. On l'exprime souvent en pourcentage. |
| Moyenne d'une série statistique | C'est le nombre $m$ réel égal au quotient de la somme de toutes les valeurs de la série statistique par l'effectif total. |
| Médiane d'une série statistique | C'est la valeur qui partage la série statistique, **rangée par ordre croissant** (ou décroissant), en deux parties de même effectif. Si l'effectif total de la série est un nombre impair, la médiane est une valeur de la série. Sinon, c'est un nombre compris entre deux valeurs de la série. On prend souvent pour médiane la moyenne de ces deux valeurs. |

## C Caractéristiques de dispersion

| Notion | Définition |
|---|---|
| Étendue d'une série statistique | C'est la différence entre la plus grande et la plus petite valeur de la série statistique. |
| Écart moyen d'une série statistique | C'est la moyenne de la série obtenue en prenant les valeurs positives des différences entre chaque valeur de la série statistique et la valeur moyenne de la série. |

# 8 Probabilités

## A Calculer des probabilités dans une situation simple

Soit E un événement.
- La probabilité de réalisation de E est un nombre $p(E)$ compris entre 0 et 1.
- Si $p(E) = 0$ alors l'événement E est impossible.

*Exemple* : Soit $E_1$ l'événement « Obtenir un nombre négatif en lançant un dé ». $p(E_1) = 0$, car cet événement est impossible.

> À NOTER **Deux événements sont incompatibles s'ils ne peuvent pas se réaliser en même temps.**

- Si $p(E) = 1$ alors l'événement E est certain.
- Quand les résultats d'une expérience ont tous la même probabilité, alors $p(E) = \dfrac{\text{nombre de résultats favorables}}{\text{nombre de résultats possibles}} = \dfrac{n}{N}$.

## B Calculer des probabilités dans une situation complexe

Soit E un événement.
- Notons $\overline{E}$ l'évènement contraire de E (c'est-à-dire l'événement « non E »).
Alors on a : $p(E) + p(\overline{E}) = 1$.
- L'ensemble des issues d'une expérience aléatoire est appelé **univers**.
- Considérons tous les résultats possibles d'une expérience aléatoire, la somme de leurs probabilités de réalisation est égale à 1.

*Exemple* : On lance un dé bien équilibré.

Soit $A_1$ l'événement « obtenir 1 », $A_2$ l'événement « obtenir 2 », etc.

Puisque le dé est équilibré, la probabilité de chaque événement est donc égale à $\dfrac{1}{6}$, et on a :

$p(A_1) + p(A_2) + p(A_3) + p(A_4) + p(A_5) + p(A_6) = 6 \times \dfrac{1}{6} = 1$.

# Proportionnalité, pourcentages

## A Proportionnalité

### 1. Nombres proportionnels

Soient quatre nombres non nuls $a$, $b$, $c$, $d$.

- Les nombres $a$ et $b$ sont respectivement proportionnels aux nombres $c$ et $d$, si $\dfrac{a}{c} = \dfrac{b}{d} = k$.

- $k$ représente le **coefficient de proportionnalité**.

### 2. Représentations

- Une situation de proportionnalité peut se représenter par un tableau.

Un **tableau de proportionnalité** comporte deux suites de nombres.

Ces nombres sont tels que l'on passe de la première ligne à la seconde en multipliant tous les nombres de la première ligne par un même nombre.

*Exemple*

| 2 | 3 | 5 | 8 |
|---|---|---|---|
| 3 | 4,5 | 7,5 | 12 |

On passe de la première à la seconde ligne en multipliant par 1,5 chaque nombre de la première ligne.

- Une situation de proportionnalité peut aussi se représenter dans un **graphique** par des points alignés sur une droite passant par l'origine du repère.

### 3. Notion de ratio

Deux nombres $x$ et $y$ sont, par exemple, dans le ratio 4 : 5 si $\dfrac{x}{4} = \dfrac{y}{5}$.

## B Pourcentages

- Appliquer une **augmentation** de $n$ % à une quantité $Q$ :

on obtient alors la quantité $Q'$ telle que $Q' = Q\left(1 + \dfrac{n}{100}\right)$.

- Appliquer une **diminution** de $n$ % à une quantité $Q$ :

on obtient alors la quantité $Q''$ telle que $Q'' = Q\left(1 - \dfrac{n}{100}\right)$.

- Calculer le **pourcentage $n$ d'augmentation** d'une quantité $Q$ devenue $Q_1$ :

on a $n = \dfrac{Q_1 - Q}{Q} \times 100$.

# 10 Fonctions

## A La notion de fonction

● Une fonction est une « machine » qui permet d'associer à un nombre, appelé **antécédent**, un autre nombre unique appelé **image**.

● On note souvent $f$ cette « machine », $x$ l'antécédent et $f(x)$ l'image du nombre $x$ par la fonction $f$. On écrit alors $f : x \mapsto f(x)$.

*Exemple :* Si l'on a $f : x \mapsto f(x) = 3x + 1$, alors $f$ est la machine à multiplier par 3 puis à ajouter 1. Si on choisit le nombre $-4$, alors la fonction $f$ lui associe le nombre $-11$ car $f(-4) = 3 \times (-4) + 1 = -11$. Le nombre $-4$ est l'antécédent de $-11$ et $-11$ est l'image du nombre $-4$ par la fonction $f$.

## B Fonction linéaire

### 1. Définition

● La fonction $f$ qui associe au nombre $x$ le nombre $ax$, où $a$ est un nombre réel donné, est appelée **fonction linéaire**.
● On note $f : x \mapsto ax$ ou encore $f(x) = ax$.

● Une fonction linéaire reflète une situation de proportionnalité : $a$ est **le coefficient de proportionnalité**.

### 2. Représentation graphique

● Sa représentation graphique est une droite passant par l'origine du repère. On place $x$ en abscisse et $f(x)$ en ordonnée. Il suffit donc de connaître un point appartenant à la droite (autre que l'origine) pour la tracer.

● Le nombre $a$ est le **coefficient directeur** de cette droite.

## C Fonction affine

### 1. Définition

● La fonction $f$ qui associe au nombre $x$ le nombre $ax + b$, où $a$ et $b$ sont des réels donnés, est appelée **fonction affine**.
● On note $f : x \mapsto ax + b$ ou encore $f(x) = ax + b$.

### 2. Représentation graphique

● Sa représentation graphique est une droite. Il suffit donc de connaître deux points appartenant à la droite pour la tracer.

● $a$ est le coefficient directeur de la droite et $b$ est l'**ordonnée à l'origine** de la droite.

# 11 Grandeurs et mesures

## A Grandeurs composées

● Une **grandeur composée produit** est une grandeur obtenue en multipliant d'autres grandeurs. Voici quelques grandeurs composées produit :

| Grandeur composée | Grandeurs simples | Formule | Unités |
|---|---|---|---|
| Aire $\mathcal{A}$ d'un rectangle | Longueur $L$, largeur $\ell$ | $\mathcal{A} = L \times \ell$ | Si $L$ et $\ell$ en m, alors $\mathcal{A}$ en m$^2$ |
| Volume $\mathcal{V}$ d'un cube | Arête $c$ | $\mathcal{V} = c \times c \times c$ | Si $c$ en cm, alors $\mathcal{V}$ en cm$^3$ |
| Puissance électrique consommée $P$ | Tension $U$, intensité du courant $I$ | $P = U \times I$ | Si $U$ en volts (V) et $I$ en ampères (A), alors $P$ en watts (W) |
| Énergie électrique $E$ | Puissance $P$, temps $t$ | $E = P \times t$ | Si $P$ en watts (W) et $t$ en h, alors $E$ en wattheures (Wh) |

● Une **grandeur composée quotient** est une grandeur obtenue en divisant deux autres grandeurs. Voici quelques grandeurs composées quotient :

| Grandeur composée | Grandeurs simples | Formule | Unités |
|---|---|---|---|
| Vitesse moyenne $v$ | Distance $d$, temps $t$ | $v = \dfrac{d}{t}$ | Si $d$ en m et $t$ en s, alors $v$ en m/s ou m $\times$ s$^{-1}$ |
| Débit $D$ | Volume $\mathcal{V}$, durée $t$ | $D = \dfrac{\mathcal{V}}{t}$ | Si $\mathcal{V}$ en m$^3$ et $t$ en h, alors $D$ en m$^3$/h ou m$^3 \times$ h$^{-1}$ |
| Masse volumique $\rho$ | Masse $M$, volume $\mathcal{V}$ | $\rho = \dfrac{M}{\mathcal{V}}$ | Si $M$ en kg et $\mathcal{V}$ en m$^3$, alors $\rho$ en kg/m$^3$ ou kg $\times$ m$^{-3}$ |
| Consommation de carburant $C$ | Volume de carburant consommé $\mathcal{V}$, distance parcourue $d$ | $C = \dfrac{\mathcal{V}}{d}$ | Si $\mathcal{V}$ en litres (L) et $d$ en km, alors $C$ en L/km ou L $\times$ km$^{-1}$ |

## B Formules donnant des volumes

● Volume d'une pyramide ou d'un cône dont l'aire de la base est $\mathcal{B}$ et la hauteur $h$ : $\mathcal{V} = \dfrac{1}{3} \times \mathcal{B} \times h$.

● Volume d'un cylindre dont le rayon de la base est $r$ et la hauteur $h$ : $\mathcal{V} = \pi \times r^2 \times h$.

● Volume d'une boule de rayon $r$ : $\mathcal{V} = \dfrac{4}{3} \times \pi \times r^3$.

# 12 Transformations sur une figure

## A  Effet d'une translation sur un triangle

● Le triangle A'B'C' est l'image du triangle ABC par la translation qui transforme le point I en le point J. Ces deux triangles sont superposables.

● La translation est un **déplacement**. Elle conserve les distances, les alignements, les angles et les aires.

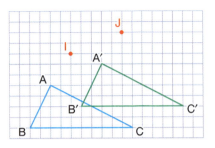

## B  Effet d'une rotation sur un triangle

● Le triangle A'B'C' est l'image du triangle ABC par la rotation de centre O et d'angle 100°. On a : OA = OA', OB = OB', OC = OC' et
$\widehat{AOA'} = \widehat{BOB'} = \widehat{COC'} = 100°$.

● La rotation est un **déplacement**. Elle conserve les distances, les alignements, les angles et les aires.

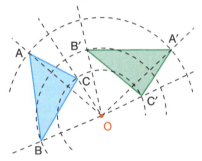

## C  Effet d'une homothétie sur un triangle

● Le triangle A'B'C' est l'image du triangle ABC par l'homothétie de centre O et de rapport 2 : on a un **agrandissement**.

Le triangle ABC est l'image du triangle A'B'C' par l'homothétie de centre O et de rapport $\frac{1}{2}$ : on a une **réduction**.

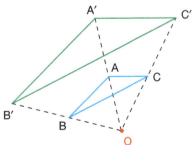

Nous avons donc : $\dfrac{OA'}{OA} = \dfrac{OB'}{OB} = \dfrac{OC'}{OC} = 2$ et $\dfrac{OA}{OA'} = \dfrac{OB}{OB'} = \dfrac{OC}{OC'} = \dfrac{1}{2}$.

● Lorsque toutes les dimensions d'une figure $\mathcal{F}$ sont multipliées par un même nombre $k$, on obtient une figure $\mathcal{F}'$. Si $k > 1$, $\mathcal{F}'$ est un agrandissement de $\mathcal{F}$. Si $0 < k < 1$, $\mathcal{F}'$ est une réduction de $\mathcal{F}$.
Les mesures des **côtés** de $\mathcal{F}'$ se déduisent des mesures des côtés de $\mathcal{F}$ en multipliant ces derniers par $k$.
L'**aire** de $\mathcal{F}'$ se déduit de l'aire de $\mathcal{F}$ en multipliant cette dernière par $k^2$.
Le **volume** de $\mathcal{F}'$ se déduit du volume de $\mathcal{F}$ en multipliant ce dernier par $k^3$.

# 13 Repérages

## A Se repérer dans un plan

- Un **repère orthogonal** est constitué de deux axes perpendiculaires, les unités étant différentes sur chacun des axes (OI ≠ OJ). Si les unités sont les mêmes sur chaque axe (OI = OJ = 1 unité), alors le repère est **orthonormal**.

- Un point A du plan est repéré par deux nombres relatifs $x_A$ et $y_A$.

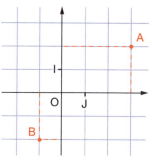

$x_A$ est l'abscisse du point A. L'**abscisse** se lit sur l'axe horizontal.
$y_A$ est l'ordonnée du point A. L'**ordonnée** se lit sur l'axe vertical.
Les **coordonnées** du point A s'écrivent A($x_A$ ; $y_A$).
Exemple sur le schéma ci-dessus : A(3 ; 2) et B (–1 ; –2).

## B Se repérer dans l'espace

- Un repère orthonormal de l'espace est constitué de trois axes perpendiculaires 2 à 2.

- Un point A de l'espace est repéré par trois nombres relatifs : son **abscisse** $x_A$, son **ordonnée** $y_A$ et son **altitude** $z_A$.

Les coordonnées de A s'écrivent A($x_A$ ; $y_A$ ; $z_A$).
Exemple sur le schéma ci-contre : A(2 ; 3 ; 4).

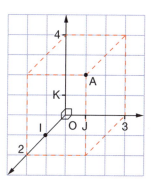

## C Se repérer sur une sphère

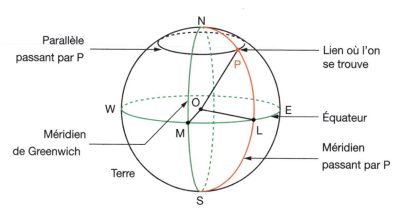

L'angle $\widehat{LOP}$ représente la **latitude** de P et $\widehat{MOL}$ représente la **longitude** de P.

# 14 Triangle et parallélogramme

## A Le triangle

● La somme des mesures des trois angles d'un triangle est égale à 180°.

● La mesure d'un côté d'un triangle est toujours inférieure ou égale à la somme des mesures des deux autres côtés.

● Cas d'égalité des triangles :

| Si 2 triangles ont un angle égal compris entre deux côtés respectivement égaux, alors ils sont égaux. | | AB = DF<br>AC = DE<br>$\widehat{BAC} = \widehat{EDF}$ |
|---|---|---|
| Si 2 triangles ont un côté égal compris entre deux angles respectivement égaux, alors ils sont égaux. | | BC = EF<br>$\widehat{ABC} = \widehat{DFE}$<br>$\widehat{ACB} = \widehat{DEF}$ |
| Si 2 triangles ont leurs trois côtés respectivement égaux, alors ils sont égaux. | | AB = DF<br>AC = DE<br>BC = EF |

● Si deux triangles ont leurs trois angles respectivement égaux, alors ils sont **semblables**.

Le triangle ADE est une réduction du triangle ABC dans le rapport $\dfrac{AD}{AB}$.

Le triangle ABC est un agrandissement du triangle ADE dans le rapport $\dfrac{AB}{AD}$.

● Trigonométrie dans le triangle rectangle

$\sin \widehat{ABC} = \dfrac{AC}{BC} = \dfrac{\text{côté opposé}}{\text{hypoténuse}}$

$\cos \widehat{ABC} = \dfrac{AB}{BC} = \dfrac{\text{côté adjacent}}{\text{hypoténuse}}$

$\tan \widehat{ABC} = \dfrac{AC}{AB} = \dfrac{\text{côté opposé}}{\text{côté adjacent}}$

## B Le parallélogramme

Dans un parallélogramme :
– les côtés opposés sont parallèles deux à deux ;
– les côtés opposés sont égaux deux à deux ;
– les diagonales se coupent en leur milieu.

# 15 Pythagore et Thalès

## A Théorème de Pythagore

- Théorème direct : si un triangle ABC est rectangle en A, alors $BC^2 = AB^2 + AC^2$.

- Réciproque : si un triangle ABC est tel que $BC^2 = AB^2 + AC^2$, alors ce triangle est rectangle en A.

## B Théorème de Thalès

### Théorème direct

- Soient deux droites $(\mathcal{D})$ et $(\mathcal{D}')$ sécantes en A.
- Soient B et M deux points de $(\mathcal{D})$, distincts de A.
- Soient C et N deux points de $(\mathcal{D}')$ distincts de A.
- Les points A, B et M sont dans le même ordre que les points A, C et N.

Si les droites (BC) et (MN) sont parallèles, alors : $\dfrac{AM}{AB} = \dfrac{AN}{AC} = \dfrac{MN}{BC}$

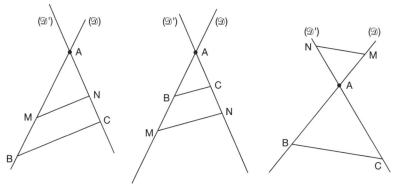

### Réciproque

- Soient deux droites $(\mathcal{D})$ et $(\mathcal{D}')$ sécantes en A.
- Soient B et M deux points de $(\mathcal{D})$, distincts de A.
- Soient C et N deux points de $(\mathcal{D}')$ distincts de A.

Si les points A, B, et M d'une part et les points A, C, et N d'autre part sont dans le même ordre et si $\dfrac{AM}{AB} = \dfrac{AN}{AC}$, alors les droites (BC) et (MN) sont parallèles.

# 16 Algorithmique et programmation

## A Algorithme

● Le mot algorithme vient du nom du mathématicien Al-Khawarizmi (VIII$^e$-IX$^e$ siècle après J.-C.).

● Un algorithme est une suite ordonnée d'instructions à exécuter pour résoudre un problème donné.

*Exemples :* appliquer une recette de cuisine ; suivre un itinéraire donné par un GPS ; construire une figure géométrique.

## B Programme

● Un programme est une suite ordonnée d'instructions, un algorithme, qu'un ordinateur comprend et peut donc réaliser.

● Comme un algorithme, un programme peut être décomposé en trois parties : l'entrée des données, le traitement des données, la sortie des résultats.

### Variables

● Les variables portent un nom et peuvent stocker des nombres, des mots, des phrases…

● La variable spéciale (réponse) contient ce qui est saisi par l'utilisateur.

### Tests

● Les tests permettent de n'effectuer une instruction – ou un groupe d'instructions – que si une condition est remplie.

● Les conditions sont par exemple des comparaisons de variables du type :
( < ) ( = ) ( > ) que l'on peut regrouper avec « et » et « ou ».

● On peut ajouter une instruction à effectuer si la condition n'est pas vérifiée.

### Boucles

● Une boucle permet de faire répéter un groupe d'instructions. Il en existe plusieurs types :

– boucle avec compteur : pour *i* allant de 1 à *n* faire *instructions*.

– boucle « tant que » : tant que *condition* est vraie faire *instructions*.

– boucle « jusqu'à » : faire *instructions* jusqu'à ce que *condition* soit vraie.

# Histoire-Géo EMC

## INFOS et CONSEILS sur l'épreuve

**FICHE 1** Comment réussir l'épreuve d'histoire, géographie et EMC ? — 208

## Sujet de France métropolitaine 2021

**SUJETS 33 à 35** — 209

## Histoire : SUJETS 36 à 40 — 221

## Géographie : SUJETS 41 à 45 — 240

## Enseignement moral et civique

**SUJETS 46 à 48** — 262

# 1 Comment réussir l'épreuve d'histoire, géographie et EMC ?

Selon les exercices, les attentes diffèrent : ce ne sont pas les mêmes compétences qui sont évaluées.

## A L'analyse de document

- Tu es d'abord interrogé sur la nature du document : tu dois ainsi, selon l'exercice, identifier l'auteur ou la date, le type de document, présenter le contexte.

- Les questions suivantes t'amènent à **relever des informations** dans le document, à expliquer un point précis. Parfois, il t'est demandé de porter un regard critique sur les limites du document.

- L'une des questions te conduit à **mettre en relation différents aspects** du document pour construire une réponse plus approfondie. Dans ce cas, ta connaissance du cours est essentielle.

> **CONSEIL** Dans une analyse de document, comme dans un développement construit, utilise les mots-clés du chapitre concerné.

## B Le développement construit et la tâche graphique

- Rédiger un développement construit nécessite une bonne **connaissance du sujet** et une certaine **aisance rédactionnelle**. Les deux viennent avec l'entraînement.

- Le jour du brevet, commence par définir les termes principaux du sujet. Puis rédige ton développement en **organisant ton propos en deux ou trois** paragraphes.

- Les **tâches graphiques**, en histoire (frise chronologique) comme en géographie (carte ou schéma), doivent faire l'objet d'un apprentissage régulier au cours de l'année. Tu dois être à l'aise avec les repères temporels et spatiaux du programme et savoir les présenter sous une forme visuelle claire.

## C L'exercice d'enseignement moral et civique

- L'exercice d'EMC comporte **un ou deux documents** sur un thème : tu dois les étudier en répondant à quelques **questions**.

- La dernière question consiste en une mise en situation. Par exemple, tu dois expliquer à un correspondant étranger en quoi la France est une démocratie. Tu dois donc rédiger ta réponse en intégrant d'une part des éléments de connaissances, vus en cours, d'autre part des éléments rédactionnels qui montreront que tu as bien pris en compte la situation.

France métropolitaine • Juin 2021

# Le renouveau des espaces ruraux et montagnards

**ANALYSER DES DOCUMENTS**

45 min
20 points

● **INTÉRÊT DU SUJET** • Les confinements liés à la crise sanitaire ont montré les contraintes et les inconforts de la vie urbaine. Un atout de plus pour les espaces de faible densité !

**DOCUMENT 1** Le renouveau des territoires ruraux en France

Les territoires ruraux sont désormais considérés comme « espaces de nature et d'authentique », c'est-à-dire où la nature aurait été préservée de l'artificialisation[1] de la civilisation urbaine. Ce renversement des représentations[2] entraîne en particulier le développement du « tourisme vert » et se traduit par la multiplication des résidences secondaires et des hébergements en gîtes ruraux ou à la ferme, par la création d'infrastructures légères (sentiers de randonnée, écomusées, etc.). La mise en tourisme permet aussi le maintien ou le développement d'autres activités : artisanat, productions agricoles, etc.

Si les territoires situés à proximité des grandes villes ou des villes moyennes bénéficient d'un accès convenable aux services élémentaires, en particulier aux services publics, les territoires les plus isolés souffrent d'un déficit de services de plus en plus préoccupant, notamment lorsque les populations sont âgées et/ou en situation de précarité économique et sociale. L'accès aux soins, qui s'exprime à travers l'expression de « désert médical », à l'éducation, à la culture, à l'administration et même aux services du quotidien (alimentation, bureau de poste, etc.) est de plus en plus difficile dans certains territoires peu ou très peu denses situés à l'écart des aires urbaines et des liaisons rapides.

Autre enjeu majeur, la « fracture numérique », qui désigne les disparités d'accès aux technologies numériques (Internet, téléphonie mobile, etc.) et aux services qui leur sont associés, renforce l'isolement et donc la fragilité de certains territoires.

Source : Magali Reghezza-Zitt, géographe,<br/>*La France dans ses territoires*, 2017.

---

1. Artificialisation : le fait de transformer l'espace en le rendant moins naturel et plus artificiel.
2. Renversement des représentations : changement d'opinion sur les espaces ruraux.

**DOCUMENT 2** — **Extrait du guide touristique « pass'malin du Haut-Jura »**

## HAUT-JURA
entre 700 et 1 495 m d'altitude

**VOUS ALLEZ AIMER :**
- Les villages de montagne authentiques, les stations familiales et conviviales, les activités nordiques et de pleine nature
- Des panoramas à couper le souffle : Belvédère des 4 Lacs, Pic de l'Aigle, la Dôle avec vue sur les Alpes et le Mont Blanc
- Les balades dans le Parc naturel régional du Haut-Jura
- Les savoir-faire d'excellence Made in Jura artisanaux et industriels (Lunette, jouet, bois,…)
- La Station des Rousses labellisée flocon vert, frontalière avec la Suisse
- Les sites incontournables : Saint-Claude (capitale de la pipe et du diamant), les Hautes-Combes et ses grands espaces, La Haute Vallée de la Saine (site naturel protégé), la cité médiévale de Nozeroy…
- Les caves d'affinage du Fort des Rousses et les nombreuses fruitières à Comté, Morbier et Bleu de Gex (les 3 AOP fromages du Jura).

Extrait de la carte touristique du Jura 2021. Comité Départemental du Tourisme du Jura (Jura Tourisme)

Source : Offices de Tourisme du Haut-Jura.

# France métropolitaine, juin 2021 • Géographie • SUJET 33

## DOCUMENT 1

▶ **1.** Relevez deux difficultés que rencontrent les espaces de faible densité en France.

▶ **2.** Relevez dans le texte un passage qui montre que l'accessibilité est un enjeu majeur pour les espaces de faible densité.

▶ **3.** En vous appuyant sur le document, expliquez comment l'activité touristique dynamise ces territoires ruraux.

## DOCUMENT 2

▶ **4.** Quel est l'objectif des auteurs du document ? Justifiez votre réponse.

## DOCUMENTS 1 ET 2

▶ **5.** En vous appuyant sur les documents, montrez que les espaces de faible densité disposent de nombreux atouts qui les rendent aujourd'hui attractifs.

## LES CLÉS DU SUJET

### Comprendre les documents

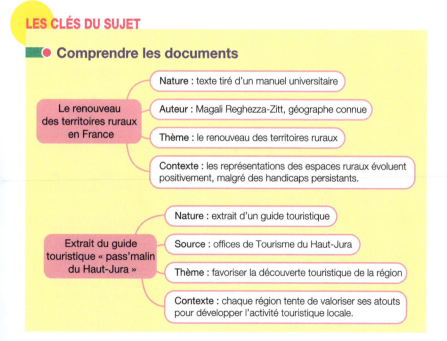

**Le renouveau des territoires ruraux en France**
- **Nature :** texte tiré d'un manuel universitaire
- **Auteur :** Magali Reghezza-Zitt, géographe connue
- **Thème :** le renouveau des territoires ruraux
- **Contexte :** les représentations des espaces ruraux évoluent positivement, malgré des handicaps persistants.

**Extrait du guide touristique « pass'malin du Haut-Jura »**
- **Nature :** extrait d'un guide touristique
- **Source :** offices de Tourisme du Haut-Jura
- **Thème :** favoriser la découverte touristique de la région
- **Contexte :** chaque région tente de valoriser ses atouts pour développer l'activité touristique locale.

**France métropolitaine, juin 2021 • Géographie • CORRIGÉ**

## ◉ Répondre aux questions

▶ **1.** Les difficultés sont regroupées dans le deuxième paragraphe.
▶ **2.** Tu peux chercher dans le texte le terme clé « accessibilité » ou l'une de ses formes, par exemple « accès ».
▶ **3.** Les atouts des espaces ruraux sont analysés dans le premier paragraphe. Recherche le terme clé « tourisme ».
▶ **4.** Quelle est la mission d'un office de tourisme ?
▶ **5.** Veille à bien rester centré sur les atouts, sans aborder les handicaps, puisque ce n'est pas le sujet.

## CORRIGÉ GUIDÉ

▶ **1.** D'après le texte, les espaces de faible densité en France rencontrent deux difficultés :
• une accessibilité dégradée, surtout pour les territoires les plus isolés, qui entraîne un « déficit de services », en particulier « lorsque les populations sont âgées et/ou en situation de précarité économique et sociale ». Or, les populations vivant dans les espaces de faible densité sont précisément plus âgées et plus pauvres que la population générale ;
• une « fracture numérique », liée à un équipement moindre, qui freine l'accès aux technologies numériques et « aux services qui leur sont associés ».

▶ **2.** L'accessibilité est un enjeu majeur. En effet, en fonction de cette accessibilité, « les territoires situés à proximité des grandes villes ou des villes moyennes bénéficient d'un accès convenable aux services élémentaires » alors que « les territoires les plus isolés souffrent d'un déficit de services de plus en plus préoccupant ». Les conditions de vie de la population sont donc différentes.

> **GAGNE DES POINTS**
> Après avoir cité le passage demandé, rédige une phrase de conclusion montrant qu'il s'agit d'un enjeu majeur pour les populations.

▶ **3.** Les espaces ruraux peuvent bénéficier du « tourisme vert » qui dynamise ces espaces par :
• « la multiplication des résidences secondaires et des hébergements en gîtes ruraux », qui accroît la population résidente et l'économie présentielle ;

> **GAGNE DES POINTS**
> Explique ce que chaque élément apporte aux territoires ruraux, en utilisant des notions tirées de ton cours (économie présentielle).

- « la création d'infrastructures légères (sentiers de randonnée, écomusées, etc.) », donc de faible coût, pour améliorer l'usage du territoire ;
- « le maintien ou le développement d'autres activités : artisanat, productions agricoles, etc. » à destination de ces nouvelles populations.

▶ **4.** L'objectif des auteurs du document est de promouvoir le développement du tourisme dans le Haut-Jura. En effet, ce sont les offices de tourisme du Haut-Jura qui ont produit cette brochure qui communique sur les atouts de la région, notamment :
- un espace naturel, avec la présence du Parc naturel régional du Haut-Jura ;
- le patrimoine industriel (Saint-Claude), historique (cité médiévale de Nozeroy) et gastronomique (fromages Comté, Morbier) ;
- le caractère authentique et familial des villages et des stations de montagne jurassiens, par opposition aux « usines à neige » des Alpes du Nord.

▶ **5.** Les documents font en effet état des nombreux atouts qui rendent attractifs les espaces de faible densité, ici montagnards ou ruraux.
- Le texte de Magali Reghezza-Zitt montre bien le renversement des représentations des espaces de faible densité que sont les territoires ruraux. Dans une société très urbanisée qui commence à percevoir les contraintes liées à ce mode de vie, la ruralité apparaît comme un « espace de nature et d'authentique » dont les citadins ont de plus en plus besoin.
- Ce renversement se traduit par la « mise en tourisme » vert. Ce tourisme vert valorise précisément des activités plus diffuses, moins denses, plus authentiques et familiales, à l'opposé des plages surpeuplées de la Côte d'Azur ou des stations de sports d'hiver des Alpes du Nord.
- Ce tourisme vert permet la préservation, parfois le renouveau, des activités traditionnelles des espaces de faible densité : l'agriculture, surtout de qualité, labellisée, en vente directe ou circuits courts ; la mise en valeur du patrimoine naturel (parcs nationaux ou naturels régionaux), historique ou gastronomique local, notamment grâce à la mise en place d'infrastructures légères, donc abordables pour des collectivités qui ont peu de moyens financiers (chemins de randonnée, écomusées).

Toutefois, ces activités concernent surtout les espaces de faible densité relativement proches des aires urbaines, ou du moins connectés à elles. Pour les espaces très isolés, à l'accessibilité plus difficile, le renouveau est plus difficile à percevoir.

> **GAGNE DES POINTS**
> Quelques lignes de conclusion pourront nuancer le propos en évoquant les contraintes liées à la faible densité.

# 34 France métropolitaine • Juin 2021

## La guerre froide : l'affrontement des blocs

**MAÎTRISER LES DIFFÉRENTS LANGAGES**

45 min
20 points

> **INTÉRÊT DU SUJET** • La rivalité entre les États-Unis et l'URSS caractérise les années 1947-1991. Mais les « Deux Grands » s'affrontent indirectement, évitant toute guerre frontale.

▶ **1.** Rédigez un développement construit d'une vingtaine de lignes pour montrer comment les deux blocs s'affrontent durant la guerre froide. Vous pouvez prendre appui sur des exemples étudiés en classe. *(14 points)*

▶ **2. a)** Sur la frise chronologique ci-dessous, indiquez dans chaque cadre l'année où se déroule l'événement. Puis, reliez chaque cadre à l'année correspondante sur la frise.
**b)** Placez sur la frise la guerre froide en indiquant bien la date de début et la date de fin de cette période.
**c)** Indiquez dans le cadre prévu à cet effet, un événement important de la seconde moitié du XXe siècle étudié en classe. Puis, reliez cet événement à l'année correspondante sur la frise. *(6 points)*

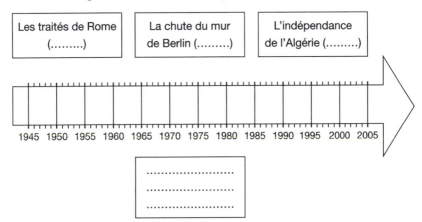

France métropolitaine, juin 2021 • Histoire • **CORRIGÉ** **34**

## LES CLÉS DU SUJET

### Analyser le sujet de développement construit (▶ 1)

- Le sujet porte sur la « guerre froide » et l'opposition des « deux blocs ». Il est surtout axé sur le « **comment** », qui doit t'amener à illustrer les **formes** de l'affrontement.
- Ne prends pas l'invitation à donner des exemples comme une éventualité. Pour produire une bonne copie, il **faut multiplier les références** les plus variées possible.

### Organiser ses idées

> Montrer les formes de l'affrontement des deux blocs pendant la guerre froide

> **INTRODUCTION** Rappelle d'abord ce qui oppose les « Deux Grands » dans le contexte de 1945.

> ❶ Présente les moyens « froids » de l'affrontement : alliances, guerres périphériques, course aux armements, menaces…

> ❷ À travers les exemples des principales crises, montre qu'il s'agit d'un conflit total.

> **CONCLUSION** Évoque l'issue finale de la guerre froide.

## 34 CORRIGÉ GUIDÉ

▶ **1.** Au lendemain de la Seconde Guerre mondiale, les deux grands vainqueurs (États-Unis et URSS) se retrouvent face à face. Entre la démocratie capitaliste de l'un et le communisme à parti unique de l'autre, tout les oppose. Comment les « Deux Grands » s'affrontent-ils entre 1947 et 1991 ?

• Chacun des deux adversaires rassemble autour de lui des alliés : ceux de l'OTAN et de l'OTASE pour les États-Unis ; ceux du pacte de Varsovie et les pays communistes comme la Chine aux côtés de l'URSS. L'un et l'autre soutiennent les pays nés de la décolonisation, s'engageant parfois dans des guerres périphériques (guerres de Corée, du Vietnam, d'Afghanistan). Ils se défient aussi dans le cadre de la course aux armements (armes nucléaires, conquête de l'espace) et à grand renfort de propagande (accusations internationales, menaces). L'aide financière à la reconstruction (plan Marshall) ou au développement des pays pauvres est aussi utilisée.

• Des crises conduisent les deux puissances à la limite de l'affrontement direct. En 1948-1949 puis en 1961, Berlin est le théâtre d'un conflit direct resté toutefois sous contrôle. La tentative d'installation de missiles russes à Cuba provoque un bras de fer : les Américains établissent un blocus autour de l'île et le président John F. Kennedy menace d'utiliser l'arme nucléaire (1962). Dans les années 1980, l'Europe revient au centre des préoccupations : la crise des euromissiles d'abord (1977-1985) puis celles qui secouent les pays de l'Est (1985-1989) font monter la tension entre les « Deux Grands ». La « guerre des étoiles » est un ultime défi lancé à l'URSS par le président Reagan.

**INFO +**
« La guerre des étoiles » désigne le programme américain « Initiative de défense stratégique » (IDS), projet de défense qui devait détecter et détruire les missiles soviétiques lancés contre les États-Unis.

Mais, finalement, c'est l'usure du modèle soviétique qui fissure le bloc de l'Est (1989) et provoque l'effondrement de l'URSS (1991). La guerre dite « froide », qui n'était « chaude » que par peuples interposés, prend alors fin.

▶ **2. a), b) et c)**

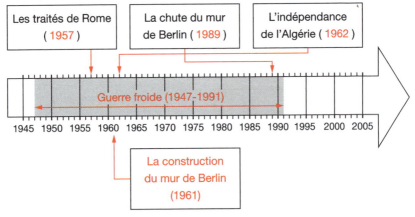

**INFO +**
Tu aurais pu indiquer d'autres dates importantes de la seconde moitié du XXe siècle. Voici quelques exemples : le blocus de Berlin (1948-1949), la conférence de Bandung (1955), la guerre du Vietnam (1955-1975), la guerre d'Algérie (1954-1962), la crise de Cuba (1961-1962) ou encore la guerre du Golfe (1991).

# Faire vivre les valeurs de la République

**ENSEIGNEMENT MORAL ET CIVIQUE**

25 min
10 points

● **INTÉRÊT DU SUJET** • La mise en œuvre des valeurs et des principes de la République peut se faire dès le plus jeune âge, notamment à travers des institutions spécialement créées à cet effet, comme le Conseil municipal des enfants.

## DOCUMENT 1 — Des politiques publiques au quotidien

– Le Conseil municipal des enfants a été créé en 1993 par le Conseil municipal de la ville pour l'aider en proposant des idées et des projets qui pourront être réalisés avec l'aide des services compétents de la mairie. Des écoles réparties dans des quartiers de la commune sont choisies afin de participer au Conseil municipal des enfants. Ce sont les enfants des CM2 qui participent à ces conseils. Ils élisent tous les ans les conseillers municipaux enfants qui les représentent auprès de la commune.

– Le Centre communal d'action sociale propose un ensemble de prestations pour remédier aux situations de précarité ou de grande difficulté sociale. Selon les cas, le public y est conseillé, orienté vers les services concernés ou directement pris en charge pour bénéficier immédiatement de ses droits. Pour les personnes âgées, il permet d'accéder aux soins en résidences ou à domicile mais également à un programme de loisirs grâce aux animations qu'il organise. Pour les personnes en situation précaire, il instruit les demandes de RSA[1], se charge de leur accompagnement social.

Source : d'après le site de la ville concernée.

---

1. Le revenu de solidarité active (RSA) assure aux personnes sans ressources un niveau minimum de revenu qui varie selon la composition du foyer.

**France métropolitaine, juin 2021 • EMC • SUJET 35**

**DOCUMENT 2** **La Constitution de la Vᵉ République (extrait)**

**Article premier.** La France est une République indivisible, laïque, démocratique et sociale. Elle assure l'égalité devant la loi de tous les citoyens sans distinction d'origine, de race ou de religion. Elle respecte toutes les croyances.

**DOCUMENT 1**

▶ **1.** Quel est l'objectif de la création du Conseil municipal des enfants ?

▶ **2.** Citez une action mise en place par le Centre communal d'action sociale de la ville.

**DOCUMENTS 1 ET 2**

▶ **3.** Expliquez quelle(s) valeur(s) et quel principe de la République les missions du Centre communal d'action sociale de la ville permettent de mettre en application. Justifiez votre réponse.

▶ **4.** Vous êtes membre du Conseil municipal des jeunes de votre commune, choisissez une valeur ou un principe de la République et présentez des actions qui pourraient permettre de les faire vivre dans votre vie quotidienne.

## LES CLÉS DU SUJET

● **Comprendre les documents**

France métropolitaine, juin 2021 • EMC • CORRIGÉ 35

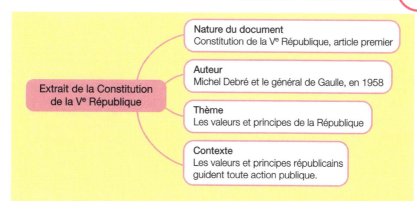

### Répondre aux questions

▶ **1.** Cherche dans la première phrase une tournure qui indique l'objectif ou le but.

▶ **2.** Recherche dans le deuxième paragraphe une phrase qui indique une action précise et non un principe général.

▶ **3.** Les valeurs sont des normes de comportement, les principes guident l'action. Dans l'extrait de la Constitution, choisis une valeur et un principe dont tu peux reconnaître l'application dans le deuxième paragraphe du document 1.

▶ **4.** Tu peux t'appuyer sur les actions du Conseil municipal des enfants (ou des jeunes) de ta commune.

## 35 CORRIGÉ GUIDÉ

▶ **1.** L'objectif du Conseil municipal des enfants est d'aider le Conseil municipal de la ville « en proposant des idées et des projets qui pourront être réalisés avec l'aide des services compétents de la mairie ». Il s'agit donc d'associer les jeunes de la commune à l'action municipale.

**GAGNE DES POINTS**
Tu peux rappeler l'objectif de principe (associer les jeunes) à l'objectif cité dans le texte (aider le Conseil municipal).

**France métropolitaine, juin 2021 • EMC • CORRIGÉ**

▶ **2.** Le Centre communal d'action sociale de la ville, par exemple, « instruit les demandes de RSA » et « se charge de [l']accompagnement social » des « personnes en situation précaire ».

▶ **3.** La Constitution de la V$^e$ République établit clairement que « la France est une République […] sociale ». Les personnes en situation précaire sont donc accompagnées par la commune pour la mise en place du revenu de solidarité active (RSA). Le RSA permet aux personnes sans ressources de bénéficier d'un niveau minimum de revenu, financé par la solidarité nationale.

> **À NOTER**
> Pour citer une phrase d'un texte dont tu as modifié la construction sans changer le sens, mets la partie modifiée entre deux crochets ou trois points de suspension entre deux crochets si tu as coupé une partie de la phrase.

Le texte montre bien que cet accompagnement se fait « sans distinction d'origine, de race ou de religion ». Ce caractère social de la V$^e$ République fait vivre les valeurs de solidarité, qui rejoint la « fraternité » présente dans la devise républicaine : « Liberté, Égalité, Fraternité ».

▶ **4.** Le Conseil municipal des jeunes (CMJ) a été élu, parmi les écoliers et collégiens de notre commune, pour présenter des projets susceptibles d'être accompagnés ou mis en œuvre par les services municipaux. Le CMJ agit donc comme réservoir à idées et force de propositions. Mais son action doit s'inscrire dans le cadre républicain, donc faire vivre les valeurs de la République.

À cet égard, la valeur de solidarité entre les générations nous tient particulièrement à cœur. Notre commune abrite en effet de nombreuses personnes âgées, parfois isolées chez elles, parfois regroupées dans une maison de retraite, mais souvent isolées des autres âges de la vie. C'est à nous, les plus jeunes, de faire l'effort de combler le fossé des générations, de faire vivre cette fraternité républicaine.

> **GAGNE DES POINTS**
> Essaie de mettre en situation l'action ou les actions que tu choisis de développer.

Le CMJ propose donc de mettre en place, une à deux fois par mois, par exemple, des visites des enfants des écoles auprès de leurs aînés. Ces visites pourraient s'inscrire dans la rédaction d'un livre de la mémoire de notre commune, qui rassemblerait les souvenirs des anciens sur l'évolution de notre territoire, enregistrés par les plus jeunes, et publiés par les services de la mairie pour tous les citoyens de notre commune.

Ainsi, outre l'aspect mémoriel du projet, le CMJ s'attache à faire vivre le principe républicain d'une France fraternelle et solidaire.

# 36 — Antilles, Guyane • Juin 2019

## La mobilisation des enfants pendant la Grande Guerre

**ANALYSER DES DOCUMENTS**

45 min
20 points

● **INTÉRÊT DU SUJET** • La Grande Guerre est une guerre totale. Les enfants, y compris les plus jeunes, sont utilisés par la propagande pour mobiliser les esprits et soutenir le moral des troupes. L'école elle-même adapte son enseignement.

### DOCUMENT 1 — Rapport annuel sur la situation de l'enseignement primaire rendu en 1917

*Un instituteur d'une école du département de la Somme répond à une enquête de son inspecteur.*

[Question] Comment avez-vous adapté votre enseignement aux circonstances ?

L'emploi du temps n'a pas été modifié, et les programmes ont été respectés. Mais chaque matière enseignée a reçu un caractère se rapportant aux événements actuels.

En morale et en instruction civique : la Patrie, l'amour de la patrie, le devoir militaire, les qualités du soldat, obéissance, courage, patience, bonne humeur ; le devoir des civils : travail, économie, versement de l'or, souscriptions aux emprunts, aux Bons de la Défense nationale, ont été illustrés par des faits d'actualité. Le récit des souffrances endurées par les malheureuses populations des pays occupés, les dévastations de l'ennemi ont ému les enfants qui comprennent toute la reconnaissance qu'ils doivent à nos soldats et à nos alliés.

L'étude de l'histoire a permis de montrer le rôle de la France dans le monde ; des comparaisons entre les événements passés et les événements actuels ont montré l'unité de notre tradition nationale[1].

En géographie, les nations alliées ont été étudiées avec intérêt ; de même les régions envahies de France si prospères autrefois, aujourd'hui dévastées par un ennemi sans conscience. L'importance de l'agriculture a été particulièrement mise en relief.

Dans l'enseignement du français, les textes de dictées, les morceaux de récitation, les exercices de rédaction ont été empruntés aux événements de guerre actuels ou de la guerre de 1870[2]. Les enfants ont écrit à leur père mobilisé.

Les autres matières du programme, sciences, dessin, arithmétique, ont été étudiées dans leurs rapports avec la guerre aussi souvent que possible [...].

Rapport annuel sur la situation de l'enseignement primaire rendu en 1917, Archives départementales de la Somme.

1. L'instituteur fait par exemple allusion à la défense des Droits de l'homme par la France depuis la Révolution française.
2. Guerre qui a opposé les Français et les Allemands et qui s'est terminée par la défaite de la France.

**DOCUMENT 2** Carte postale de la Première Guerre mondiale réalisée par Georges Morinet, Éditions Patriotic, non datée

*Les cartes postales sont d'un usage très fréquent pendant la Première Guerre mondiale. Elles sont utilisées dans la correspondance entre l'arrière et le front, ou entre civils. La série « Graine de Poilu » met en scène des enfants dans des photographies réalisées en studio puis colorisées ou retouchées.*

Carte postale française conservée aux Archives départementales de l'Ain.

# Histoire • L'Europe dans les guerres totales (1914-1945) • SUJET 36

## DOCUMENT 1

▶ **1.** Quelle est la situation de la France quand ce rapport est publié ?

▶ **2.** Relevez trois exemples montrant que, selon l'instituteur, la guerre est très présente dans l'enseignement comme dans les activités proposées aux élèves.

## DOCUMENT 2

▶ **3.** Décrivez la carte postale.

▶ **4.** Montrez que cette image est une image de propagande.

## DOCUMENTS 1 ET 2

▶ **5.** En vous appuyant sur vos réponses et sur vos connaissances, montrez que les civils, y compris les enfants, sont impliqués et mobilisés dans le cadre d'une guerre totale.

## LES CLÉS DU SUJET

### ▰● Comprendre les documents

**Rapport annuel sur la situation de l'enseignement primaire**

- **Nature du document**
  Un témoignage, extrait d'une enquête officielle
- **Auteur**
  Un instituteur qui répond à son inspecteur
- **Thème**
  L'adaptation de l'enseignement à la situation de guerre
- **Contexte**
  1917, 4ᵉ année de la guerre, année décisive

# Histoire • L'Europe dans les guerres totales (1914-1945) • CORRIGÉ

### Répondre aux questions

▶ **1.** Utilise la date du début de la guerre pour calculer depuis combien de temps elle dure. Comment les soldats supportent-ils la guerre des tranchées ? Et les civils ?

▶ **2.** Cherche le sens des mots « actuel » et « actualité » employés dans le rapport. Qu'est-ce qui est « actuel » pour l'instituteur en 1917 ?

▶ **3.** Commence par décrire le personnage : la façon dont il est habillé, ce qu'il tient en main. Décris ensuite les détails du dessin.

▶ **4.** L'enfant est-il triste ? Entre Français et Allemands, qui est présenté comme vainqueur de la guerre ? Justifie ta réponse.

▶ **5.** Parmi les civils, distingue les hommes, les femmes et les enfants.

## 36 CORRIGÉ GUIDÉ

▶ **1.** En 1917, la France connaît une situation difficile. La guerre dure sans résultat depuis trois ans. Dans les tranchées, les soldats sont épuisés ; en avril certains se mutinent. Les pénuries accablent les civils, des grèves éclatent.

**INFO +**
Avec les mutineries de soldats, les grèves dans les usines, la révolution russe et l'entrée en guerre des États-Unis, l'année 1917 est considérée comme un tournant de la guerre.

▶ **2.** La présence de la guerre dans l'enseignement se voit dans le souci de l'instituteur de traiter le programme en « se rapportant aux événements ». Par exemple : en morale, il enseigne l'amour de la patrie et le devoir militaire « illustrés par des faits d'actualité » ou par le « récit des souffrances endurées par les populations » ; en histoire, il compare « les événements passés et les événements actuels » ;

# Histoire • L'Europe dans les guerres totales (1914-1945) • CORRIGÉ 36

en géographie, il étudie « les régions envahies [...] aujourd'hui dévastées » ; en français, les dictées et récitations sont « empruntées aux événements de guerre actuels » ; toutes les autres matières sont étudiées « dans leurs rapports avec la guerre ».

▶ 3. La carte postale représente un enfant portant un calot militaire, un fusil avec une baïonnette et une épée. Il fait le salut militaire, celui des soldats en présence des officiers. Avec son pied droit, il écrase une poupée qui représente un soldat allemand.

> **CONSEIL**
> Pour décrire une image, commence par le sujet principal, puis traite les détails. Travaille par plans ; lis cette image de gauche à droite.

▶ 4. Cette carte est une image de propagande, parce qu'elle représente un enfant français facilement vainqueur de l'ennemi foulé aux pieds. L'enfant sourit : la guerre ne lui fait pas peur. Son salut militaire montre qu'il est prêt à faire son devoir.

▶ 5. Les civils sont impliqués dans le cadre de la guerre. Il leur est demandé de soutenir les soldats en donnant de l'argent. Les jeunes filles deviennent « marraines de guerre » : elles écrivent à un soldat pour soutenir son moral. Les plus âgés et les femmes remplacent dans les usines, aux champs ou dans les administrations, les hommes partis au front. Les enfants sont utilisés par la propagande pour diffuser des nouvelles positives.

# 37 Asie • Juin 2018

## Les États totalitaires dans l'entre-deux-guerres

**MAÎTRISER LES DIFFÉRENTS LANGAGES**

● **INTÉRÊT DU SUJET** • L'entre-deux-guerres est marqué par l'apparition d'un nouveau type de régime. Leurs dirigeants contrôlent tous les pouvoirs. Ils s'immiscent dans la vie privée de la population.

▶ **1.** En vous appuyant sur un exemple étudié en classe, rédigez un développement construit d'une vingtaine de lignes décrivant un État totalitaire dans l'Europe de l'entre-deux-guerres. *(14 points)*

▶ **2.** Sur la frise chronologique ci-dessous, vous placerez aux dates qui conviennent les quatre repères historiques proposés, en représentant différemment les périodes et les événements. *(6 points)*
– la Première Guerre mondiale ;   – la révolution russe ;
– la Seconde Guerre mondiale ;   – l'arrivée au pouvoir d'Hitler.

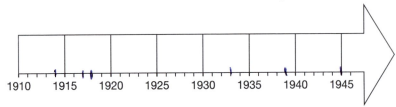

## LES CLÉS DU SUJET

● **Analyser le sujet de développement construit (▶ 1)**

• Le sujet consiste à expliquer le **fonctionnement** d'un régime autoritaire contrôlant toute la société.
• Il faut mettre en relation la notion de « **totalitarisme** » avec les moyens dont dispose le régime pour imposer sa loi.

# Histoire • L'Europe dans les guerres totales (1914-1945) • CORRIGÉ 37

## ⬛⬤ Organiser ses idées

Selon l'exemple étudié en classe, tu peux traiter de l'Italie fasciste, de l'Allemagne nazie ou de l'URSS de Staline.

> **Expliquer le fonctionnement d'un régime autoritaire dans l'entre-deux-guerres**

- **INTRODUCTION** Cite les régimes totalitaires de l'époque, nomme le leader de l'exemple choisi, rappelle comment il arrive au pouvoir.
- ❶ Décris l'idéologie du régime et son fonctionnement.
- ❷ Explique comment il contrôle ou séduit la population et encadre la société.
- **CONCLUSION** Résume les principales caractéristiques d'un État totalitaire. Appuie-toi sur la définition du totalitarisme.

## 37 CORRIGÉ GUIDÉ

▶ **1.** • La Première Guerre mondiale ébranle le régime tsariste. L'année 1917 est marquée par des révolutions qui permettent aux bolchéviques de Lénine de prendre le pouvoir. En 1924, Staline s'impose à la tête de l'URSS. Comment en fait-il un régime totalitaire ?

> **ATTENTION !**
> Le corrigé est établi sur l'exemple de l'URSS et sert de modèle. Si tu as étudié un autre pays, l'organisation de ton développement peut rester la même.

• Dans le cadre d'une dictature du prolétariat, le parti communiste contrôle tous les pouvoirs politiques. Il est la seule organisation politique autorisée. Staline en est le chef suprême, bénéficiaire d'un véritable « culte de la personnalité ». Placée sous le contrôle de l'État, l'économie est planifiée de façon impérative. L'égalité de tous devant les moyens de production est décrétée. Les symboles du régime sont l'étoile et le drapeau rouge. Sur celui-ci figurent un marteau (symbole de la classe ouvrière) et une faucille (symbole de la paysannerie).

> **INFO +**
> Le rouge est le symbole du sang versé par les ouvriers pendant leurs luttes sociales. Tous les pays communistes l'utilisent.

• Les entreprises sont nationalisées et les terres collectivisées . L'industrialisation est mise en œuvre dans le cadre de plans quinquennaux. Les populations bénéficient d'ambitieux programmes sociaux : santé et éducation gratuites, moyens de transport bon marché. Par la propagande, l'école, le contrôle des médias et les organisations de jeunesse, le régime endoctrine les populations. Contre les opposants (bourgeois, koulaks, minorités ethniques ou religieuses), la police politique (NKVD) fait régner la terreur et instaure des camps de travail (Goulag).

• De 1924 à 1939, l'URSS de Staline est devenue un État totalitaire : le régime contrôle la totalité des activités et des personnes dans tous les domaines de la vie publique et privée.

▶ 2.

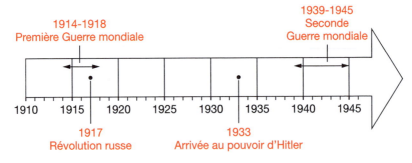

# 38 — France métropolitaine • Juin 2017

## La décolonisation : l'exemple de l'Algérie

**MAÎTRISER LES DIFFÉRENTS LANGAGES**

45 min
20 points

● **INTÉRÊT DU SUJET** • L'Algérie est le théâtre d'un conflit de décolonisation. L'affrontement entre les indépendantistes et la métropole est violent. Le général de Gaulle finit par céder.

▶ **1.** Rédigez un développement construit d'environ vingt lignes expliquant comment une colonie est devenue indépendante. Vous vous appuierez sur l'exemple étudié en classe. *(14 points)*

▶ **2.** Quelques temps forts du XXe siècle :

1. Chute du mur de Berlin

2. Libération de la France

3. Naissance de la Ve République

4. Première Guerre mondiale

5. Arrivée d'Hitler au pouvoir

Histoire • Le monde depuis 1945 • SUJET 38

**a)** Situez les événements sur la frise chronologique suivante, en reportant le numéro correspondant dans la case. *(2,5 points)*

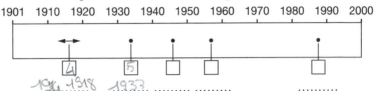

1914, 1918  1933

**b)** Sur les pointillés, vous indiquerez la date de deux événements de votre choix. *(2 points)*

**c)** À partir de la frise chronologique, trouvez l'événement en lien avec la guerre froide et justifiez votre choix en quelques mots. *(1,5 point)*

### LES CLÉS DU SUJET

#### ● Analyser le sujet de développement construit (▶ 1)

• Le sujet porte sur le passage du **statut de colonie** (territoire dépendant d'une métropole) à l'**indépendance**.
• À travers l'exemple algérien, il faut définir les formes d'action, citer les événements décisifs, présenter les nouveaux statuts.

#### ● Organiser ses idées

> Expliquer le processus d'indépendance de l'Algérie

**INTRODUCTION** Rappelle le contexte de l'après-Seconde Guerre mondiale pour les empires coloniaux.

**❶** Décris les moyens de lutte des indépendantistes, les moyens de répression mis en place par la métropole.

**❷** Explique comment se déroule l'accession à l'indépendance. Présente les accords qui mettent fin à la crise.

**CONCLUSION** Conclus sur les conditions de la décolonisation en général.

# Histoire • Le monde depuis 1945 • CORRIGÉ 38

▶ **1.** En 1945, les empires coloniaux sont affaiblis. Les peuples veulent leur indépendance. Comment y parviennent-t-ils ?

• En 1954, les partisans de l'Algérie indépendante (le FLN) décident de passer à la lutte armée. Ils tendent des embuscades, commettent des attentats (Toussaint rouge). La France envoie son armée ; elle traque les « rebelles » qui sont parfois torturés et exécutés. La division des Français sur le sujet provoque une crise politique en 1958.

**ATTENTION !**
Le corrigé est établi sur un exemple. Il sert de modèle. Si tu as étudié un autre pays, l'organisation du développement peut rester la même.

• Appelé à former un gouvernement, le général de Gaulle change la Constitution. Doté de pouvoirs renforcés, il négocie avec les indépendantistes. Le 18 mars 1962, les accords d'Évian donnent son indépendance à la République algérienne démocratique et populaire. Désormais, les Algériens se gouvernent selon le principe du droit des peuples à disposer d'eux-mêmes. Les Français d'Algérie et quelques harkis quittent le territoire dans la précipitation.

**INFO +**
Les harkis sont des musulmans qui avaient choisi de combattre aux côtés des Français.

L'indépendance des colonies a été difficile à obtenir. Manifestations et violences ont fait de nombreuses victimes dans tous les camps.

**CONSEIL**
Même si l'exemple choisi est moins violent que le cas algérien, montre que les indépendances ont toujours provoqué des heurts.

▶ **2. a)** et **b)**

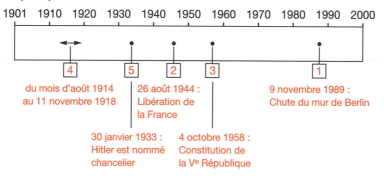

**c)** L'événement en lien avec la guerre froide est la chute du mur de Berlin. Ce mur fut érigé (1961) pour séparer les deux Allemagne et les deux blocs, celui de l'Est (communiste) et celui de l'Ouest (capitaliste). Sa chute le 9 novembre 1989 symbolise la fin de la guerre froide.

# 39 Amérique du Nord • Juin 2019

## L'hyperpuissance américaine après les attentats du 11 septembre

**ANALYSER DES DOCUMENTS**

**INTÉRÊT DU SUJET** • Les attentats du 11 septembre sont un défi à la toute-puissance des États-Unis. Le cœur du pays est touché. Sa réaction préserve la primauté internationale du pays ; elle n'en est pas moins écornée.

### DOCUMENT 1 — Les conséquences des attentats du 11 septembre 2001

En montrant la vulnérabilité de l'hyperpuissance américaine et la nécessité de faire front face à la menace terroriste internationale, les attentats du 11 septembre ont changé pour un temps l'attitude américaine.

Rompant avec l'unilatéralisme[1], les États-Unis ont cherché […] à former une coalition[2] avec pour objectif la lutte contre le terrorisme érigée en pilier[3] de la politique étrangère. Cette alliance incluait des ennemis d'hier dont la Chine et la Russie, désormais considérées comme des alliés, quitte à passer sous silence les violations des Droits de l'homme en Chine ou la guerre en Tchétchénie[4]. Les États-Unis ont également été amenés à s'impliquer davantage dans le conflit israélo-palestinien, et à s'engager militairement dans de nouvelles zones, principalement en Asie centrale et en Asie du Sud et de l'Est, mais aussi dans le Caucase. […]

La coalition qui est intervenue en Afghanistan contre le régime des talibans et Oussama Ben Laden était fort réduite. L'effort de guerre a été supporté exclusivement par les Américains. Britanniques et Français ne sont entrés en scène que tardivement dans ce conflit, avec des moyens militaires limités.

*Le Monde*, 20 mars 2005.

---

1. Unilatéralisme : attitude qui consiste, pour une puissance, à décider seule d'une politique étrangère, sans tenir compte de l'avis d'autres pays.
2. Coalition : union momentanée d'États en vue d'une intervention politique ou militaire.
3. Érigée en pilier : devenue centrale.
4. Tchétchénie : région russe située dans le Caucase.

### DOCUMENT 2 — La puissance américaine

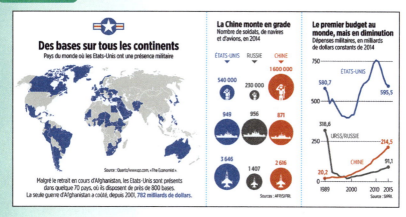

© *Le Point*, 10 novembre 2016.

### DOCUMENT 1

▶ **1.** Expliquez pourquoi l'auteur de ce texte évoque la Russie parmi « les ennemis d'hier » des États-Unis. *(4 points)*

▶ **2.** Montrez comment les attentats du 11 septembre 2001 ont bouleversé les relations des États-Unis avec les autres États. *(3 points)*

### DOCUMENT 2

▶ **3.** Relevez trois éléments illustrant la puissance militaire des États-Unis au début des années 2000. *(3 points)*

### DOCUMENTS 1 ET 2

▶ **4.** Pourquoi peut-on toujours, au début du XXIe siècle, qualifier les États-Unis d'hyperpuissance ? *(6 points)*

▶ **5.** Relevez deux éléments montrant les limites de l'hyperpuissance américaine *(4 points)*.

# Histoire • Le monde depuis 1945 • SUJET 39

## LES CLÉS DU SUJET

### 🟢 Comprendre les documents

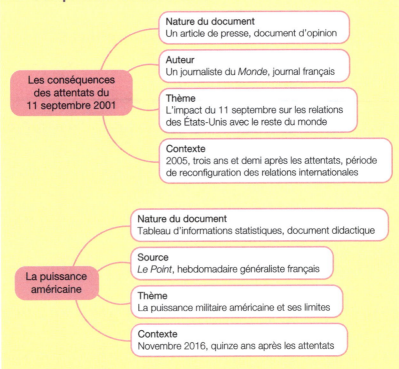

### 🟢 Répondre aux questions

▶ **1.** Pense à une époque où la Russie était désignée par un autre nom. Appuie-toi sur tes connaissances pour rappeler le contexte de cette époque, la manière de la désigner, puis de la caractériser.

▶ **2.** Après les attentats, qui sont les alliés des États-Unis ? Quelles actions les engagent et à quel prix concernant leurs valeurs ?

▶ **3.** Comment qualifier la présence militaire américaine dans le monde d'après la carte ? Fais des calculs à partir des données statistiques pour mieux évaluer la puissance américaine par rapport à ses concurrents.

▶ **4.** Utilise les réponses à la question 3, mais veille à ne pas les répéter. Des informations recensées, déduis des éléments de force.

▶ **5.** Comment évoluent les écarts entre les pays ? Que révèlent les attentats de 2001 en matière de sécurité ?

# Histoire • Le monde depuis 1945 • CORRIGÉ 39

## CORRIGÉ GUIDÉ

▶ **1.** L'auteur du document 1 classe la Russie parmi « les ennemis d'hier ». En effet, de 1947 à 1991, la Russie (dite URSS) était la puissance rivale des États-Unis et de leurs alliés du bloc de l'Ouest. Leader des États communistes, elle était l'adversaire des États-Unis dans le cadre de la guerre froide.

▶ **2.** Les attentats du 11 septembre 2001 ont changé les alliances : la Russie et la Chine sont devenues des alliés des États-Unis. La guerre contre le terrorisme a justifié de nouvelles interventions militaires américaines en Asie centrale (Afghanistan), au Moyen-Orient (Irak) et dans l'ensemble du monde musulman. Les nouvelles priorités ont conduit les Américains à minimiser la défense de leurs valeurs.

▶ **3.** La carte du document 2 montre une présence militaire américaine planétaire. Leurs 800 bases sont distribuées sur tous les continents et contrôlent tous les points stratégiques du globe. Le budget militaire américain est de trois à six fois plus important que celui de ses rivaux (Chine, Russie). De même, leur équipement aérien est supérieur à celui de la Chine (+ 28 %) et de la Russie (2,5 fois plus).

▶ **4.** Les États-Unis sont toujours une hyperpuissance. Ils sont le pays leader d'une grande coalition d'États. Par les traités militaires, tels l'OTAN ou l'OTASE, ils ont le soutien de nombreux alliés, dont le Royaume-Uni et la France qui sont des puissances nucléaires.

> **RAPPEL**
> L'OTAN (traité de l'Atlantique nord) et l'OTASE (traité de l'Asie du Sud-Est) sont des alliances militaires entre les États-Unis et d'autres pays. Leurs forces sont sous commandement intégré.

Leurs 800 bases et flottes de guerre leur donnent une capacité d'intervention rapide dans toutes les régions. Avec près de 600 millions de dollars, le budget alloué à l'armée est le premier au monde. Il est trois fois plus que celui de la Chine et six fois plus important que celui de la Russie. Cette différence leur permet de disposer d'une forte supériorité matérielle et technologique.

▶ **5.** L'hyperpuissance américaine a des limites. Les États-Unis ne sont plus assez forts pour imposer leurs valeurs aux États auxquels ils demandent un soutien. Face aux organisations terroristes, ils ne peuvent pas assurer leur totale sécurité. Les attentats de 2001 en ont fait la démonstration. Sur la durée, la montée en puissance de la Chine quand les États-Unis peinent sur le plan économique ne permet pas à ces derniers d'imposer leur loi à l'ensemble du monde.

**Polynésie française • Juin 2017**

# La place des femmes dans la société (1960-1980)

**ANALYSER DES DOCUMENTS**

**45 min**
**20 points**

● **INTÉRÊT DU SUJET** • Dans les années 1960, la place laissée aux femmes dans la société est restreinte. Des réformes améliorent leur sort, mais les inégalités restent fortes.

---

**DOCUMENT 1** **Témoignage d'une femme d'ouvrier**

S'il n'y avait pas les enfants, j'aurais recommencé à travailler comme avant. Mais il y a ce quatrième ; ah ; il n'a pas été désiré celui-là ; j'en avais eu trois en moins de trois ans, je pensais que cela suffisait et puis en voilà un autre ! [...] Pour boucler les fins de mois, je fais du lavage et du repassage pour les autres, parfois je garde un enfant, mais en cachette de mon mari qui ne voudrait pas que je travaille. [...] Quand je vais chez quelqu'un d'autre, je me rends compte que je n'ai presque rien ; je me dis que [...] si je pouvais travailler, j'en aurais autant [...]. J'aimerais avoir une journée à moi, entièrement libre.

Interview, début des années 1960, Paris, citée par Christine Bard, *Les Femmes dans la société française au XXe siècle,* Armand Colin, 2003.

---

**DOCUMENT 2** **Loi Veil : une loi pour légaliser l'avortement**

**Art. L. 162.1.** La femme enceinte que son état place dans une situation de détresse peut demander à un médecin l'interruption de sa grossesse. Cette interruption ne peut être pratiquée qu'avant la fin de la dixième semaine de grossesse. (*Délai porté à 12 semaines en 2001*)
**Art. L. 162.7.** Si la femme est mineure célibataire, le consentement de l'une des personnes qui exerce l'autorité parentale est requis.
**Art. L. 162.8.** Un médecin n'est jamais tenu de donner suite à une demande d'interruption de grossesse ni de pratiquer celle-ci, mais il doit informer l'intéressée de son refus.

D'après la loi Veil du 17 janvier 1975.

### DOCUMENT 3 — Des inégalités qui subsistent

La situation de la femme dans notre société reste marquée par la dépendance, l'inégalité et le non-respect du droit de la personne […]. Les femmes sont majoritaires parmi les smicards[1], les chômeurs, les allocataires du minimum vieillesse.

> Discours de François Mitterrand pour la Journée de la femme (8 mars 1982) devant 400 ouvrières, employées, mères de famille invitées à l'Élysée.

1. Travailleurs payés au salaire minimum.

▶ **1.** Document 1 : quels sont les souhaits de cette femme d'ouvrier ? Deux réponses sont attendues. *(4 points)*

▶ **2.** Qu'est ce qui l'empêche de les réaliser ? Deux réponses sont attendues. *(4 points)*

▶ **3.** Document 2 : que permet la loi Veil ? *(2 points)*

▶ **4.** Quelles sont les limites prévues par la loi ? Deux réponses sont attendues. *(4 points)*

▶ **5.** Après avoir analysé tous les documents, précisez comment la place des femmes dans la société a évolué entre 1960 et 1980. *(6 points)*

## LES CLÉS DU SUJET

### ◉ Comprendre les documents

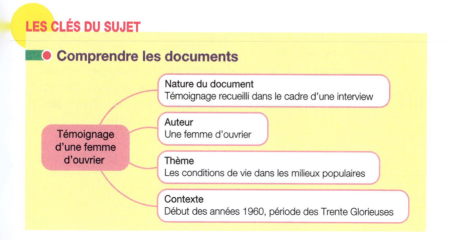

Histoire • Une République repensée • SUJET 40

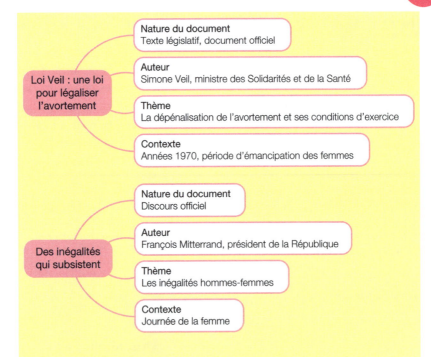

### ● Répondre aux questions

▶ **1.** Que découvre cette femme d'ouvrier chez les autres ? Qu'est-ce qui lui permettrait d'être libre ?

▶ **2.** Pourquoi se plaint-elle d'avoir un quatrième enfant ? Que lui manque-t-il pour accéder à ce dont elle rêve ? Que signifie « boucler les fins de mois » ?

▶ **3.** Qu'est-ce qu'une IVG, interruption volontaire de grossesse ?

▶ **4.** Les deux principales limites sont données dès le premier article. D'autres conditions sont énoncées dans les suivants. Cherche le sens du mot « consentement ». Qu'est-ce que « l'autorité parentale » ? Quel est le droit du médecin ?

▶ **5.** Document par document, recense ce qui est limité pour les femmes d'un côté, ce qui leur est permis de l'autre. Compare les dates. Aide-toi de ce que tu sais de la situation des femmes aujourd'hui. Utilise le troisième document pour évaluer les limites des changements.

# CORRIGÉ GUIDÉ

▶ **1.** Cette femme d'ouvrier souhaite avoir plus d'argent pour s'offrir des biens qu'elle voit chez les autres. Elle souhaite aussi avoir plus de temps libre.

▶ **2.** Elle ne peut réaliser ses souhaits parce qu'elle doit s'occuper de ses enfants qui lui prennent tout son temps, et parce qu'elle n'a pas l'autorisation de son mari pour travailler. Elle n'a donc pas de travail régulier qui lui fournirait des revenus suffisants. Le peu qu'elle gagne complète le salaire de son mari et sert à payer l'indispensable.

▶ **3.** La loi Veil permet aux femmes de mettre fin à une grossesse, de ne pas avoir un enfant qu'elles ne désirent pas.

▶ **4.** La loi limite l'accès à l'interruption de la grossesse : la femme doit être en « situation de détresse » (physique, sociale ou financière) ; l'intervention doit avoir lieu « avant la dixième semaine de grossesse ». Si la femme est mineure, l'accord des parents est nécessaire. L'accord du médecin est aussi obligatoire pour procéder à l'opération.

> **INFO +**
> En 2001, le délai autorisant une IVG a été porté à 12 semaines au lieu de 10, soit trois mois.

▶ **5.** Depuis les années 1960, la place des femmes en France s'est améliorée : elles peuvent travailler sans demander l'autorisation de leur mari (situation évoquée dans le doc. 1). Après la loi Neuwirth (1967) qui autorise la contraception, elles peuvent avoir le nombre d'enfants qu'elles souhaitent. En cas de grossesse non désirée, elles peuvent demander son interruption volontaire (doc. 2). Sur le plan juridique, les époux deviennent égaux devant la loi : les femmes cessent d'être dépendantes de leur mari. Mais, en 1980, la condition des femmes reste difficile. Elles sont souvent en situation de précarité (bas salaires, chômage). L'égalité avec les hommes est loin d'être acquise (doc. 3).

> **INFO +**
> En 2014, la condition de « situation de détresse » a été supprimée de la loi sur l'IVG.

# 41 France métropolitaine • Juillet 2019

## La dynamique des aires urbaines en France

**MAÎTRISER LES DIFFÉRENTS LANGAGES**

45 min
20 points

● **INTÉRÊT DU SUJET** • Avec une population française très majoritairement urbaine, l'organisation et les dynamiques des aires urbaines concernent beaucoup de monde, toi y compris.

▶ **1.** En vous appuyant sur un exemple étudié en classe, rédigez un développement construit d'environ vingt lignes montrant l'organisation et les dynamiques d'une aire urbaine en France. *(13 points)*

▶ **2.** Les territoires ultramarins français *(7 points)*
**a)** Localisez et nommez les trois océans identifiés sur le planisphère de la page suivante.
**b)** Reliez, dans le tableau ci-dessous, chaque territoire ultramarin à l'océan dans lequel ou au bord duquel il se situe.

| Martinique | • | • | Océan Atlantique |
| Réunion | • | | |
| Guadeloupe | • | • | Océan Indien |
| Polynésie française | • | | |
| Mayotte | • | • | Océan Pacifique |
| Guyane | • | | |

**c)** Localisez et nommez sur le planisphère deux territoires ultramarins de votre choix.
**d)** Identifiez l'équateur sur le planisphère par un trait de couleur et complétez la légende.

## Géographie • Dynamiques territoriales de la France • SUJET 41

### Les territoires ultramarins français

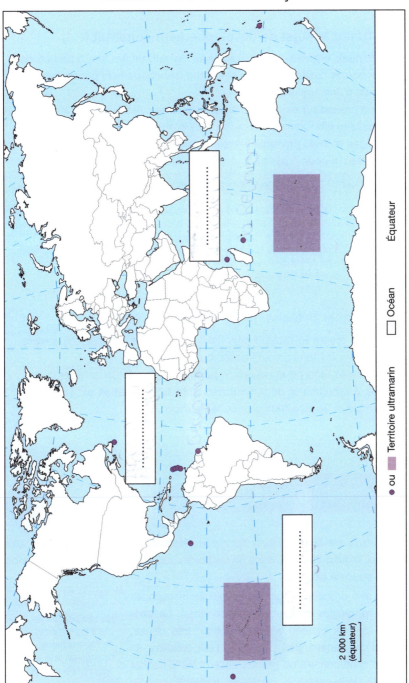

Géographie • Dynamiques territoriales de la France • CORRIGÉ 41

## LES CLÉS DU SUJET

### ● Traiter le sujet de développement construit (▶ 1)

• Tu peux organiser ton paragraphe en suivant les deux parties de l'énoncé. N'hésite pas à compléter ton développement par un schéma simple d'une aire urbaine.

• Ton professeur a certainement présenté en classe l'aire urbaine dans laquelle tu vis. Comme ton devoir sera corrigé par des professeurs des collèges voisins, privilégie les exemples vus en classe pour nourrir ton analyse. Tu peux également utiliser ton expérience personnelle.

> Présenter l'organisation et les dynamiques d'une aire urbaine en France

INTRODUCTION Montre l'urbanisation de la population française.

❶ Commence par présenter l'organisation théorique d'une aire urbaine.

❷ Analyse ensuite les dynamiques d'une aire urbaine, en utilisant le vocabulaire descriptif de la première partie.

### ● Réaliser la tâche graphique (▶ 2)

**b)** Pour rendre le tableau plus lisible, utilise des couleurs différentes pour relier les territoires à l'océan qui convient.

**c)** Compte tenu de la superficie parfois réduite de certains territoires, veille à représenter deux territoires dont la localisation est facile, par exemple la Guyane française ou la Réunion.

## 41 CORRIGÉ GUIDÉ

▶ **1.** 85 % de la population française résident aujourd'hui dans une aire urbaine, et jusqu'à 95 % dans un territoire sous influence urbaine. La France est un pays de citadins.

• Une aire urbaine s'organise en plusieurs espaces de morphologies différentes (voir schéma). La ville-centre est un espace bâti en continu, très dense, auquel succèdent des banlieues résidentielles en habitat pavillonnaire ou grands ensembles d'habitat collectif. Ville-centre et banlieues forment un pôle

**CONSEIL**
Ne cite pas seulement les espaces de l'aire urbaine, donnes-en une description rapide.

urbain (au moins 10 000 emplois). Au-delà du pôle urbain commence la couronne périurbaine : l'habitat s'agglomère autour de petits villages-centres qui grossissent par développement d'habitats pavillonnaires ; mais au moins 40 % des habitants travaillent en fait dans le pôle urbain.

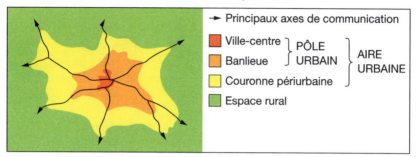

- Les dynamiques urbaines sont marquées par l'étalement : l'espace urbain et périurbain se dilate, s'étale dans l'espace et sa densité diminue. La périurbanisation gagne sur les campagnes proches, grignotant l'espace rural environnant, à la faveur du développement de l'automobile et de prix fonciers plus attractifs. La dissociation entre lieu de vie, lieu de travail, lieu de loisirs ou de consommation, a été permise par le développement de l'automobile. Elle entraîne donc l'explosion des mobilités. Les axes de communication sont alors saturés par les migrations pendulaires. Ces mobilités génèrent pertes de temps et pollution.

**GAGNE DES POINTS**
Il est recommandé de réaliser un schéma simple d'une aire urbaine. Essaie d'y indiquer des toponymes locaux.

Ce mode de vie périurbain, fortement consommateur d'espace et d'énergie, est-il cependant, aujourd'hui, le mieux adapté aux nouvelles problématiques de développement durable ?

**GAGNE DES POINTS**
Une phrase de conclusion sur la durabilité de ces dynamiques urbaines est bienvenue.

▶ **2. a), c) et d)** *Voir le planisphère complété page suivante. Tous les territoires ultramarins y sont indiqués. Cependant, le jour de l'épreuve, contente-toi d'abord des deux demandés.*

**b)**

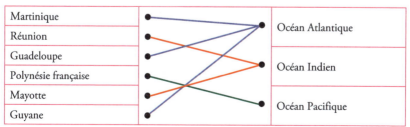

## Les territoires ultramarins français

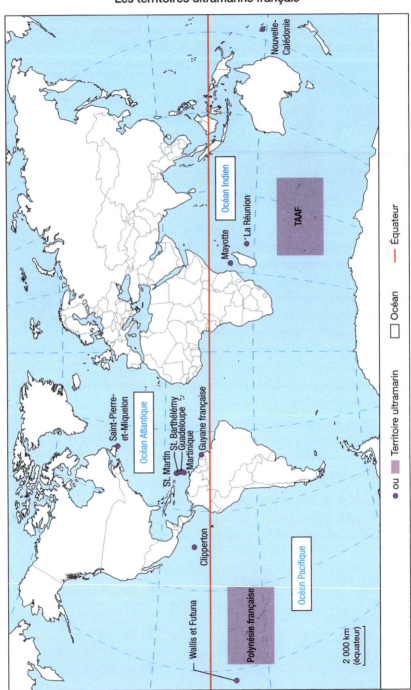

# 42 France métropolitaine • Septembre 2018

## La modernisation de l'agriculture française

**ANALYSER DES DOCUMENTS**

⏱ 45 min
20 points

● **INTÉRÊT DU SUJET** • L'agriculture française est devenue en un demi-siècle l'une des plus productives du monde, ce qui a transformé les paysages agricoles.

### DOCUMENT 1 — La modernisation de l'agriculture française

La modernisation concerne en premier l'organisation des terres agricoles. Les modifications que connaît l'Ouest illustrent parfaitement la dynamique générale. Jusqu'en 1950, la petite propriété reste majoritaire de la Normandie jusqu'à la frontière espagnole. À partir de cette date, les exploitations se concentrent rapidement sous l'effet de l'exode rural et des politiques de remembrement[1]. Les paysans qui restent achètent ou louent massivement les nombreuses terres laissées libres. Les parcelles sont redécoupées, les haies sont arrachées. En France métropolitaine, la taille moyenne des exploitations triple en 50 ans. […]

Parallèlement, l'autoconsommation diminue, la polyculture traditionnelle décline et la spécialisation s'affirme : production laitière en Normandie ou élevage hors-sol en Bretagne.

La modernisation concerne aussi les techniques agricoles. Le tracteur se généralise à partir des années 1950 (60 000 en 1946, 1 500 000 en 1979), les engrais chimiques sont couramment utilisés. De nouvelles semences plus productives voient le jour et il devient possible de sélectionner scientifiquement les races de l'élevage. […]

Mais depuis plusieurs années, la course aux rendements[2] montre ses limites. Le revenu paysan stagne, et de nombreuses exploitations sont surendettées. […] Les conséquences écologiques du modèle agricole intensif paraissent aussi de plus en plus dommageables. L'utilisation massive d'engrais et de pesticides contribue ainsi à la pollution des eaux de surface, des nappes phréatiques et du bord de mer.

D'après V. Adoumié, *Géographie de la France*, Hachette, 2015.

---

1. Remembrement : redistribution spatiale des terres entre les paysans, ce qui entraîne l'agrandissement des champs.
2. Rendement : quantité de produit récolté sur une surface cultivée.

**DOCUMENT 2** **Un paysage agricole de Bretagne (commune de Naizin, Morbihan)**

Site Internet sur l'atlas des paysages, Morbihan.

## DOCUMENT 1

▶ **1.** Citez trois progrès techniques qui ont permis d'augmenter les productions agricoles. *(3 points)*

▶ **2.** Relevez deux conséquences de la modernisation de l'agriculture pour les agriculteurs. *(4 points)*

▶ **3.** Reproduisez le tableau et complétez-le sur votre copie ; associez les mots soulignés à la définition qui convient. *(3 points)*

| 1. .................... | Élevage en milieu artificiel |
|---|---|
| 2. .................... | Production de plusieurs cultures au sein d'une exploitation |
| 3. .................... | Production d'une seule catégorie de plante ou d'une seule espèce animale |

Géographie • Dynamiques territoriales de la France • **SUJET 42**

**DOCUMENTS 1 ET 2**

▶ **4.** Décrivez et expliquez les transformations récentes des paysages agricoles. *(5 points)*

▶ **5.** Quels sont les risques liés à la modernisation de l'agriculture et les solutions adoptées pour réduire ces risques ? *(5 points)*

## LES CLÉS DU SUJET

### Comprendre les documents

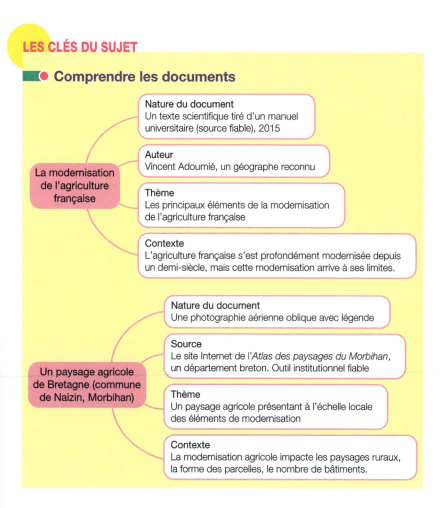

**La modernisation de l'agriculture française**

- **Nature du document**
  Un texte scientifique tiré d'un manuel universitaire (source fiable), 2015
- **Auteur**
  Vincent Adoumié, un géographe reconnu
- **Thème**
  Les principaux éléments de la modernisation de l'agriculture française
- **Contexte**
  L'agriculture française s'est profondément modernisée depuis un demi-siècle, mais cette modernisation arrive à ses limites.

**Un paysage agricole de Bretagne (commune de Naizin, Morbihan)**

- **Nature du document**
  Une photographie aérienne oblique avec légende
- **Source**
  Le site Internet de l'*Atlas des paysages du Morbihan*, un département breton. Outil institutionnel fiable
- **Thème**
  Un paysage agricole présentant à l'échelle locale des éléments de modernisation
- **Contexte**
  La modernisation agricole impacte les paysages ruraux, la forme des parcelles, le nombre de bâtiments.

Géographie • Dynamiques territoriales de la France • CORRIGÉ   42

### ●○ Répondre aux questions

▶ **1.** Cherche le mot clé « technique » dans le texte.
▶ **2.** La question concerne les agriculteurs et non les espaces agricoles.
▶ **4.** Prends soin de bien centrer le propos sur les paysages et d'utiliser les deux documents.
▶ **5.** La partie sur les solutions nécessite des connaissances tirées du cours de ton professeur.

## 42 CORRIGÉ GUIDÉ

▶ **1.** Les trois progrès techniques qui ont permis d'augmenter les productions agricoles sont :
– la généralisation du tracteur, c'est-à-dire la mécanisation ;
– l'utilisation croissante des engrais chimiques (chimisation) ;
– l'utilisation de nouvelles semences et la sélection de nouvelles races d'élevage plus productives.

▶ **2.** La modernisation de l'agriculture a eu deux conséquences pour les agriculteurs : la diminution de leur nombre et leur endettement. La baisse du nombre des agriculteurs est liée à la nécessité d'acquérir des exploitations de plus grandes dimensions pour que la mécanisation soit rentable. Leur endettement résulte de l'augmentation des investissements nécessaires (machines, engrais, semences).

▶ **3.**

| 1. Élevage hors-sol | Élevage en milieu artificiel |
|---|---|
| 2. Polyculture | Production de plusieurs cultures au sein d'une exploitation |
| 3. Spécialisation | Production d'une seule catégorie de plante ou d'une seule espèce animale |

▶ **4.** Les paysages agricoles se sont profondément transformés depuis 1950. Les parcelles ont été redécoupées, les haies arrachées. C'est la fin du bocage traditionnel en Bretagne. Le document 2 montre la prédominance de champs de grandes dimensions aux formes géométriques. Les haies ne sont que des survivances. Les bâtiments agricoles modernes, de type silos ou bâtiments d'élevage hors-sol, se sont multipliés. Parallèlement, à côté des anciennes fermes sont apparues des habitations récentes.

Ces transformations des paysages sont liées à la modernisation des systèmes productifs agricoles depuis 1950. La mécanisation et la chimisation ont nécessité des exploitations plus grandes, obtenues par remembrement au profit de formes géométriques, et une spécialisation poussée des cultures ou élevages, au détriment de la polyculture traditionnelle, afin de rentabiliser les investissements consentis.

▶ **5.** La modernisation de l'agriculture ne va pas sans risques. Les investissements nécessaires ont conduit à l'endettement massif de la profession, étranglée entre le secteur amont (matériel, banque) et aval (agroalimentaire, distribution). Les conséquences écologiques sont également de plus en plus sensibles : pollutions des sols et des nappes phréatiques, crises alimentaires (maladie de la vache folle).

> **GAGNE DES POINTS**
> Fais deux paragraphes : un sur les risques et un sur les solutions.

La réduction de ces risques passe par une aide accrue aux agriculteurs, notamment dans le cadre de la Politique agricole commune (PAC) de l'Union européenne, voire le contrôle des prix imposés par la grande distribution aux producteurs. Sur le plan environnemental, une agriculture raisonnée, voire biologique, permettrait une plus grande maîtrise des produits phytosanitaires et donc de la pollution qu'ils entraînent.

**France métropolitaine • Septembre 2019**

# Les inégalités entre les territoires français

**MAÎTRISER LES DIFFÉRENTS LANGAGES**

**INTÉRÊT DU SUJET** • Les inégalités sont au cœur du débat politique en France. Elles affectent en effet les territoires français et les populations qui y vivent. Mais des politiques correctives sont menées pour les réduire.

▶ **1.** Rédigez un développement construit d'environ vingt lignes montrant les inégalités entre les territoires français et expliquant les moyens mis en œuvre pour les réduire. Vous pouvez prendre appui sur un exemple étudié en classe. *(13 points)*

▶ **2.** Utilisez des repères sur une carte.
Sur la carte ci-après *(7 points)* :
**a)** Localisez et nommez deux mers ou océans qui bordent la France.
**b)** Localisez, à l'aide d'un figuré adapté, la France métropolitaine.
**c)** Localisez et nommez quatre États membres de l'Union européenne ayant une frontière commune avec la France.
**d)** Localisez et nommez la ville française qui abrite une institution européenne.
**e)** Expliquez le choix du figuré utilisé pour représenter les flux transfrontaliers.
**f)** Complétez la légende.

# Géographie • Pourquoi et comment aménager le territoire ? • SUJET 43

## La France : un territoire intégré à l'Union européenne

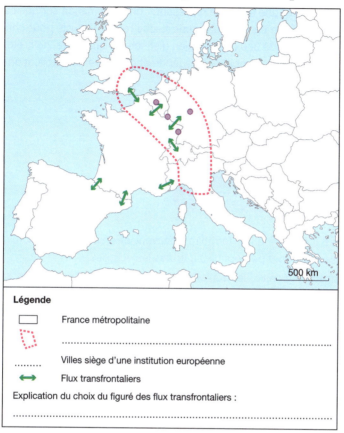

**Légende**

☐ France métropolitaine

⬚ ..............................................................................

······ Villes siège d'une institution européenne

⟷ Flux transfrontaliers

Explication du choix du figuré des flux transfrontaliers :
..............................................................................

## LES CLÉS DU SUJET

### ◉ Traiter le sujet de développement construit (▶ 1)

• Les inégalités sont multiples (sociales, économiques, spatiales) et visibles à toutes les échelles (nationale, régionale, locale).
• Utilise dans ton devoir l'exemple étudié en classe avec ton professeur.

**Présenter les différentes inégalités entre les territoires français**

❶ Commence par présenter les différents types d'inégalités, sans oublier de varier les échelles.

❷ Évoque ensuite les acteurs qui tentent de réduire ces inégalités et donne un exemple des politiques d'aménagement territorial menées à cet effet.

Géographie • Pourquoi et comment aménager le territoire ? • CORRIGÉ

## Réaliser la tâche graphique (▶ 2)

- Un figuré est une façon de représenter une information sur une carte. Par exemple, un carré bleu ou une flèche rouge. Choisis pour chaque élément demandé une couleur bien distincte : bleu, rouge, noir, etc.
- N'oublie pas de compléter la légende et d'y écrire ton explication des flux transfrontaliers.

## 43 CORRIGÉ GUIDÉ

▶ 1. Les inégalités entre territoires peuvent être sociales, économiques et spatiales. Elles sont perceptibles à toutes les échelles.

• À l'échelle régionale, les régions méridionales et septentrionales sont les plus défavorisées socialement. C'est à l'échelle communale et infra-communale que les inégalités sociales sont cependant les plus grandes. Les communes qui comptent le plus de personnes pauvres sont les villes-centres des grandes aires urbaines. L'aire urbaine de Paris concentre 20 % des Français vivant en dessous du seuil de pauvreté.

Les territoires présentent aussi des inégalités économiques. Les régions les plus dynamiques sont les régions atlantiques, méridionales, alpines, et l'Île-de-France, tandis que les moins dynamiques sont la Lorraine et la « diagonale du vide ». À une autre échelle, la croissance profite aux capitales régionales beaucoup plus qu'aux villes petites et moyennes.

Enfin, les territoires présentent des inégalités spatiales. Elles se mesurent dans l'accès des populations aux services (supermarché, école, établissement de soins). Là encore, les inégalités sont croissantes et mesurables à toutes les échelles. Les différences sont importantes entre les grands espaces urbanisés et le reste du territoire.

• Les différents acteurs (État, collectivités territoriales, Union européenne) mettent en œuvre des politiques de compensation des inégalités, par le biais de transferts sociaux, subventions ou politiques d'aménagement. Ainsi, l'Union européenne finance des aménagements avec les fonds structurels et d'investissement européens ; l'État développe les lignes à grande vitesse pour désenclaver les territoires ; les départements versent des aides sociales.

**CONSEIL**
Donne quelques exemples de ces politiques d'aménagement vues en classe avec ton professeur.

Géographie • Pourquoi et comment aménager le territoire ? • **CORRIGÉ**   43

▶ **2.** *Les autres villes siège d'une institution européenne sont, d'ouest en est, Bruxelles, Luxembourg et Francfort.*

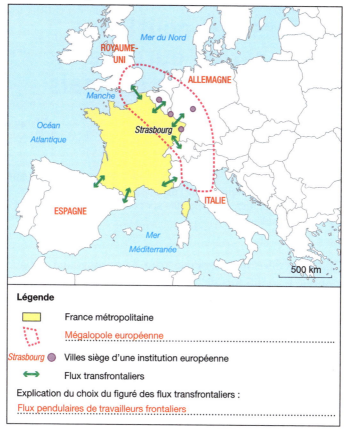

# 44 Asie • Juin 2019

## Les effets des politiques de coopération européenne sur les territoires français

**MAÎTRISER LES DIFFÉRENTS LANGAGES**

 45 min
20 points

● **INTÉRÊT DU SUJET** • Les politiques de l'Union européenne sont souvent mal perçues dans l'opinion française. Pourtant, elles ont d'importants effets positifs sur nos territoires, notamment transfrontaliers.

▶ **1.** Rédigez un développement construit d'une vingtaine de lignes montrant que les politiques de coopération de l'UE transforment les territoires français. Vous pourrez vous appuyer sur l'exemple d'une région transfrontalière ou sur un exemple d'aménagement de votre choix. *(15 points)*

▶ **2.** Utilisez des repères sur une carte (voir page suivante).
Sur la carte et la légende :
**a)** Complétez la légende en choisissant un figuré pour chacun des deux éléments suivants *(1 point)* :
• deux pays parmi les 6 membres fondateurs de la construction européenne ;
• deux pays ayant rejoint plus tardivement la construction européenne.
**b)** À l'aide des figurés, complétez la carte en localisant et nommant les quatre pays retenus. *(2 points)*
**c)** Localisez et nommez la ville où se situe le Parlement européen. *(1 point)*
**d)** Localisez et nommez une façade maritime de l'UE. *(1 point)*

## Géographie • La France et l'Union européenne • SUJET 44

### L'Union européenne, un nouveau territoire de référence et d'appartenance

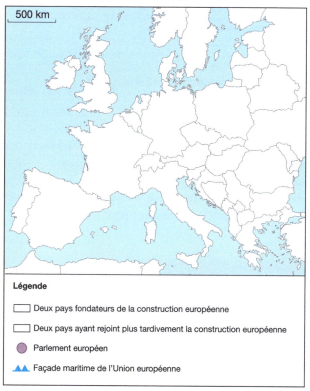

**Légende**
- ☐ Deux pays fondateurs de la construction européenne
- ☐ Deux pays ayant rejoint plus tardivement la construction européenne
- ● Parlement européen
- ▲▲ Façade maritime de l'Union européenne

## LES CLÉS DU SUJET

### ◉ Traiter le sujet de développement construit (▶ 1)

• Tu dois montrer que les politiques de coopération de l'Union européenne transforment les territoires français. L'UE est ainsi le « nouveau territoire de référence et d'appartenance » (intitulé du programme).

• Tu peux t'appuyer sur l'exemple d'une région transfrontalière (c'est le cas ici) ou sur un exemple d'aménagement de ton choix.

## Géographie • La France et l'Union européenne • CORRIGÉ 44

**Montrer comment la construction européenne produit de nouveaux territoires intégrés à l'échelle européenne**

❶ Présente d'abord les politiques de coopération européennes, sectorielles et territoriales.

❷ Développe ensuite l'exemple des régions frontalières du Nord-Est français.

❸ Élargis enfin ton propos en présentant les eurorégions.

### ▶ ● Réaliser la tâche graphique (▶ 2)

• Il faut compléter la légende en choisissant des couleurs adaptées, puis colorier la carte en fonction des couleurs choisies.
• Choisis de préférence des pays que tu connais bien et de dimensions suffisantes. Il serait par exemple peu visible de colorier le Luxembourg et Malte ! Et tu auras ainsi plus de place pour les nommer.

## 44 CORRIGÉ GUIDÉ

▶ **1.** • La construction européenne a mis en place des **politiques de coopération**. Certaines sont **sectorielles**, comme l'Europe de la défense ou de l'aéronautique, avec la réussite d'Airbus. D'autres sont **territoriales** et témoignent des flux d'hommes, de marchandises, de capitaux, d'informations qui transforment les territoires français, en particulier dans les régions frontalières, qui ont connu un **retournement géographique majeur** : de périphériques, espaces de confrontation, elles sont devenues **centrales**, **espaces de coopération**. C'est notamment le cas des régions frontalières du nord et de l'est de la France.

• Ces interfaces profitent aujourd'hui, dans un contexte pacifié, d'une frontière qui unit davantage qu'elle ne sépare. En Alsace, 35 % des entreprises sont ainsi à participation étrangère. Les flux de travailleurs frontaliers reflètent ce **différentiel** entre des économies dynamiques (Belgique, Luxembourg, Allemagne ou Suisse) et des régions françaises à fort taux de chômage.

• L'UE a ainsi permis la création d'**eurorégions**, qui associent des régions frontalières appartenant à des pays différents. La « Grande région » (autrefois eurorégion « Saar-Lor-Lux »), par exemple, est un « groupement européen de coopération territoriale » (GECT) qui rassemble le Luxembourg, la Wallonie belge, la région Lorraine en France, ainsi que la Moselle et Meurthe-et-Moselle, et les Länder allemands de Sarre et de Rhénanie-Palatinat.

> **CONSEIL**
> Analyse l'exemple d'eurorégion vu avec ton professeur.

▶ 2.

**REMARQUE**
La dernière question peut prêter à confusion. Tu peux te contenter d'indiquer la façade atlantique ou méditerranéenne, mais le Northern Range est plus précis et adapté.

## Nouvelle-Calédonie • Décembre 2019

# L'axe indopacifique

**ANALYSER DES DOCUMENTS**

● **INTÉRÊT DU SUJET** • L'outremer fait de la France une puissance mondiale, présente sur tous les océans, notamment dans l'espace indopacifique, où se jouent des questions internationales brûlantes.

**DOCUMENT 1** La France et l'axe indopacifique

La France est une grande puissance de l'indopacifique à travers tous ces territoires, la Nouvelle-Calédonie, Wallis-et-Futuna, la Polynésie française, Mayotte et La Réunion. […] C'est plus d'un million et demi de nos concitoyens qui sont dans cette large région, ce sont plus de 8 000 de nos militaires qui portent notre défense nationale, nos intérêts, c'est plus des trois quarts de notre présence maritime, nous qui sommes la deuxième puissance maritime du monde. […] Dans cette région du globe, la Chine est en train de construire sa supériorité pas à pas. […] [Il est donc désormais indispensable d'en faire] un partenaire pour cette région. Nous devons travailler avec elle pour augmenter les échanges et en tirer toutes les opportunités. […]

Avec le choix du peuple britannique de quitter l'Union européenne, la France devient le dernier pays européen dans le Pacifique. […] Pour toutes ces raisons, je crois à l'axe indopacifique. Il y a un axe Paris – New Delhi – Canberra qui se prolonge de Papeete à Nouméa, et à travers tous nos territoires, afin d'assurer la liberté de circulation dans les mers et dans les airs. Nous avons un rôle à jouer avec l'Australie pour articuler nos défenses, notre cyber-sécurité, et lutter contre le terrorisme. […] Nous avons des alliés, l'Inde, la Malaisie, Singapour, les Philippines et le Japon. […]

Cette stratégie indopacifique est également une stratégie économique indispensable pour la Nouvelle-Calédonie pour en faire un territoire exportateur dans cette région comme vers l'Europe ou d'autres régions du globe et pour réussir à porter une ambition commerciale.

D'après le discours du président de la République, Emmanuel Macron, à Nouméa, le 5 mai 2018, www.elysee.fr.

Géographie • La France et l'Union européenne • SUJET 45

**DOCUMENT 2** La présence géopolitique et militaire de la France dans le monde

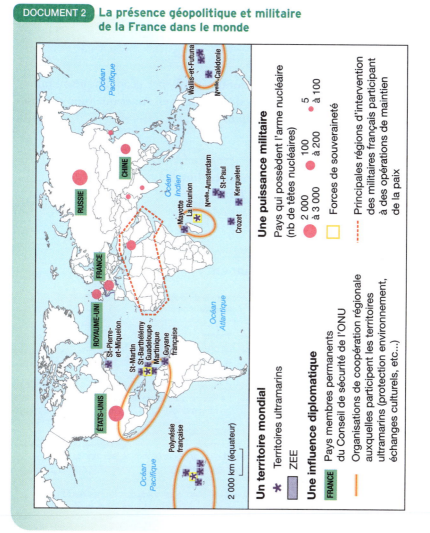

**DOCUMENT 1**

▶ **1.** Nommez les trois grandes puissances évoquées par les capitales Paris-New Delhi-Canberra. *(3 points)*

▶ **2.** Sur quoi s'appuie actuellement la France pour maintenir sa puissance dans la région indopacifique ? *(4 points)*

▶ **3.** Que permet d'assurer et de développer l'axe indopacifique ? *(3 points)*

Géographie • La France et l'Union européenne • SUJET **45**

▶ **4.** Citez des exemples du rôle que la Nouvelle-Calédonie doit jouer dans la région indopacifique. *(2 points)*

| DOCUMENT 2 |

▶ **5.** Donnez un élément qui montre la présence géopolitique ou militaire de la France en Afrique, en Océanie et en Amérique (une réponse attendue par continent). *(3 points)*

| DOCUMENTS 1 ET 2 |

▶ **6.** Expliquez pourquoi la France est une puissance géopolitique et militaire dans le monde. *(5 points)*

## LES CLÉS DU SUJET

### ◉ Comprendre les documents

**La présence géopolitique et militaire de la France dans le monde**
- **Nature du document** : Une carte de synthèse
- **Thème** : La présence territoriale, diplomatique et militaire de la France dans le monde
- **Contexte** : La France a les attributs d'une puissance de rang mondial.

**La France et l'axe indopacifique**
- **Nature du document** : Un texte extrait d'un discours prononcé le 5 mai 2018
- **Auteur** : Le président de la République française, Emmanuel Macron
- **Thème** : La stratégie indopacifique de la France et le rôle de la Nouvelle-Calédonie
- **Contexte** : Ce document n'est pas à la même échelle que le doc. 1. Il est centré sur l'axe indopacifique.

### ◉ Répondre aux questions

▶ **2.** Les éléments de la puissance française dans la région se situent dans le premier paragraphe. Tu peux citer le texte entre guillemets.

▶ **3.** Quels sont les objectifs de cette stratégie indopacifique ?

### Géographie • La France et l'Union européenne • CORRIGÉ

▶ **4.** Donne deux exemples, car il y a deux points à prendre.
▶ **5.** Cite un élément pour chaque zone, donc trois au total.
▶ **6.** Outre tes connaissances personnelles, tu peux utiliser la légende du document 2 pour t'aider.

▶ **1.** L'axe Paris-New Delhi-Canberra représente l'axe France-Inde-Australie, dont ces trois villes sont les capitales.

▶ **2.** Pour maintenir sa puissance dans la région indopacifique, la France s'appuie sur ses territoires ultramarins (« la Nouvelle-Calédonie, Wallis-et-Futuna, la Polynésie française et La Réunion »), sa population (« 1,5 million de nos concitoyens »), ses forces armées (« 8 000 de nos militaires »), sa « présence maritime » (« deuxième puissance maritime du monde » derrière les États-Unis).

▶ **3.** L'axe indopacifique prôné par le président Macron doit permettre « d'assurer la liberté de circulation dans les mers et dans les airs », mais aussi d'« articuler nos défenses, notre cyber-sécurité, et lutter contre le terrorisme », notamment face à la Chine, qui est en train d'y « construire sa supériorité ».

▶ **4.** Dans la région indopacifique, la Nouvelle-Calédonie doit jouer un rôle important : territoire français, elle permet de maintenir la présence territoriale et maritime du pays ; elle doit également jouer un rôle commercial et devenir « un territoire exportateur ».

▶ **5.** La France est présente en Afrique, par exemple à travers ses opérations de lutte antiterroriste dans la zone saharo-sahélienne (opération *Barkhane*) ; en Océanie, la France maintient des forces de souveraineté en Polynésie, prépositionnées à Papeete ; de même, en Amérique centrale, en Guadeloupe. La France est donc partout présente.

▶ **6.** La France est une puissance géopolitique et militaire qui compte dans le monde. Ses territoires ultramarins lui assurent une présence sur tous les océans du globe, avec des forces de souveraineté prépositionnées et une marine de guerre qui demeure la 2ᵉ du monde en capacité d'intervention. Membre permanent du Conseil de sécurité de l'ONU, investie dans de très nombreuses organisations internationales de niveau mondial et régional, puissance nucléaire, pourvue de la 2ᵉ ZEE mondiale, la France demeure une puissance au rayonnement géopolitique et militaire de premier plan.

# 46 — Amérique du Nord • Juin 2019

## L'impôt sur le revenu et la solidarité nationale

**ENSEIGNEMENT MORAL ET CIVIQUE**

25 min
10 points

● **INTÉRÊT DU SUJET** • Dans une société française toujours plus fracturée, les inégalités sociales doivent être compensées par la solidarité nationale. La progressivité de l'impôt sur le revenu y contribue.

### DOCUMENT 1 — Cinq célibataires sans enfant payent en 2018 l'impôt sur leurs revenus de 2017

|  | Revenus de l'année 2017 | Impôt sur le revenu à payer en 2018 |
|---|---|---|
| Paul Duchemin | 9 000 euros | 0 euro |
| Dominique Martin | 27 000 euros | 2 029 euros |
| Cristina Viala | 40 000 euros | 5 093 euros |
| Sophie Lefranc | 90 000 euros | 19 515 euros |
| Ali Abdellatifi | 160 000 euros | 46 860 euros |

Jusqu'en janvier 2019, les Français payaient chaque année leurs impôts sur les revenus de l'année précédente.

Simulation à partir du site Impots.gouv.fr.

### DOCUMENT 2 — La solidarité nationale

L'engagement de l'État en matière de solidarité remonte essentiellement au lendemain de la crise économique des années 1930 et de la Seconde Guerre mondiale. Il prend la forme de l'État-providence : l'intervention de l'État dans la vie économique et sociale apparaît nécessaire afin de lutter contre la pauvreté et les inégalités et d'assurer la cohésion nationale.

Cette prise de conscience est inscrite dans le préambule de la Constitution française de 1946 (repris par celle de 1958) qui garantit le droit au travail, la protection de la santé, l'accès à l'instruction, la sécurité matérielle. [...] Concrètement, elle est à l'origine de la création de plusieurs institutions de protection sanitaire et sociale, reposant sur des systèmes d'assurance obligatoire organisés par l'État : la Sécurité sociale est créée dès 1945 ; c'est également dans les années d'après-guerre qu'est mise en place l'assurance-chômage. La solidarité nationale est notamment financée par l'impôt sur le revenu, qui repose sur une redistribution des richesses, chaque citoyen y contribuant en fonction de ses moyens.

Conseil national des politiques de lutte contre la pauvreté et l'exclusion sociale, 19 septembre 2014.

### DOCUMENT 1

▶ **1.** D'après ce document, pour quelle raison les Français ne paient-ils pas tous un même montant pour l'impôt sur le revenu ?

### DOCUMENT 2

▶ **2.** Recopiez la phrase du texte qui justifie que les Français ne payent pas tous un même montant pour l'impôt sur le revenu.

▶ **3.** Relevez trois dispositifs pouvant contribuer à lutter contre la pauvreté et les inégalités.

### DOCUMENTS 1 ET 2

▶ **4.** Un de vos amis ne comprend pas pourquoi certains paient des impôts et d'autres moins ou pas du tout. Il trouve cela contraire au principe d'égalité. Vous lui expliquez pourquoi l'impôt sur le revenu est un outil permettant de combattre les inégalités.

EMC • Respecter autrui • CORRIGÉ 46

## LES CLÉS DU SUJET

### ● Comprendre les documents

**Cinq célibataires sans enfant payent en 2018 l'impôt sur leurs revenus de 2017**

- **Nature du document** : Un tableau de données (simulation)
- **Source** : Le site du ministère des Finances : impots.gouv.fr
- **Thème** : L'impôt sur le revenu
- **Contexte** : La progressivité de l'impôt permet de lutter contre les inégalités sociales

**La solidarité nationale**

- **Nature du document** : Un texte explicatif publié en 2014
- **Auteur** : Le Conseil national des politiques de lutte contre la pauvreté et l'exclusion sociale, un organisme officiel
- **Thème** : La solidarité nationale
- **Contexte** : L'engagement de l'État pour la solidarité nationale depuis les années 1930

### ● Répondre aux questions

▶ **3.** Par « dispositifs », on entend des éléments techniques.

▶ **4.** Veille à mettre ta réponse en situation. Sur le fond, commence par expliquer pourquoi l'imposition est progressive et non simplement proportionnelle, puis développe les aspects liés à la solidarité.

## 46 CORRIGÉ GUIDÉ

Donne du sens aux chiffres du document en calculant un rapport approximatif.

▶ **1.** D'après le document 1, les Français ne paient pas tous un même montant pour l'impôt sur le revenu. Cela ne tient pas à leur situation familiale : le document précise en effet qu'ils sont tous célibataires et sans enfant. En revanche, leurs revenus sont très différents les uns des autres : ils varient de 9 000 à 160 000 € : Ali Abdellatifi gagne presque 18 fois ce que gagne Paul Duchemin. C'est ce qui explique le montant très différent de leur impôt.

**CONSEIL**
Donne du sens aux chiffres du document en calculant un rapport approximatif.

▶ **2.** La phrase du document 2 qui justifie que les Français ne payent pas tous un même montant pour l'impôt sur le revenu est : « La solidarité nationale est notamment financée par l'impôt sur le revenu, qui repose sur une redistribution des richesses, chaque citoyen y contribuant en fonction de ses moyens. »

▶ **3.** Trois dispositifs cités dans le document 2 peuvent contribuer à lutter contre la pauvreté et les inégalités :

**GAGNE DES POINTS**
Explique, d'après tes connaissances, chaque dispositif.

• La Sécurité sociale : chacun cotise en fonction de ses revenus pour payer les frais de santé de ceux qui sont malades ; les risques sont mutualisés et les pauvres bénéficient des cotisations de tous.

• L'assurance-chômage : une cotisation payée sur les salaires permet à ceux qui se retrouvent sans emploi de percevoir des allocations.

• L'impôt sur le revenu : un impôt non proportionnel mais progressif, qui prélève d'autant plus que les revenus sont importants, permet de lutter contre les inégalités en prélevant aux plus riches pour financer les prestations sociales perçues par les plus pauvres.

▶ **4.** « C'était pas mal, le cours d'EMC, non ? » Mon ami Robin semble pourtant bien renfrogné. « M'ouais… N'empêche que je ne vois pas bien pourquoi certains Français payent des impôts et d'autres en payent moins ou pas du tout ! Mon père n'arrête pas de râler en disant que les impôts lui prennent tout ce qu'il gagne ! »

Je ris et lui réponds : « Si les impôts lui prennent tout ce qu'il gagne, comment se fait-il que vous viviez dans une si belle maison ?

La République française défend un certain nombre de valeurs, dont l'égalité et la solidarité. Mais l'égalité ne consiste pas à ce que tout le monde paie les mêmes impôts. Une famille pauvre n'a pas les moyens de payer beaucoup d'impôts ; une famille aisée a la capacité d'en payer davantage. C'est la raison pour laquelle l'impôt sur le revenu n'est pas proportionnel, mais progressif : plus on gagne, plus le taux d'imposition est élevé.

Et puis, cela permet de redistribuer les richesses et ainsi faire preuve de solidarité en luttant contre les inégalités de revenus entre Français. La République est une République sociale. La lutte contre la pauvreté, par exemple, est une question de principe, de dignité humaine. C'est le choix qu'a fait le peuple français en 1945, et encore en 1958. »

# 47 Amérique du Nord • Juin 2018

## L'égalité hommes-femmes en France

**ENSEIGNEMENT MORAL ET CIVIQUE**

**INTÉRÊT DU SUJET •** En vertu des principes d'égalité contenus dans la Constitution de la V<sup>e</sup> République, l'égalité entre les hommes et les femmes doit être promue. Les choses ont ainsi bien avancé de nos jours, même si des progrès restent à accomplir.

Depuis 1982, le 8 mars est officiellement reconnu, en France, comme la journée des droits des femmes. Votre collège profite de cette journée pour organiser une exposition pour rappeler qu'en France, hommes et femmes disposent de droits égaux mais que des inégalités persistent. Voici deux panneaux issus de cette exposition.

> **DOCUMENT 1** Quelques étapes dans la mise en œuvre d'une égalité de droits entre hommes et femmes en France
>
> **1907** : la loi accorde aux femmes mariées la libre disposition de leur salaire.
> **1924** : les programmes de l'enseignement secondaire sont les mêmes pour les filles et les garçons.
> **1944** : droit de vote et d'éligibilité aux femmes.
> **1946** : le principe de l'égalité entre les femmes et les hommes dans tous les domaines est désormais inscrit dans la Constitution.
> **1965** : loi de réforme des régimes matrimoniaux qui autorise les femmes à exercer une profession sans autorisation de leur mari et à gérer leurs biens propres.
> **1972** : le principe de l'égalité de salaires entre les femmes et les hommes est inscrit dans la loi.
> **2000** : loi favorisant l'égal accès des femmes et des hommes aux mandats électoraux.
>
> Panneau réalisé par les élèves.

EMC • Acquérir et partager les valeurs de la République • SUJET 47

> **DOCUMENT 2** Les inégalités professionnelles aujourd'hui
>
> Par rapport aux hommes, les femmes gagnent…
> • 27,5 % de moins dans le secteur des services où elles sont 88 % à travailler.
> • 21,8 % de moins lorsqu'elles sont cadres.
> Leurs emplois sont les plus précaires et les moins bien rémunérés puisqu'elles représentent 62 % des emplois non qualifiés.
>
> Panneau réalisé par les élèves (les données chiffrées<br>sont issues de Franceinfo.fr, 17 septembre 2014).

### DOCUMENT 1

▶ **1.** De quand date l'affirmation du principe d'égalité complète entre hommes et femmes en France ? *(1 point)*

▶ **2.** Pourquoi, selon vous, a-t-il été nécessaire d'adopter ensuite de nouvelles lois sur l'égalité hommes-femmes ? *(1 point)*

### DOCUMENT 2

▶ **3.** À partir du document, montrez que des inégalités persistent dans le domaine professionnel. *(2 points)*

▶ **4.** Proposez au moins deux explications au maintien d'inégalités professionnelles entre hommes et femmes. *(2 points)*

### DOCUMENTS 1 ET 2

▶ **5.** Rédigez un texte de quelques lignes de conclusion à l'exposition expliquant en quoi les inégalités entre les hommes et les femmes vont à l'encontre des valeurs de la République française. *(4 points)*

## LES CLÉS DU SUJET

### ● Comprendre les documents

**Quelques étapes dans la mise en œuvre d'une égalité de droits entre hommes et femmes en France**

- **Nature du document**: Une chronologie
- **Auteur**: Des élèves d'un collège fictif
- **Thème**: La mise en œuvre de l'égalité hommes-femmes en France
- **Contexte**: Les inégalités persistantes entre les hommes et les femmes dans la société française

**Les inégalités professionnelles aujourd'hui**

- **Nature du document**: Des données statistiques publiées en 2014
- **Auteur**: Des élèves d'un collège fictif. Les données chiffrées proviennent du site Internet de la radio France Info.
- **Thème**: Les inégalités professionnelles hommes-femmes

### ● Répondre aux questions

▶ **1.** Recherche le mot clé « principe d'égalité ».

▶ **3.** Réponds sans recopier le texte du document.

▶ **4.** Inspire-toi du document pour expliquer le maintien de ces inégalités et développe un peu ta réponse par des connaissances personnelles.

▶ **5.** Commence par rappeler les inégalités, puis montre leur contradiction avec les valeurs de la République dès l'origine. Termine en rappelant les évolutions récentes qui tendent à réduire ces inégalités.

## CORRIGÉ GUIDÉ

▶ **1.** L'affirmation du principe d'égalité complète entre hommes et femmes en France date de la Constitution de 1946.

▶ **2.** Après 1946, de nouvelles lois en faveur de l'égalité hommes-femmes ont été adoptées. En effet, les inégalités étaient véritablement incrustées

# EMC • Acquérir et partager les valeurs de la République • CORRIGÉ

dans tous les aspects de la vie civile, professionnelle, politique, rendant ainsi nécessaires des lois spécifiques à tel ou tel domaine. Par exemple, la loi de 1965 autorise les femmes à exercer une profession sans l'autorisation de leur mari.

▶ **3.** Des inégalités persistent dans le domaine professionnel. Par exemple, les femmes gagnent 27,5 % de moins que les hommes dans le secteur des services ; elles exercent également des emplois plus précaires, car « elles représentent 62 % des emplois non qualifiés ».

> **CONSEIL**
> Utilise ta propre formulation et mets les citations du texte entre guillemets.

▶ **4.** Le maintien d'inégalités professionnelles entre hommes et femmes peut s'expliquer par le fait que les femmes exercent souvent les emplois « les plus précaires », « 62 % des emplois non qualifiés » : la faible qualification n'est pas favorable à une réduction des inégalités.

La persistance des inégalités provient aussi et surtout de la résistance des mentalités : les femmes sont encore souvent perçues comme moins performantes et moins impliquées que les hommes : leur accès aux postes à responsabilités est par conséquent plus difficile.

▶ **5.** Avec beaucoup de retard, en 1944, la France donnait le droit de vote aux Françaises. Et le préambule de la Constitution de 1946 affirmait enfin l'égalité entre les hommes et les femmes comme une valeur fondamentale de la République. Le mot « égalité », deuxième terme de la devise de la France, n'est-il pas inscrit au frontispice de nos mairies ? Proclamer l'égalité entre tous les citoyens est en effet au cœur du projet républicain depuis la Révolution française et la Déclaration des droits de l'homme et du citoyen du 26 août 1789 : il aura fallu plus d'un siècle et demi pour que « tous les hommes », mais aussi toutes les femmes, « naissent et demeurent libres et égaux en droits ».

> **GAGNE DES POINTS**
> Utilise dès que tu peux des connaissances personnelles précises, qui montreront que tu as étudié la question et que tu ne tires pas tout des documents.

Depuis, de nombreuses lois ont complété cette déclaration de principe afin de mettre la réalité en conformité avec celle-ci. L'évolution vers une égalité réelle est en marche : ainsi, à poste égal, les inégalités de salaire hommes-femmes sont tombées à 9 %. Néanmoins, les mentalités évoluent lentement et du chemin reste à parcourir pour parvenir à une égalité entre hommes et femmes effective dans la vie courante.

# 48 — France métropolitaine • Juillet 2019

## L'engagement des citoyens dans la vie de leur commune

**ENSEIGNEMENT MORAL ET CIVIQUE**

25 min
10 points

● **INTÉRÊT DU SUJET** • Dans une France marquée par l'abstention et le rejet de la politique, les institutions locales tentent de promouvoir une démocratie participative susceptible de favoriser l'engagement citoyen.

**DOCUMENT** — Dépliant de présentation des budgets participatifs de la ville de Floirac (2019)

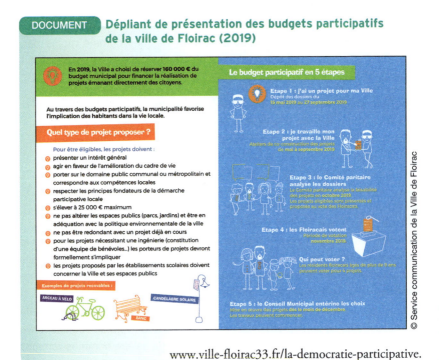

www.ville-floirac33.fr/la-democratie-participative.

▶ **1.** Identifiez la source et les destinataires de ce dépliant.

▶ **2.** Qui peut proposer des projets ? Qui peut voter ?

▶ **3.** Expliquez quel est l'objectif recherché par la ville de Floirac.

# EMC • Construire une culture civique • CORRIGÉ 48

▶ **4.** Citez deux autres formes d'engagement des citoyens dans la vie démocratique.

▶ **5.** Vous allez à la rencontre des habitants de votre quartier pour qu'ils s'engagent dans la vie de la commune. Rédigez un texte pour les convaincre.

## LES CLÉS DU SUJET

### ● Comprendre le document

**Dépliant de présentation des budgets participatifs de la ville de Floirac**

- **Nature du document** : Un dépliant d'information, 2019
- **Auteur** : La mairie de Floirac, en Gironde
- **Thème** : La présentation aux habitants des budgets participatifs de la commune
- **Contexte** : La démocratie locale permet d'associer davantage les citoyens.

### ● Répondre aux questions

▶ **2.** Qui peut proposer ? La réponse est dans l'en-tête du document. Qui peut voter ? Une rubrique du document s'intitule ainsi.

▶ **3.** L'objectif est indiqué dans le document. Essaie de développer ta réponse en montrant l'intérêt de cette implication.

▶ **4.** Cette question ne concerne pas nécessairement Floirac, ni même l'échelle locale.

▶ **5.** Imagine la structure de ton texte (plan) et sa mise en forme (appel à l'engagement) au brouillon. Ne rédige rien avant d'avoir tout organisé.

## 48 CORRIGÉ GUIDÉ

▶ **1.** Le document est publié par la ville de Floirac, en Gironde (33), sur le site Internet de la commune. Le Conseil municipal s'adresse ainsi aux citoyens habitant Floirac.

EMC • Construire une culture civique • **CORRIGÉ** **48**

▶ **2.** Le dépliant précise que les projets émanent « directement des citoyens ». La décision de réaliser ou non les projets présentés dépend d'une « votation » à laquelle peuvent participer tous les « résidents floiracais âgés de plus de 9 ans ». Il s'agit donc d'un corps de votants restreint aux résidents de la commune, mais plus large que celui des seuls citoyens (âgés de plus de 18 ans).

> **GAGNE DES POINTS**
> Développe ta réponse en montrant les spécificités du groupe de votants.

▶ **3.** L'objectif de la ville de Floirac est de promouvoir la démocratie locale en faisant vivre ses aspects participatifs. Elle souhaite favoriser « l'implication des habitants dans la vie locale ». Cette implication est aujourd'hui une condition nécessaire (mais pas toujours suffisante) pour faire avancer les projets locaux. En effet, la société civile française est particulièrement dynamique, et parfois même contestataire. L'implication des citoyens dans les processus de décision est un moyen de désamorcer une partie des contestations et de faire vivre les valeurs démocratiques.

▶ **4.** Outre cet exemple des budgets participatifs, les citoyens français peuvent s'engager dans la vie démocratique, à l'échelle locale ou à d'autres échelles. L'engagement dans un parti politique, par exemple, est un moyen de faire vivre ses idées. L'engagement dans un syndicat participe à la démocratie sociale.

▶ **5.** Mes chers concitoyens,

Notre commune, c'est notre premier cadre de vie, celui de notre quotidien. En s'engageant dans la vie de la commune, chacun d'entre nous peut, par sa connaissance du terrain, par ses compétences propres, participer à en faire un lieu de vie plus agréable pour tous ses habitants.

S'engager dans la vie de la commune, c'est aussi faire fonctionner une démocratie locale. Naturellement, vos élus locaux – maire et conseillers municipaux – sont à votre service : c'est la démocratie représentative. Mais la démocratie locale s'exerce à une échelle qui permet aux citoyens de s'engager dans la recherche de l'intérêt général. Si chacun fait entendre sa voix, alors les projets de la ville seront les projets de chacun !

L'engagement se fait au service de tous. Il fait vivre nos valeurs de fraternité et de solidarité. Alors engagez-vous ! Venez participer aux débats citoyens ! Venez proposer des projets pour notre vie de demain !

> **GAGNE DES POINTS**
> Respecte la forme demandée : un appel à l'engagement des habitants de ton quartier.

# Sciences

## INFOS et CONSEILS sur l'épreuve

**FICHE 1** Comment réussir l'épreuve de sciences ? — 274

## Sujet de France métropolitaine 2021

**SUJETS 49 et 50** — 275

## Physique-chimie

**SUJETS 51 à 53** — 288

## SVT

**SUJETS 54 à 56** — 304

## Technologie

**SUJETS 57 à 59** — 321

# 1 Comment réussir l'épreuve de sciences ?

L'épreuve de sciences propose deux exercices se rapportant à deux de ces trois matières : physique-chimie, SVT et technologie.

## A Quels sont les documents proposés ?

● Les documents (textes, tableaux, graphiques…) proposés dans chaque exercice **rendent compte d'un phénomène** ou présentent le fonctionnement d'un appareil ou d'un système technique.

● Commence par **lire tous les documents**. Souligne les mots et éléments importants. Identifie bien les intitulés des lignes et colonnes d'un tableau, les grandeurs dans un graphique.

## B Comment répondre aux questions ?

### 1. Les questions ciblées

● Pour les questions ciblées, une **réponse courte** convient souvent.

● Certaines questions font uniquement appel à tes **connaissances** ou à ta compréhension. Elles peuvent parfois prendre la forme d'un **QCM**. D'autres questions te conduisent à **chercher** dans les documents **des informations** qui te serviront à étayer ta réponse.

● On peut également te demander de **calculer** (une vitesse, une énergie, une masse volumique, etc.) ; tracer une courbe ; compléter un algorithme extrait d'un programme Scratch ; retrouver des éléments manquants pour compléter la chaîne d'énergie et la chaîne d'information d'un système.

> **CONSEIL** Pour conduire un calcul, écris d'abord la formule littérale, puis effectue l'application numérique. Précise l'unité de chaque grandeur.

### 2. Les questions de synthèse

● Les questions de synthèse nécessitent une **démonstration** : tu devras **confirmer** ou **infirmer** un fait à l'aide des documents et de tes connaissances. D'autres nécessitent de faire la synthèse des données de plusieurs documents, puis un bilan.

● Choisis bien tes arguments, en prenant appui sur les documents. Pense à faire apparaître les **liens logiques** dans tes explications.

● Répondre aux **questions de synthèse** implique de **raisonner** à partir de tes connaissances et des documents. Tu dois décomposer ce raisonnement en étapes.

# 49 France métropolitaine • Juin 2021

## Fonte et régression des glaciers

> **INTÉRÊT DU SUJET** • La fonte des glaciers de montagne est l'une des conséquences du réchauffement climatique. Ce phénomène touche particulièrement l'Europe. Cela nous concerne donc de très près !

Le réchauffement climatique est la principale cause de la fonte et de la régression des glaciers de montagne dans le monde.

*D'après www.futura-sciences.com*

### PARTIE 1. LES CAUSES DE LA FONTE DES GLACIERS

L'augmentation de la température de l'air est responsable d'une fonte plus importante des glaciers de montagne. Cette augmentation de la température est liée à l'excédent de gaz à effet de serre (vapeur d'eau $H_2O$, dioxyde de carbone $CO_2$, méthane $CH_4$, etc.) libérés dans l'atmosphère par les activités humaines. Les chercheurs estiment que le manteau neigeux naturel des Alpes pourrait diminuer de 70 % d'ici la fin du siècle si les émissions de gaz à effet de serre se poursuivent à l'identique. Un deuxième phénomène responsable de la fonte des glaciers de montagne est la diminution des précipitations. En effet, les apports en neige de l'hiver ne compensent plus la fonte naturelle des glaciers pendant l'été.

▶ **1.** En vous appuyant sur l'introduction, citer deux causes essentielles responsables de la fonte des glaciers de montagne.

▶ **2.** Donner le nom et le nombre des atomes présents dans la molécule de méthane.

▶ **3.** Le méthane, constituant principal du gaz naturel et du biogaz, intervient aussi en tant que réactif dans des combustions servant aux activités humaines. On obtient du dioxyde de carbone et de l'eau à l'issue d'une combustion complète. Choisir parmi les équations chimiques suivantes celle qui modélise la combustion complète du méthane. Justifier ce choix.

$$CH_4 + 2\,O_2 \rightarrow CO_2 + 2\,H_2$$
$$CH_4 + 2\,O_2 \rightarrow 2\,CO_2 + H_2O$$
$$CH_4 + 2\,O_2 \rightarrow CO_2 + 2\,H_2O$$

## PARTIE 2. FONTE DES GLACIERS DE MONTAGNE ET HYDROÉLECTRICITÉ

Les eaux de fonte des glaciers contribuent à alimenter des lacs de retenue et participent au fonctionnement de centrales hydroélectriques dont le schéma de principe est donné ci-dessous.

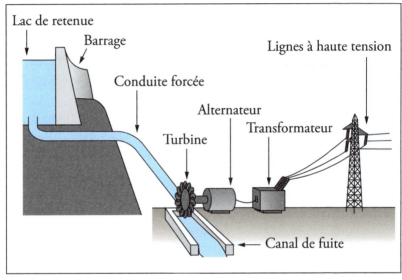

D'après www.edf.fr

▶ **1.** Citer la forme d'énergie emmagasinée au niveau du lac de retenue parmi les suivantes : énergie nucléaire, énergie cinétique, énergie potentielle, énergie chimique, énergie thermique.

▶ **2.** On considère l'alternateur de la centrale hydroélectrique. Sans recopier le diagramme de conversion d'énergie ci-dessous, affecter à chaque numéro une forme d'énergie en choisissant parmi les groupes de mots suivants : énergie électrique, énergie chimique, énergie cinétique, énergie lumineuse, énergie thermique.

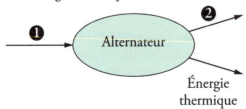

## PARTIE 3. ÉVOLUTION AU COURS DU TEMPS DE L'ÉPAISSEUR EN UN POINT DE LA MER DE GLACE

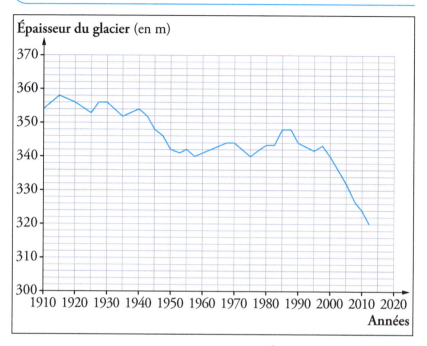

D'après www.ecologie.gouv.fr

▶ **1.** À l'aide du document ci-dessus, on montre que la diminution de l'épaisseur de la Mer de Glace (un glacier des Alpes) entre les années 1990 et 2000 est de 4 mètres. Déterminer la diminution de l'épaisseur du glacier entre les années 2000 et 2010. Justifier la réponse.

▶ **2.** Comparer les deux diminutions obtenues pour une durée de dix ans puis commenter. Quelle hypothèse peut-on formuler à propos du réchauffement climatique ?

## PARTIE 4. VITESSE D'ÉCOULEMENT DE LA GLACE DE LA MER DE GLACE DANS LES ALPES

Un glacier de montagne n'est pas immobile. Une fois la glace formée, elle s'écoule lentement vers l'avant de la pente, comme un fleuve. Une première estimation de la vitesse d'écoulement de la Mer de Glace a été établie il y a déjà presque deux siècles : une échelle abandonnée par le physicien alpiniste Horace-Bénédict de Saussure en 1788 a été retrouvée 4 370 mètres en aval en 1832.

France métropolitaine, juin 2021 • Physique-chimie • **SUJET 49**

▶ Établir le raisonnement permettant de calculer la vitesse d'écoulement de la glace de la Mer de Glace. Effectuer le calcul et exprimer le résultat en mètres par an.

## LES CLÉS DU SUJET

### ● Comprendre les documents

Ce sujet ne contient pas de document à proprement dit, mais chaque question commence par une introduction faisant office de document.

| | |
|---|---|
| **Partie 1 •** Causes de la fonte des glaciers | • Ce texte présente deux phénomènes responsables de la fonte plus importante des glaciers de montagne de nos jours.<br>• Les informations et les formules données te serviront pour répondre aux questions qui suivent. |
| **Partie 2 •** Fonte des glaciers de montagne et hydroélectricité | • Ce schéma d'une centrale électrique donne le principe de fonctionnement de la centrale qui utilise l'eau provenant des glaciers.<br>• Fais attention aux énergies mises en jeu dans ce schéma. |
| **Partie 3 •** Évolution de l'épaisseur de la Mer de Glace | • Ce graphique donne le changement de l'épaisseur en un point d'un glacier (Mer de Glace) au cours du temps.<br>• Utilise une règle pour repérer les points sur l'axe des ordonnées correspondant aux abscisses demandées. |
| **Partie 4 •** Vitesse d'écoulement de la glace de la Mer de Glace | • Ce texte explique comment un glacier de montagne se met en mouvement et s'écoule.<br>• Note bien les deux dates données dans ce texte et l'altitude indiquée pour effectuer tes calculs. |

### ● Répondre aux questions

■ Partie 1

▶ **3.** Note bien dans l'énoncé de cette question les noms des produits de la réaction. Ces produits doivent figurer dans l'équation choisie.

■ Partie 2

▶ **1.** L'énergie à citer est celle également emmagasinée dans les objets ou les masses que l'on maintient en hauteur dans un lieu où règne la pesanteur.

France métropolitaine, juin 2021 • Physique-chimie • CORRIGÉ

### ■ Partie 4
Suis les étapes proposées ci-dessous pour répondre à cette question.

**Calculer la vitesse d'écoulement de la glace de la Mer de Glace**

**Étape 1.** Les deux dates données dans l'introduction à cette question te donnent la durée du déplacement de l'échelle laissée par l'alpiniste. Calcule cette durée $t$.

**Étape 2.** Cherche ensuite dans le texte la distance $d$ parcourue par l'échelle. La durée $t$ et la distance $d$ te permettront de calculer la vitesse $v$ de déplacement de l'échelle oubliée.

**Étape 3.** Rédige ta réponse en exposant ton raisonnement, sachant que c'est la glace qui a entraîné l'échelle avec elle en s'écoulant.

## 49 CORRIGÉ GUIDÉ

### PARTIE 1

▶ **1.** L'une des causes de la fonte des glaciers de montagne est l'augmentation de la température de l'air due au réchauffement climatique. La seconde raison est la diminution des précipitations en hiver. L'apport en neige est donc insuffisant pour compenser la quantité qui fond naturellement.

▶ **2.** La molécule de méthane ($CH_4$) contient un atome de carbone et quatre atomes d'hydrogène.

▶ **3.** La bonne équation est :
$CH_4 + 2\ O_2 \rightarrow CO_2 + 2\ H_2O$.

• D'après l'énoncé, il apparaît de l'eau $H_2O$ et du dioxyde de carbone $CO_2$, ce que nous constatons à droite de l'équation. Comme les éléments sont conservés au cours de la réaction, on doit retrouver le même nombre d'atomes à gauche de la flèche : un atome de carbone, quatre atomes d'hydrogène et quatre atomes d'oxygène.

**INFO +**
L'équation d'une réaction doit être équilibrée, c'est-à-dire que le nombre d'atomes doit être le même à droite et à gauche de la flèche.

• Dans la première équation, l'eau n'apparaît pas comme produit de la réaction et, dans la seconde équation, il n'y a qu'un seul atome de carbone et quatre d'oxygène avant la réaction, mais deux atomes de carbone et cinq d'oxygène après, ce qui n'est pas possible.

# France métropolitaine, juin 2021 • Physique-chimie • CORRIGÉ

## PARTIE 2

▶ **1.** La forme d'énergie emmagasinée dans le lac de retenue est l'énergie potentielle.

▶ **2.** Les deux énergies sont :
❶ Énergie cinétique
❷ Énergie électrique

## PARTIE 3

▶ **1.** D'après le graphique, en 2000, l'épaisseur du glacier était de 340 m, tandis qu'en 2010, cette épaisseur était de 324 m.
La diminution de l'épaisseur du glacier est donc de 340 − 324 = 16 m.

> **CONSEIL**
> Chaque graduation correspond à 2 m, il est donc possible de faire une lecture sur la courbe. Mais en faisant le calcul, tu dois justifier ta réponse.

▶ **2.** Le graphique de la question **3** montre qu'entre 1990 et 2000, c'est-à-dire en 10 ans, l'épaisseur de la Mer de Glace a diminué de 4 m. Tandis qu'entre 2000 et 2010, soit pour une durée identique, l'épaisseur du même glacier a diminué de 16 m, c'est-à-dire quatre fois plus que lors de la décennie précédente. Nous pouvons donc émettre l'hypothèse qu'en 10 ans, le réchauffement du climat de notre planète a connu une accélération fulgurante.

## PARTIE 4

D'après l'introduction, une échelle abandonnée par un physicien alpiniste a parcouru 4 370 m entre l'année où il l'a abandonnée, c'est-à-dire en 1788, et l'année où elle a été trouvée, en 1832. La durée $t$ du parcours de l'échelle est :

$t = 1832 − 1788 = 44$ ans

La vitesse $v$ à laquelle l'échelle a parcouru la distance $d = 4\,370$ m est celle de l'écoulement de la glace de la Mer de Glace, car cet objet a été entraîné par le mouvement du glacier. Cette vitesse est donnée par :

$$v = \frac{d}{t} = \frac{4\,370}{44} = 99 \text{ m/an}$$

Nous pouvons donc affirmer que la vitesse moyenne de l'écoulement de la glace est 99 m/an. Il s'agit d'une vitesse moyenne, car cette valeur ne peut pas être constante en tout lieu d'une chaîne de montagnes aussi vaste et sur une durée aussi longue (44 ans).

# 50 France métropolitaine • Juin 2021

## Photosynthèse de feuilles rouges et panachées

**INTÉRÊT DU SUJET** • La plupart des plantes ont des feuilles vertes, mais certaines ont des feuilles rouges ou panachées. Celles-ci sont-elles capables d'effectuer la photosynthèse malgré leur couleur différente ?

Dans la nature, au printemps, on peut observer des plantes à feuilles vertes, des plantes à feuilles rouges, des plantes à feuilles panachées, c'est-à-dire vertes et blanches, rouges et blanches…
Pour réaliser la photosynthèse, les plantes à feuilles vertes captent l'énergie lumineuse grâce à des pigments, notamment les chlorophylles, présents dans les cellules de leurs feuilles. Ces chlorophylles sont responsables de la couleur verte de ces plantes.
On recherche les pigments que possèdent les plantes à feuilles rouges.

▶ **1.** En vous appuyant sur les chromatogrammes du document 1 :
– montrer que les feuilles rouges disposent de pigments permettant la photosynthèse ;
– citer les pigments qui pourraient être responsables de la couleur rouge des feuilles des plantes à feuilles rouges.

| DOCUMENT 1 | Chromatographie et chromatogrammes |

La chromatographie est une technique qui permet, notamment, de séparer les pigments contenus dans une feuille. Pour cela, un morceau de feuille est écrasé sur une bande de papier (étape 1). La bande de papier est placée dans un solvant (étape 2) qui va entraîner les pigments vers le haut et les séparer.
On réalise deux chromatographies : un pour une feuille verte et l'autre pour une feuille rouge.

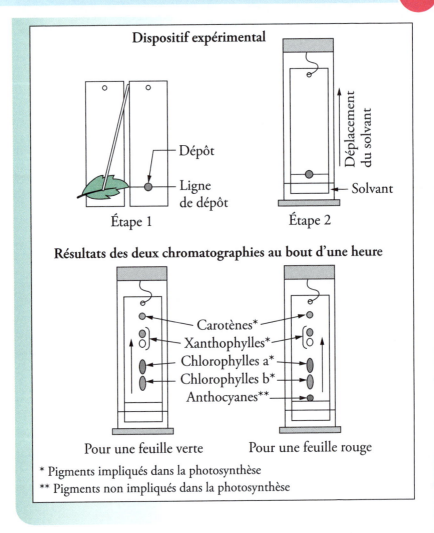

L'amidon est une molécule qui constitue une forme de stockage de la matière organique. Pour le produire, les plantes à feuilles vertes réalisent la photosynthèse. Les pigments chlorophylliens des plantes à feuilles rouges sont fonctionnels (ils permettent de réaliser la photosynthèse).

On se demande si les plantes à feuilles rouges produisent de l'amidon grâce à la photosynthèse en présence de lumière.

## DOCUMENT 2 — Production et stockage d'amidon dans les différentes parties d'une plante à feuilles rouges

Avant de débuter l'expérience, il est nécessaire de s'assurer de l'absence d'amidon dans les feuilles des plantes. Pour cela, on laisse les plantes au moins deux jours à l'obscurité. Dans ces conditions, la photosynthèse s'arrête, les produits de la transformation de l'amidon sont distribués dans les autres parties de la plante.

## DOCUMENT 3 — Dispositifs expérimentaux

| | | Expérience 1 | Expérience 2 | Expérience 3 |
|---|---|---|---|---|
| **Matériel de départ** Les plantes sont cultivées en présence d'eau et de sels minéraux. | | 1 plante à feuilles vertes  1 plante à feuilles rouges | 2 plantes à feuilles rouges | 1 plante à feuilles rouges |
| **Protocole expérimental** | Étape 1 | Culture des 2 plantes pendant 3 jours à l'obscurité | Culture des 2 plantes pendant 3 jours à l'obscurité | Culture de la plante pendant 3 jours à l'obscurité |
| | Étape 2 | Culture pendant 6 h : – à la lumière pour la plante rouge ; – à l'obscurité pour la plante verte. | Culture pendant 6 h : – à la lumière pour une plante ; – à l'obscurité. | Culture pendant 6 h à la lumière |
| | Étape 3 | • Prélèvement d'une feuille de chacune des plantes • Décoloration en laboratoire • Test à l'eau iodée | • Prélèvement d'une feuille de chacune des plantes • Décoloration en laboratoire • Test à l'eau iodée | • Prélèvement d'une feuille de la plante • Décoloration en laboratoire • Test à l'eau iodée |

**Principe du test à l'eau iodée** : l'eau iodée est un réactif jaune qui permet de mettre en évidence la présence d'amidon en se colorant en violet/noir en sa présence.

▶ **2.** À l'aide des documents 2 et 3, indiquer sur votre copie l'expérience, parmi les trois proposées, qui permet de tester l'hypothèse : « La lumière est nécessaire pour que les plantes à feuilles rouges produisent de l'amidon grâce à la photosynthèse. »
Justifier votre choix.

On s'intéresse aux plantes à feuilles panachées : de couleur verte et blanche ou de couleur rouge et blanche.

> **DOCUMENT 4** **Tests à l'eau iodée sur différentes feuilles**
>
> Toutes les feuilles utilisées ci-dessous sont issues de plantes placées dans des conditions favorables à la photosynthèse : en présence de lumière, d'eau et de sels minéraux.
> Les parties blanches des feuilles ne contiennent pas de pigments.
>
> **Couleurs des feuilles avant le test à l'eau iodée**
>
> | Expérience 1 | Expérience 2 | Expérience 3 | Expérience 4 |
> |---|---|---|---|
> | Feuilles vertes | Feuilles rouges | Feuilles panachées vertes et blanches | Feuilles panachées rouges et blanches |

▶ **3.** En vous aidant de tous les documents du sujet :
**a)** Donner les résultats attendus des tests à l'eau iodée pour les feuilles des quatre expériences du document 4 (en réalisant des schémas légendés et/ou en rédigeant un texte).
**b)** Expliquer la production d'amidon ou son absence dans les différentes parties des feuilles.

# France métropolitaine, juin 2021 • SVT • SUJET 50

## LES CLÉS DU SUJET

### ● Comprendre les documents

| | |
|---|---|
| **Document 1 • Chromatographie et chromatogrammes** | • Le texte explique la technique de chromatographie ; les schémas montrent le dispositif expérimental ainsi que les résultats pour une feuille verte ou une feuille rouge.<br>• La chromatographie de la feuille verte sert de témoin pour une feuille effectuant la photosynthèse. |
| **Document 2 • Amidon dans une plante à feuilles rouges** | Le texte précise la manière dont l'expérience peut débuter après s'être assuré de l'absence d'amidon dans les feuilles. |
| **Document 3 • Dispositifs expérimentaux** | • Le tableau présente trois protocoles expérimentaux.<br>• Surligne, avec des couleurs différentes, les conditions différentes (la présence de lumière ou non). |
| **Document 4 • Tests à l'eau iodée sur différentes feuilles** | • Le tableau présente les quatre types de feuilles testées à l'eau iodée après avoir été éclairées.<br>• Repère les couleurs des différentes parties des feuilles afin de déduire si la photosynthèse et la production d'amidon y sont possibles. |

### ● Répondre aux questions

▶ **1.** Compare les résultats des deux chromatographies. Attention, il y a deux questions, tu dois montrer que les pigments nécessaires à la photosynthèse sont présents dans les feuilles rouges et expliquer quels pigments peuvent leur donner la couleur rouge.

▶ **2.** Compare les conditions expérimentales afin de mettre en évidence les facteurs qui varient ; il s'agit de ceux qui sont testés.

▶ **3. a)** Dans un premier temps, imagine les résultats des tests à l'eau iodée des quatre expériences.

**b)** Explique s'il y a production ou non d'amidon dans les différentes parties des feuilles. Pour cela, fais un lien entre pigments, photosynthèse et production d'amidon.

▶ **1.** • La chromatographie est une technique qui permet de séparer les différents pigments d'une feuille. Le document 1 montre notamment les pigments impliqués dans la photosynthèse sur les résultats des chromatographies. Ce sont les xanthophylles, les carotènes et les chlorophylles a et b présents dans les feuilles vertes. D'après les résultats comparés des deux chromatographies, on voit que les feuilles rouges contiennent aussi ces pigments, ainsi que des anthocyanes qui ne sont pas impliqués dans la photosynthèse.

• Tous les pigments permettant la photosynthèse sont présents aussi bien dans les feuilles vertes que dans les feuilles rouges.

• Seuls les anthocyanes sont en plus dans les feuilles rouges et peuvent être responsables de la couleur rouge, puisque c'est la seule différence entre les feuilles rouges et les feuilles vertes.

▶ **2.** • L'amidon est une molécule de stockage de la matière organique produite par photosynthèse. D'après le document 2, on sait qu'au début de l'expérience, il n'y a pas d'amidon stocké car les plantes ont été privées de photosynthèse à l'obscurité pendant deux jours.

• La présence d'amidon est révélée par un test à l'eau iodée qui prend alors une couleur violet/noir.

**CONSEIL**
Les expériences doivent tester les plantes rouges et l'importance du facteur lumière.

• En comparant les colonnes du tableau, on note que les étapes des protocoles expérimentaux sont identiques, sauf au niveau de la couleur des feuilles de la plante testée et de l'exposition à la lumière en étape 2.

• L'expérience 1 teste à la fois la couleur des feuilles et l'exposition à la lumière, les résultats ne peuvent être exploitables car deux facteurs varient en même temps.

• L'expérience 3 ne teste qu'une seule plante à feuilles rouges à la lumière, mais pas à l'obscurité. Il n'y a pas de facteur testé avec cette seule expérience.

• L'expérience 2 teste deux plantes à feuilles rouges, l'une à la lumière et l'autre à l'obscurité. Ces résultats comparés permettront de savoir si la lumière est nécessaire aux feuilles rouges pour produire de l'amidon grâce à la photosynthèse.

**France métropolitaine, juin 2021 • SVT • CORRIGÉ**

- C'est donc l'expérience 2 qui permet de tester l'hypothèse que la lumière est nécessaire pour que les feuilles rouges produisent de l'amidon grâce à la photosynthèse.

▶ **3. a)** Résultats des tests à l'eau iodée des quatre expériences :

| Expérience 1 | Expérience 2 | Expérience 3 | Expérience 4 |
|---|---|---|---|
| Feuilles vertes | Feuilles rouges | Feuilles panachées vertes et blanches | Feuilles panachées rouges et blanches |

**Couleur noir/violet** : test positif à l'eau iodée, présence d'amidon
**Couleur jaune** : test négatif à l'eau iodée, absence d'amidon

**b)** • D'après les documents 2 et 3, la production d'amidon se fait par photosynthèse.

• D'après le document 1, pour réaliser la photosynthèse, les plantes captent l'énergie lumineuse grâce à des pigments, notamment les chlorophylles présents dans les cellules de leurs feuilles qu'elles soient vertes ou rouges. Il y a photosynthèse et production d'amidon dans les parties vertes ou rouges des feuilles qui contiennent les pigments nécessaires.

• D'après le document 4, les parties de feuilles blanches ne contiennent pas de pigments et ne peuvent donc pas effectuer la photosynthèse et produire de l'amidon. Il y a absence d'amidon dans les parties blanches des feuilles panachées.

• Comme la production d'amidon nécessite la présence des pigments impliqués dans la photosynthèse, la molécule d'amidon sera présente dans les parties vertes ou rouges et absente dans les parties blanches.

**France métropolitaine • Septembre 2019**

# Surveillance de la qualité de l'air par LIDAR

● **INTÉRÊT DU SUJET** • La qualité de l'air doit être vérifiée pour préserver la santé des habitants. L'un des polluants surveillés est l'ozone, détecté par un signal laser.

Dans les grandes villes, la qualité de l'air est contrôlée en permanence, afin de préserver la santé des habitants. Si certains seuils de polluants (ozone, microparticules…) sont dépassés, les pouvoirs publics prennent des mesures de prévention, comme la réduction de la vitesse des véhicules sur les voies périphériques.

On s'intéresse ici à la composition de l'air en ville et à l'apparition de l'ozone en cas de pollution. On étudie ensuite un système de surveillance de la qualité de l'air : le LIDAR.

**DOCUMENT 1** **La composition de l'air (en volume)**

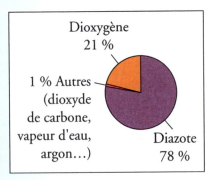

▶ **1.** En s'aidant du document 1, indiquer, parmi la liste des formules chimiques ci-dessous, celles des deux principaux composants de l'air (non pollué) : *(2,5 points)*

$H_2$, $H_2O$, $CH_4$, $CO_2$, $CO$, $O_2$, $O_3$, $N_2$, $NO$, $NO_2$.

▶ **2.** Les polluants proviennent en partie de la circulation automobile. Les voitures dotées d'un moteur à explosion réalisent la combustion de l'essence et libèrent différents gaz dont le dioxyde de carbone $CO_2$ et des oxydes d'azote notés $NO_x$. L'énergie chimique libérée est en partie convertie en énergie cinétique. Le reste est perdu sous forme de chaleur. Sans recopier le diagramme de conversion d'énergie ci-après, affecter à chaque numéro une forme d'énergie en choisissant parmi les termes suivants : *(3 points)*
énergie chimique, énergie électrique, énergie lumineuse, énergie cinétique et énergie thermique.

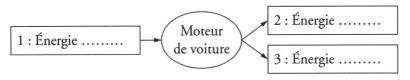

▶ **3.** En utilisant le document 2, proposer un protocole expérimental qui permet de mettre en évidence la production de dioxyde de carbone $CO_2$ obtenu lors d'une combustion. La réponse devra être accompagnée par des phrases et des schémas illustrant l'expérience réalisée. Toute démarche, même partielle, sera prise en compte. *(6 points)*

DOCUMENT 2 — **Banque de données**

**Liste des composés et du matériel de chimie disponibles**

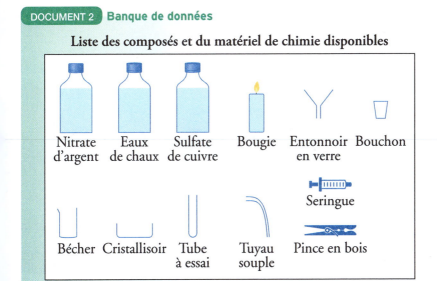

### Tests d'identification de certaines substances

| Substance à identifier | Réactif test | Observation attendue |
|---|---|---|
| Eau | Sulfate de cuivre anhydre | Le sulfate de cuivre initialement blanc devient bleu. |
| Dioxyde de carbone | Eau de chaux | L'eau de chaux se trouble. |
| Ions chlorure | Nitrate d'argent | Formation d'un précipité blanc. |

▶ **4.** En ville, l'ozone de formule $O_3$ est un gaz polluant. Il se forme par une transformation chimique entre le dioxyde d'azote $NO_2$ et le dioxygène $O_2$, en présence de lumière du Soleil. *(8 points)*
**a)** Donner les compositions atomiques des molécules de dioxygène et d'ozone.
**b)** La transformation chimique, évoquée ci-dessus, est modélisée par l'équation chimique suivante :

$$NO_2 + O_2 \rightarrow NO + O_3 \text{ en présence de lumière.}$$

Montrer que cette équation respecte la conservation des atomes.

▶ **5.** Le LIDAR permet notamment d'analyser la composition de l'air et de repérer certains gaz. Il fonctionne à l'aide d'un laser qui émet, pendant un très court instant, une onde électromagnétique du même type que la lumière. Ce signal se déplace à la vitesse de 300 000 km/s.

**DOCUMENT 3** **La détection de l'ozone**

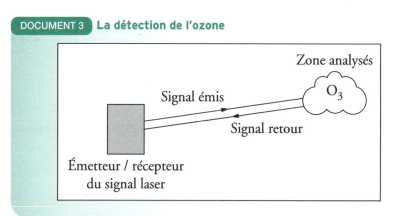

Le signal met 3 μs pour aller jusqu'à la zone analysée et revenir au récepteur. Déterminer la distance entre le LIDAR et la zone analysée. Expliquer la démarche en quelques phrases, et préciser la relation utilisée. Toute démarche, même partielle, sera prise en compte.
On rappelle 1 μs = $10^{-6}$ s. *(5,5 points)*

# Physique-Chimie • La matière • CORRIGÉ 51

## LES CLÉS DU SUJET

### ● Comprendre les documents

**Document 1 • La composition de l'air en volume**
- Ce document donne le pourcentage en volume des principaux gaz constituant l'air.
- Note les valeurs pour répondre à la question **1**.

**Document 2 • Banque de données**
- Ce document présente l'ensemble du matériel à utiliser pour effectuer un test. Il présente également trois tests d'identification.
- Regarde d'abord le rappel des tests pour choisir ensuite le matériel que tu proposeras d'utiliser.

**Document 3 • Le détecteur de l'ozone**
- Ce document est un schéma illustrant le procédé utilisé par le LIDAR pour détecter l'ozone de l'air.
- Lis et résume l'explication du procédé donnée en introduction de la question **5**, et suis les rayons du laser dans le schéma pour y répondre.

### ● Répondre aux questions

▶ **3.**

| Proposer un protocole expérimental |
|---|

| Étape 1. Cherche comment récupérer le gaz formé par la combustion de la bougie. |
|---|

| Étape 2. Utilise ensuite le tableau des tests d'identification pour te rappeler ce que tu testes et de quelle façon. |
|---|

| Étape 3. Observe le matériel mis à ta disposition, il te fournira une idée de l'expérience que tu peux proposer. Deux schémas doivent suffire pour décrire ce test. |
|---|

▶ **5.** Utilise le schéma pour écrire ta formule : la précision donnée sur le temps mis par le signal est importante.

## 51 CORRIGÉ GUIDÉ

▶ **1.** Les deux principaux constituants de l'air sont le dioxygène de formule $O_2$ et le diazote de formule $N_2$.

▶ **2.** Les correspondances entre les numéros et les énergies sont :
1 : Énergie chimique
2 : Énergie cinétique
3 : Énergie thermique

▶ **3.** Test du $CO_2$ libéré lors de la combustion d'une bougie :

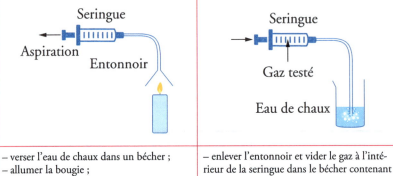

| – verser l'eau de chaux dans un bécher ;<br>– allumer la bougie ;<br>– relier l'entonnoir à la seringue à l'aide du tuyau souple ;<br>– aspirer le gaz qui se forme lors de la combustion au-dessus de la bougie. | – enlever l'entonnoir et vider le gaz à l'intérieur de la seringue dans le bécher contenant l'eau de chaux à l'aide du tuyau ;<br>– l'eau de chaux se trouble en présence du dioxyde de carbone. |
|---|---|

▶ **4. a)** Le dioxygène est composé de deux atomes d'oxygène tandis que l'ozone est composé de trois atomes d'oxygène.

**b)** Pour montrer la conservation des atomes lors d'une transformation chimique, il faut vérifier qu'il y a le même nombre de chaque atome avant et après la transformation.

On constate, d'après l'équation de la réaction, qu'il y a un atome d'azote N dans $NO_2$ avant la réaction et autant dans NO après.

Il y a aussi 4 atomes d'oxygène dans $NO_2$ et $O_2$ réunis, que l'on retrouve après la réaction dans NO et $O_3$.

Les éléments sont donc conservés lors de cette transformation.

▶ **5.** On appelle $d$ la distance entre le LIDAR et l'ozone. D'après l'énoncé, le temps $t = 3$ μs correspond à un aller-retour et la vitesse du signal est $C = 300\ 000$ km/s.

**INFO +**
Le schéma montre bien la distance parcourue, utilise-le pour écrire ta formule.

On utilise la relation suivante pour calcul de $d$ :

$C = \dfrac{2d}{t}$.

D'où $2d = C \times t$.

Et $d = C \times \dfrac{t}{2} = 300\ 000 \times \dfrac{3 \times 10^{-6}}{2} = 0{,}45$ km $= 450$ m.

La distance entre le LIDAR et la zone analysée est de 450 mètres.

# 52 Antilles, Guyane • Juin 2019

## La physique et la chimie au service du football

30 min
25 points

● **INTÉRÊT DU SUJET** • Le sport exige de plus en plus de technicité dans les matériaux utilisés par les sportifs. La science permet de répondre à cette nouvelle exigence.

En 2019, la France organise la coupe du monde de football féminin. À cette occasion, les fabricants de matériel sportif mettent en avant des chaussures de football à la fois légères et performantes dédiées spécifiquement aux femmes. Ces innovations sont permises par la recherche en science des matériaux et répondent aux exigences toujours plus grandes des sportifs.

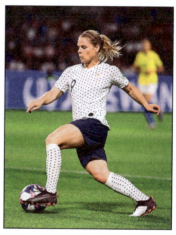

Ph© Franck Fife / Afp

### DOCUMENT 1  Les chaussures de football en PEBA

Bon nombre de joueuses professionnelles utilisent des chaussures de football en PEBA ou polyéther block amide. Ce matériau peu dense permet d'obtenir des chaussures qui sont 20 % plus légères. Qu'il fasse chaud ou froid, sur terrain enneigé ou sec, le PEBA reste stable. De plus, la semelle peut se plier un million de fois sans se dégrader grâce à l'élasticité exceptionnelle du PEBA, c'est-à-dire à sa capacité à emmagasiner et à restituer l'énergie comme le ferait un ressort. Cela procure une sensation de dynamisme et d'adhérence au terrain, ainsi qu'un toucher de balle exceptionnel.

D'après www.pebaxpowered.com

| DOCUMENT 2 | **De l'huile de ricin au PEBA**

**Plant de ricin**

L'huile de ricin, issue de graines de ricin, est constituée essentiellement de longues molécules d'acide ricinoléique de formule $C_{18}H_{34}O_3$.

Une transformation chimique de l'acide ricinoléique permet d'obtenir une espèce chimique appelée rilsan. Un objet fabriqué en rilsan est caractérisé par sa rigidité.

Une entreprise chimique française, Arkema, a mis au point le PEBA en faisant réagir le rilsan avec une autre espèce chimique, appelée polyéther, qui apporte plus de souplesse et d'élasticité.

▶ **1. a)** À partir du document 1, citer trois qualités du matériau nommé PEBA. *(3 points)*

**b)** Quel est le nom des éléments chimiques contenus dans la molécule d'acide ricinoléique de formule $C_{18}H_{34}O_3$. Il est demandé de répondre par une phrase et non par une simple liste de mots. *(3 points)*

On désire représenter les transformations chimiques successives permettant d'obtenir le PEBA à l'aide du diagramme suivant :

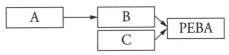

**c)** À partir du document 2, donner le nom des espèces chimiques associées aux repères A, B et C de ce diagramme. *(3 points)*

**Physique-Chimie • Mouvement et interactions • SUJET 52**

▶ **2.** Le ballon de football fait aussi l'objet de recherche pour améliorer ses caractéristiques et son comportement au cours du jeu : rebonds, résistance aux chocs, etc. On souhaite modéliser les actions que le ballon subit lorsqu'il est soumis à un coup de pied. Pour cela, on identifie l'ensemble des actions mécaniques modélisées par des forces qui s'exercent sur le ballon posé au sol au moment du coup de pied donné par une footballeuse.

**DOCUMENT 3** Schématisation des actions mécaniques exercées sur le ballon

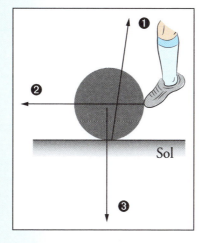

Les segments fléchés ①, ② et ③ identifiés ci-dessus modélisent les trois actions mécaniques qui s'exercent sur le ballon lors du coup de pied.

**a)** Pour chacun des segments fléchés ①, ② et ③ du document 3, choisir, parmi les propositions suivantes, le nom de l'action mécanique qui lui correspond : *(2,5 points)*
– action du sol sur le ballon ;         – action du ballon sur le pied ;
– action de pesanteur sur le ballon ;   – action du ballon sur le sol.
– action du pied sur le ballon ;
**b)** Parmi ces cinq actions, identifier une action à distance et une action de contact. *(2,5 points)*

▶ **3.** Une montre GPS enregistre la position et la vitesse d'une footballeuse lors d'un footing d'entraînement. Un logiciel d'analyse de performance sportive permet d'afficher la courbe du document 4, montrant l'évolution de la vitesse de la footballeuse au cours de cet entraînement.

**DOCUMENT 4** Évolution de la vitesse au cours de la séance d'entraînement

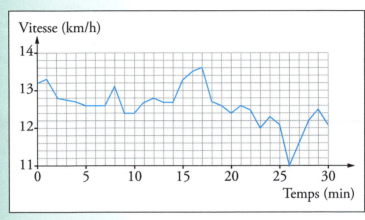

**a)** À quel instant la vitesse maximale a-t-elle été atteinte par la footballeuse lors de cette séance ? *(2 points)*

**b)** Quelle est la vitesse de la footballeuse à la 26ᵉ minute ? S'est-elle arrêtée à cet instant ? *(2 points)*

**c)** Choisir, parmi les propositions suivantes, celle(s) qui caractérise(nt) le mouvement de la footballeuse durant cette séance : *(2 points)*
– la vitesse est constante et égale à 13,6 km/h ;
– la vitesse est comprise entre 11,0 et 13,6 km/h ;
– le mouvement est uniforme.

▶ **4.** Une rencontre de la coupe du monde commence : l'arbitre siffle le début de la partie au milieu du terrain. Le son se propage à la vitesse de 340 m/s. Une gardienne de but, située près de ses cages, est à une distance de 48 m de l'arbitre : elle entend donc le son émis par le sifflet avec un léger retard.
Ce retard peut-il avoir une influence sur le bon déroulement du jeu ? Donner un avis argumenté en développant un raisonnement qui utilise la relation entre vitesse, distance parcourue et durée du parcours. La durée calculée sera arrondie au centième de seconde.
Toute démarche, même partielle, sera prise en compte. *(5 points)*

Physique-Chimie • Mouvement et interactions • **SUJET 52**

## LES CLÉS DU SUJET

### ● Comprendre les documents

**Document 1 •**
**Les chaussures de football en PEBA**
- C'est un texte sur un nouveau matériau, le PEBA, présentant ses qualités et ses performances.
- Souligne dans le texte ces qualités.

**Document 2 •**
**De l'huile de ricin au PEBA**
- Ce document explique le procédé chimique de la fabrication du PEBA.
- Relève dans le texte les transformations chimiques nécessaires à cette fabrication, ainsi que les noms des espèces chimiques qui y apparaissent.

**Document 3 •**
**Actions mécaniques sur un ballon**
- C'est un schéma des actions subies par un ballon placé sur le sol et auquel on donne un coup de pied.
- Note bien les points de contact entre les différents éléments du schéma et d'où partent les flèches.

**Document 4 •**
**Évolution de la vitesse au cours d'un entraînement**
- Ce graphique montre l'évolution de la vitesse d'une footballeuse lors de son entraînement, au cours du temps.
- Sa lecture te permet de répondre à la question **3**.

### ● Répondre aux questions

▶ **1. a)** Sois vigilant(e) : on te demande de citer les qualités du matériau et non pas les sensations qu'il procure.

▶ **2. a)** Ce sont des actions appliquées « sur le ballon », ce détail t'aidera à choisir les bonnes réponses.

▶ **4.** Suis les étapes du schéma pour répondre à cette question.

**Déterminer la vitesse de propagation d'un son pour argumenter sur le bon déroulement du jeu**

Étape 1. Cherche d'abord la distance que le son doit parcourir et note la vitesse du son.

Étape 2. Calcule ensuite le temps $t$ mis par le son pour parvenir à la gardienne du but.

Étape 3. Rédige ton raisonnement en mettant en avant la particularité de la réponse que tu as trouvée pour $t$.

## 52 CORRIGÉ GUIDÉ

▶ **1. a)** Le PEBA est un matériau peu dense, stable et d'une grande élasticité.
**b)** La molécule d'acide ricinoléique contient les éléments carbone, hydrogène et oxygène.
**c)** Dans ce diagramme, A représente l'huile de ricin, B le rilsan et C le polyéther.

▶ **2. a)** Sur ce schéma, le segment fléché ① représente l'action du sol sur le ballon, le segment fléché ② représente l'action du pied sur le ballon et le segment fléché ③ représente l'action de pesanteur sur le ballon.
**b)** L'action de la pesanteur sur le ballon est une action à distance que ce dernier subit même lorsqu'il n'est pas posé sur le sol. L'action du pied sur le ballon est une action de contact.

▶ **3. a)** La vitesse maximale de 13,6 km/h est atteinte à la 17$^e$ minute par la footballeuse.
**b)** D'après la courbe, la vitesse de la footballeuse à la 26$^e$ minute est de $V = 11$ km/h. Cette valeur est supérieure à zéro, elle n'est donc pas à l'arrêt.

**REMARQUE**
Le zéro de l'axe des ordonnées est décalé, tiens-en compte pour ta lecture.

**c)** La vitesse de la footballeuse varie au cours du temps, elle n'est donc pas constante, et le mouvement n'est pas uniforme. On peut donc dire que sa vitesse est comprise entre 11,0 et 13,6 km/h.

▶ **4.** La gardienne de but entendra le son du sifflet, à une distance de $d = 48$ m, au bout d'un temps $t$.
Calcul de $t$ à l'aide de la vitesse du son $v = 340$ m/s :

**CONSEIL**
Calcule le temps que met le son pour parvenir à la gardienne du but.

$$v = \frac{d}{t}$$

$$t = \frac{d}{v} = \frac{48}{340} = 0{,}14 \text{ s.}$$

La gardienne du but entendra donc le son du sifflet 14 centièmes de seconde après son émission. C'est un temps trop court pour pouvoir parler d'un décalage qui puisse avoir une influence sur le déroulement du jeu. L'oreille humaine ne remarquera pas ce retard de réception du son. Le jeu ne sera donc pas perturbé.

# 53 Asie • Juin 2018

## Pertes auditives

⏱ 30 min
25 points

> **INTÉRÊT DU SUJET** • La perte auditive touche des millions de personnes, mais les avancées technologiques en matière de prothèses auditives permettent à beaucoup d'entre elles d'entendre à nouveau.

D'après l'Organisation mondiale de la santé, 360 millions de personnes dans le monde, dont 32 millions d'enfants, souffrent de surdité. Certaines déficiences auditives peuvent être corrigées grâce à des prothèses.

**DOCUMENT 1** — Schéma de l'oreille humaine

L'échelle n'est pas respectée.

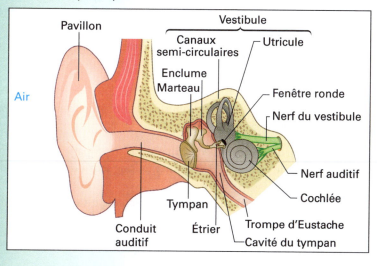

| DOCUMENT 2 | **Composition d'une prothèse auditive**

Une prothèse auditive est constituée essentiellement de quatre composants :
– un microphone qui capte les sons et les transforme en signaux électriques ;
– un processeur qui analyse, traite et amplifie les signaux électriques en fonction des pertes auditives du patient ;
– un haut-parleur qui reçoit les signaux électriques issus du processeur, les convertit en signaux sonores et les diffuse dans le conduit auditif de l'oreille du patient ;
– une batterie pour alimenter électriquement tous les composants de la prothèse.

▶ **1.** À l'aide du document 1, expliquer pourquoi le son peut se propager dans le conduit auditif.

▶ **2.** Un son reçu à l'entrée du conduit auditif se propage pendant 75 μs avant d'atteindre le tympan. Déterminer la longueur du conduit auditif.
Données :
• 1 μs = $1 \times 10^{-6}$ s ce qui signifie qu'une seconde est égale à un million de microsecondes ;
• vitesse du son dans l'air : $v_{air}$ = 340 m/s ;
• vitesse du son dans l'eau : $v_{eau}$ = 1 500 m/s.

▶ **3.** L'énergie transportée par un signal sonore est une énergie mécanique.
**a)** Nommer le composant de la prothèse auditive qui convertit de l'énergie mécanique en énergie électrique.
**b)** Nommer le composant qui effectue la conversion inverse.

**Physique-Chimie • Les signaux • SUJET 53**

**DOCUMENT 3** **Audiogramme de l'oreille droite pour deux patients**

Le patient 1 entend clairement, tandis que le patient 2 est atteint de surdité.

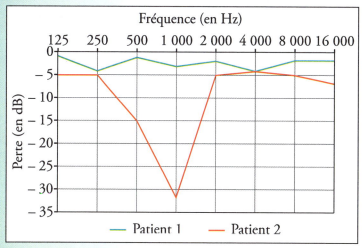

**DOCUMENT 4** **Spectres de trois haut-parleurs de prothèse auditive**

Une prothèse auditive peut contenir plusieurs haut-parleurs afin de permettre au patient de mieux entendre. Chaque haut-parleur se caractérise par un niveau sonore de sortie, exprimé en décibels (dB).

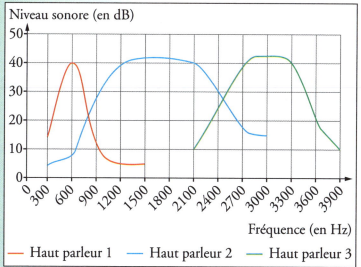

**Physique-Chimie • Les signaux • SUJET 53**

▶ **4.** Lors d'une visite de contrôle de l'audition, un patient passe un examen médical nommé audiométrie. Le résultat est un audiogramme qui indique la perte auditive de l'oreille, exprimée en décibels (dB), pour l'ensemble des fréquences audibles.
En utilisant les documents 3 et 4, identifier le ou les haut-parleur(s) qu'il faut choisir pour fabriquer la prothèse auditive du patient 2.
Justifier la réponse.

## LES CLÉS DU SUJET

### ● Comprendre les documents

| | |
|---|---|
| **Document 1 •**<br>**L'oreille humaine** | • Il s'agit d'un schéma complet de l'oreille humaine.<br>• Il peut paraître complexe, mais tu n'auras pas à utiliser toutes les informations qu'il fournit. |
| **Document 2 •**<br>**Composition d'une prothèse auditive** | • Ce document donne les quatre composants d'une prothèse auditive.<br>• Repère les composants qui convertissent le son en signal électrique puis le signal en son. |
| **Document 3 •**<br>**Audiogramme de l'oreille droite pour deux patients** | • C'est le graphique qui montre la perte auditive en décibels (dB) de l'oreille droite de deux personnes.<br>• Note que l'une des personnes est atteinte de surdité alors que l'autre entend correctement. |
| **Document 4 •**<br>**Spectres de trois haut-parleurs de prothèse auditive** | • C'est un graphique donnant le niveau sonore de sortie de trois haut-parleurs en fonction de la fréquence en hertz (Hz).<br>• Note que ce graphique montre les domaines de fréquences que couvrent trois haut-parleurs différents. |

### ● Répondre aux questions

▶ **1.** Il faut se rappeler qu'un signal sonore est une onde mécanique ayant besoin d'un milieu pour se propager.
▶ **3.** Utilise le document 2 pour répondre à cette question.
▶ **4.** Suis les étapes du schéma pour répondre à la question.

| Argumenter le choix d'une prothèse auditive |
|---|
| Étape 1. Expose d'abord le problème du patient 2 à l'aide du document 3. |
| Étape 2. Compare ensuite les trois courbes données dans le document 4 : entre elles et avec celle de l'audiogramme du patient atteint de surdité. |
| Étape 3. Propose ta solution au problème en discutant les domaines de fréquences. |

# 53 CORRIGÉ GUIDÉ

▶ **1.** Un signal sonore est mécanique, il ne peut se propager que dans des milieux matériels comme l'air, les solides ou l'eau. On constate sur le schéma du document 1 que le conduit auditif est au contact de l'air par l'intermédiaire du pavillon de l'oreille. Ce conduit rempli d'air permet donc la propagation des signaux sonores captés par le pavillon.

▶ **2.** On cherche la longueur $L$ du conduit auditif à l'aide de la relation
$$v_{air} = \frac{L}{t},$$
avec $t = 75$ µs $= 75 \times 10^{-6}$ s.
D'où $L = v_{air} \times t = 340 \times 75 \times 10^{-6}$,
soit $L = 0,026$ m $= 2,6$ cm.

**REMARQUE**
Il faut convertir les unités lorsque l'on utilise des formules.

▶ **3. a)** Le composant de la prothèse qui convertit l'énergie mécanique en énergie électrique est le microphone.
**b)** Le composant de la prothèse qui convertit l'énergie électrique en énergie mécanique est le haut-parleur.

▶ **4.** Le patient 2 a besoin d'une prothèse auditive contenant un ou plusieurs haut-parleurs adaptés à sa perte auditive. En étudiant le document 3, on constate que ce patient entend très mal, ou pas du tout, les sons à partir de 250 Hz jusqu'à 2 000 Hz.
• En comparant les trois graphiques des haut-parleurs du document 4, on constate que le haut-parleur 3 ne conviendra pas car tous les sons de 250 Hz à 2 000 Hz nécessitant une amplification pour ce patient ne seront pas amplifiés.
• On constate aussi que le haut-parleur 1 n'amplifie que les sons entre 300 Hz et 900 Hz, ce qui ne couvre pas les sons allant de 900 Hz jusqu'à 2 000 Hz. Néanmoins, en l'associant avec le haut-parleur 2 qui amplifie les sons entre 500 Hz et 2 700 Hz ces deux haut-parleurs couvriront la totalité du domaine de la perte auditive du patient.

**GAGNE DES POINTS**
Propose deux haut-parleurs au lieu d'un seul.

L'association des haut-parleurs 1 et 2 dans une même prothèse permettra donc au patient 2 d'entendre les sons que sa perte auditive l'empêchait d'entendre.

# 54 Polynésie française • Juin 2018

## Vent et kitesurf

30 min
25 points

● **INTÉRÊT DU SUJET** • Le kitesurf est un sport nautique spectaculaire, mais dangereux. Il est utile de connaître les vents utilisés afin d'éviter les accidents. C'est ce que tu vas étudier avec ce sujet.

Le kitesurf est un sport nautique où le pratiquant est tracté par une voile. Les accidents de kitesurf ont lieu principalement lors du départ de la plage (le sportif peut être projeté contre les rochers par le vent) ou lorsque le vent emporte le sportif vers le large. Donc une bonne connaissance des vents est préconisée pour cette pratique.

### DOCUMENT 1

Au cours d'une journée d'été bien ensoleillée, un phénomène apparaît sur une petite zone située proche des plages. On parle de brise de mer ou brise de terre.
Définitions : la **climatologie** étudie des phénomènes météorologiques sur une zone étendue du globe et sur une longue durée (de l'ordre de plusieurs mois) alors que la **météorologie** étudie le temps qu'il fait à court terme (de l'ordre de l'heure à plusieurs journées) et sur une zone limitée (quelques kilomètres).

**SVT • La Terre, l'environnement et l'action humaine • SUJET 54**

▶ **1.** À partir du document 1, justifier le fait que les brises de terre et brises de mer ne sont pas des phénomènes climatiques.

**DOCUMENT 2** | Relevés de températures en degrés Celsius (°C) au cours d'une journée ensoleillée

▶ **2.** En utilisant le document 2 :
**a)** Indiquer quelle est la température du sol à 16 h 00.
**b)** Comparer l'évolution de la température de la mer et du sol au cours d'une journée d'été.

**DOCUMENT 3** | Schémas expliquant l'apparition des phénomènes météorologiques « brise de terre » et « brise de mer »

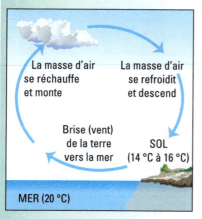

**Brise de terre**

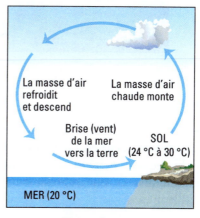

**Brise de mer**

▶ **3.** À partir du document 3 :
**a)** Identifier le risque encouru par un kitesurfeur selon la brise qui se produit.
**b)** Déduire des schémas le moment de la journée (matin ou après-midi) où peut se produire une brise de mer.

> **DOCUMENT 4** **Modélisation de déplacements des masses d'air**
>
> Des élèves ont cherché à modéliser l'apparition du vent. Pour cela, ils ont placé un glaçon dans une coupelle au-dessus d'une colonne en verre pour refroidir l'air dans la colonne et de l'eau chaude dans une coupelle au-dessus d'une deuxième colonne en verre pour réchauffer l'air dans la deuxième colonne. Ils ont positionné un cône d'encens dans une coupelle sous les deux tubes collecteurs reliés aux deux colonnes.
> Le résultat est schématisé ci-dessous :
>
>
>
> (d'après Jeulin.fr)

▶ **4.** À partir du document 4 :
**a)** Indiquer quelle est l'hypothèse testée dans la modélisation.
**b)** Expliquer l'intérêt d'utiliser la fumée produite par l'encens.
**c)** Indiquer ce que représentent les deux colonnes de températures différentes.

## SVT • La Terre, l'environnement et l'action humaine • SUJET 54

## LES CLÉS DU SUJET

### ● Comprendre les documents

**Document 1 • Définitions**
- Ce texte définit la climatologie et la météorologie et présente les deux types de vents présents sur les plages, la « brise de mer » et la « brise de terre ».
- Compare les données sur les deux types de brises aux définitions de climatologie et de météorologie.

**Document 2 • Relevés de températures au cours d'une journée ensoleillée**
- Ce graphique donne les températures relevées dans la mer et dans l'air, au cours d'une journée ensoleillée.
- Distingue bien les évolutions de la température de l'eau et de l'air (une courbe pour chaque) au cours de la journée pour pouvoir les comparer.

**Document 3 • Phénomènes météorologiques « brise de mer » et « brise de terre »**
- Ces deux schémas expliquent la création des brises de terre et de mer en fonction des températures de la mer et du sol.
- Note bien les températures et le sens du vent, symbolisé par le sens des flèches.

**Document 4 • Modélisation des déplacements de masse d'air**
- Ce document présente le résultat obtenu avec un modèle de déplacement de masse d'air effectué par des élèves.
- La photographie aide à comprendre le montage et son intérêt pour modéliser des mouvements de masse d'air en fonction des différences de température.

### ● Répondre aux questions

▶ **1.** Lis bien la définition de la climatologie afin de montrer qu'elle n'étudie pas des phénomènes tels que les brises de terre et de mer.

▶ **2.** Pour la lecture du graphique, il faut distinguer les deux relevés : température de la mer en pointillés et température du sol en trait continu.

▶ **3.** Repère le sens des flèches sur les schémas et n'oublie pas les informations sur le kitesurf données dans l'introduction du sujet.

▶ **4.** Prends le temps de comprendre l'expérience réalisée et en quoi c'est un modèle du déplacement de masses d'air.

## 54 CORRIGÉ GUIDÉ

▶ **1.** Dans le document 1, au cours d'une journée d'été bien ensoleillée, les brises de mer ou de terre apparaissent sur une petite zone située proche des plages. Il est précisé que la climatologie étudie des phénomènes météorologiques sur une zone étendue du globe et sur une longue durée, ce qui n'est pas le cas des brises de terre et de mer. Elles se rapportent à la météorologie car elles apparaissent sur une zone limitée.

▶ **2. a)** La température au sol à 16 h est de 30 °C.
**b)** La température de la mer est constante avec une valeur de 20 °C, il n'y a qu'une légère élévation vers 16 h. La température du sol est variable entre 14 et 30 °C au cours de la journée d'été. Elle augmente de 4 h du matin jusqu'à 16 h, puis diminue le soir et la nuit. Elle est inférieure à celle de la mer entre 23 h et 10 h et supérieure entre 10 h et 22 h. La température de la mer est constante, celle du sol varie au cours de la journée.

> **CONSEIL**
> Puisqu'il faut les comparer, il faut décrire les deux variations séparément, puis l'une par rapport à l'autre.

▶ **3. a)** La brise de terre est un vent de la terre vers la mer, elle peut éloigner dangereusement le kitesurfeur de la plage. La brise de mer est un vent de la mer vers la terre, elle peut projeter le kitesurfeur sur les rochers.
**b)** D'après le schéma du document 3, la brise de terre a lieu lorsque le sol est plus froid que la mer et d'après le graphique 2 la température du sol est inférieure à celle de la mer entre 23 h et 10 h. La brise de terre se produit donc le matin.
La brise de mer a lieu lorsque le sol est plus chaud que la mer et la température du sol est supérieure à celle de la mer entre 10 h et 23 h avec un maximum de différence à 16 h. La brise de mer se produit donc l'après-midi.

▶ **4. a)** Puisque les deux colonnes sont à des températures différentes et qu'ils cherchent à montrer la présence d'un mouvement d'air, les élèves ont testé l'hypothèse que l'apparition du vent est due à une différence de température entre deux milieux.

> **CONSEIL**
> Il est nécessaire de comprendre le montage à l'aide de la photographie et du texte.

**b)** La fumée produite par l'encens permet de visualiser le mouvement de l'air car il entraîne la fumée. Sinon il n'est pas détectable.
**c)** Les colonnes représentent les deux milieux de températures différentes, donc le sol et la mer.

# 55 France métropolitaine • Juillet 2019

## La nutrition des végétaux

30 min
25 points

● **INTÉRÊT DU SUJET** • La population humaine devrait atteindre 10 milliards en 2050. L'un des enjeux futurs est de pouvoir nourrir tout le monde. On cherche ainsi des pratiques permettant d'augmenter la production agricole, tout en veillant à préserver l'environnement.

L'eau et les sels minéraux comme l'azote, le phosphore et le potassium sont indispensables pour satisfaire les besoins nutritifs des végétaux. Dans ce sujet, on s'intéresse au lieu de prélèvement de l'eau et des sels minéraux au niveau d'un végétal.

**DOCUMENT 1** — Organisation générale d'un végétal avec ses principaux organes

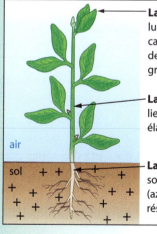

**La feuille** capte un maximum de lumière et prélève du dioxyde de carbone ce qui permet de fabriquer de la matière organique (sucres) grâce à la photosynthèse.

**La tige** porte les feuilles. Elle est également le lieu de transport de la sève brute et de la sève élaborée.

**La racine** permet d'ancrer le végétal dans le sol, de prélever l'eau et les sels minéraux (azote, potassium…) et de stocker des réserves.

D'après le site snv.jussieu.fr et svt.ac-dijon.fr/schéma

▶ **1.** Recopier le schéma ci-dessous sur la copie et relier chaque substance minérale à l'organe qui la prélève en utilisant le document 1.

| Substances minérales | Organes du végétal |
|---|---|
| l'eau • | • la feuille |
| le dioxyde de carbone • | • la tige |
| l'azote • | • la racine |

On s'intéresse à l'absorption racinaire par la plantule.

> **DOCUMENT 2** Expériences permettant de déterminer le lieu d'absorption de l'eau et des sels minéraux

**a. Observation d'une plantule à la loupe binoculaire**

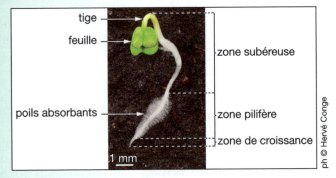

La racine est constituée de trois zones distinctes.
Pour déterminer quelle(s) zone(s) de la racine absorbe l'eau et les sels minéraux, les différentes parties de la racine sont placées dans l'eau minéralisée ou dans l'huile selon l'hypothèse testée (voir ci-dessous).

**b. Expérience permettant de rechercher la/les zone(s) d'absorption racinaire**

**Précisions :**
– L'huile et l'eau ne se mélangent pas, il n'y a pas d'échange entre ces deux fluides.
– L'huile est moins dense que l'eau ; ainsi elle se trouve au-dessus de l'eau dans le récipient.
– L'huile ne peut pas être absorbée par la plante et n'est pas toxique.
– L'huile ne contient ni eau ni sels minéraux.

**Conditions expérimentales et résultats :**

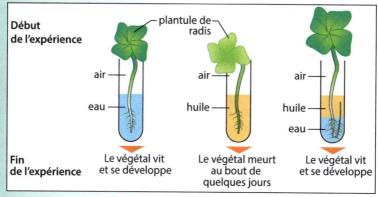

▶ **2.** À partir des documents 2a et 2b, choisir parmi les trois propositions suivantes l'hypothèse testée dans l'expérience précédente et la recopier sur la copie.
**Hypothèse 1** : la zone subéreuse absorbe l'eau et les sels minéraux.
**Hypothèse 2** : la zone de croissance absorbe l'eau et les sels minéraux.
**Hypothèse 3** : la zone pilifère absorbe l'eau et les sels minéraux.

▶ **3.** À partir des documents 2a et 2b, décrire sur votre copie une expérience constituée de plusieurs tubes qui permet de tester l'hypothèse suivante :
« La zone de croissance est aussi une zone d'absorption d'eau et de sels minéraux ».
Vous pouvez répondre sous la forme d'un texte ou d'un schéma.

On s'intéresse maintenant à l'absorption de l'azote par les végétaux et à l'amélioration de la production des cultures. L'azote est indispensable pour la croissance des végétaux.

> **DOCUMENT 3** Présentation de deux pratiques agricoles pour satisfaire les besoins d'une plante non légumineuse (céréale comme le blé) en azote

• **Pratique agricole n° 1 : ajout d'engrais chimique azoté**
De l'engrais chimique azoté peut être apporté chaque année dans les cultures de céréales.
Quand l'apport est trop important, le surplus qui n'est pas absorbé par le végétal, se retrouve dans les cours d'eau, ce qui peut perturber les écosystèmes et engendrer des pollutions.

• **Pratique agricole n° 2 : utilisation des bactéries *Rhizobium***
Une alternative à l'ajout d'engrais consiste à cultiver des légumineuses l'année qui précède la culture de céréales. En effet, la racine de légumineuses (pois chiche, luzerne, etc.) possède des structures sphériques, appelées nodosités, qui renferment des bactéries du genre *Rhizobium*. Ces bactéries présentes naturellement dans le sol, sont capables de capter l'azote atmosphérique présent dans les poches d'air du sol et de le transformer en azote utilisable par les végétaux. Après la récolte des légumineuses, il reste dans le sol des feuilles, des racines et des nodosités riches en azote. Les céréales nouvellement cultivées utilisent l'azote issu de ces restes de cultures de légumineuses.

> **DOCUMENT 4** Cultures de pois chiche (légumineuse) dans trois conditions culturales différentes

La matière sèche produite par la plante permet d'évaluer la production de pois chiche.

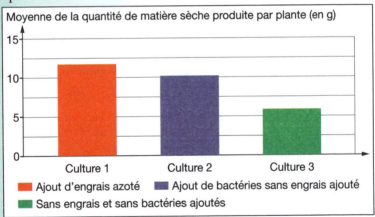

**Graphique montrant la quantité de matière sèche produite par le pois chiche dans trois conditions de cultures différentes**

▶ **4.** À partir des documents 3 et 4, comparer les deux pratiques agricoles utilisées pour améliorer la production des cultures.
Pour répondre, rédiger un paragraphe sur votre copie. Des valeurs chiffrées sont attendues.

SVT • Le vivant et son évolution • SUJET 55

## LES CLÉS DU SUJET

### ● Comprendre les documents

**Document 1 • Organisation générale d'un végétal**
- Ce schéma présente l'organisation fonctionnelle d'un végétal avec ses organes et leurs rôles respectifs.
- Lis bien les légendes pour répondre à la question **1**.

**Document 2 • Lieu d'absorption de l'eau et des sels minéraux**
- La photographie légendée 2a présente les trois différentes zones d'une racine de plantule.
- Les schémas du document 2b comparent les résultats d'expériences effectuées sur des plantules, afin de connaître la ou les zones de l'absorption racinaire.
- Relève l'intérêt d'utiliser de l'huile au contact de la racine et n'oublie pas l'intérêt des témoins.

**Document 3 • Présentation de deux pratiques agricoles**
- Ce texte compare deux pratiques agricoles : l'ajout d'engrais chimique azoté et l'utilisation de bactéries *Rhizobium*.
- Souligne ou surligne de couleurs différentes les intérêts et inconvénients de chaque pratique pour préparer la réponse à la question **4**.

**Document 4 • Cultures de pois chiche dans trois conditions différentes**
- Ce graphique compare les productions du pois chiche en présence d'engrais azoté, en présence de bactéries sans engrais, ou sans engrais ni bactéries.
- Pense à comparer des productions entre lesquelles un seul facteur varie afin de connaître son influence.

### ● Répondre aux questions

▶ **1.** Lis attentivement les légendes associées aux organes du végétal, leur rôle y est noté.

▶ **2.** Compare les trois tubes en regardant bien quelle partie de la racine est alors en contact avec l'eau. Recherche quelle zone est testée.

▶ **3.** Inspire-toi du document 2b pour imaginer une expérience avec plusieurs tubes qui permet de tester l'absorption d'eau et de sels minéraux dans la zone de croissance (zone terminale de la racine).

▶ **4.** Compare les intérêts et les inconvénients des deux pratiques agricoles utilisées à l'aide des documents 3 et 4. Pour organiser ta réponse, suis les étapes du schéma.

## Comparer deux pratiques d'amélioration de la production des cultures

**Étape 1.** Relève les intérêts et les inconvénients des deux pratiques dans le document 3 et les résultats chiffrés sur la production dans le document 4.

**Étape 2.** Liste les avantages et inconvénients de l'utilisation d'engrais azoté.

**Étape 3.** Liste les avantages et inconvénients de l'utilisation des bactéries *Rhizobium*.

**Étape 4.** Fais un bilan comparatif afin de justifier le choix de l'une des pratiques.

## 55 CORRIGÉ GUIDÉ

▶ **1.** 

Substances minérales      Organes du végétal
- l'eau
- le dioxyde de carbone
- l'azote

- la feuille
- la tige
- la racine

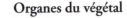

▶ **2.** Le premier tube où toute la racine est dans l'eau est le témoin positif, il y a absorption d'eau et de sels minéraux, le végétal vit et se développe.

Le second tube où toute la racine est dans l'huile est le témoin négatif, il n'y a pas absorption d'eau et de sels minéraux, le végétal meurt.

Dans le troisième tube, seule la zone pilifère de la racine est dans l'eau, c'est donc elle qui est testée. Le végétal vit et se développe, il y a absorption d'eau et de sels minéraux.

L'hypothèse testée est donc l'hypothèse 3 : la zone pilifère absorbe l'eau et les sels minéraux.

▶ **3.** Il faut un témoin positif avec échanges : dans le premier tube où toute la racine est dans l'eau, il y a absorption d'eau et de sels minéraux, le végétal vit et se développe.

Il faut un témoin négatif sans échanges : dans le second tube où toute la racine est dans l'huile, il n'y a pas absorption d'eau et de sels minéraux, le végétal meurt.

Dans le troisième tube, seule la zone de croissance de la racine est dans l'eau, c'est donc elle qui est testée. On peut alors savoir s'il y a absorption d'eau et de sels minéraux, dans ce cas la plante vit et se développe comme avec le témoin positif.

L'hypothèse « la zone de croissance est aussi une zone d'absorption d'eau et de sels minéraux » est bien testée.

**▶ 4.** On peut comparer les deux pratiques agricoles utilisées pour améliorer la production des cultures, afin de dégager leurs avantages et inconvénients.

- **Pratique agricole 1 : engrais chimique azoté**

– Avantages : l'engrais peut être apporté chaque année dans les cultures de céréales afin d'augmenter la production comme on le voit dans le graphique en comparant les cultures 1 et 3. Pour la culture 3, sans engrais, on a seulement 6 grammes de matière sèche produite par la plante contre 12 grammes avec l'ajout d'engrais de la culture 1. La production est multipliée par 2 avec l'engrais.

L'apport chimique est facile d'utilisation.

– Inconvénients : quand l'apport en engrais est trop important, le surplus qui n'est pas absorbé par le végétal se retrouve dans les cours d'eau, ce qui peut perturber les écosystèmes et engendrer des pollutions.

> **REMARQUE**
> Dans le graphique du document 4, il faut comparer les cultures qui ne diffèrent que par un seul facteur, c'est celui qui est testé.

- **Pratique agricole 2 : utilisation des bactéries *Rhizobium***

Les racines de légumineuses contiennent des bactéries capables de fixer l'azote de l'air.

Après la récolte des légumineuses, il reste dans le sol des feuilles, des racines riches en azote. Les céréales cultivées ensuite utilisent l'azote issu de ces restes de cultures de légumineuses.

– Avantages : elle augmente la production, comme on le voit dans le graphique en comparant les cultures 2 et 3. Pour la culture 3, sans bactéries, on a seulement 6 grammes de matière sèche produite par la plante contre 10 grammes avec l'ajout de bactéries de la culture 2. La production est multipliée par 1,7 avec les bactéries *Rhizobium*.

Elle n'est pas polluante.

– Inconvénients : cette pratique nécessite une alternance de cultures, d'abord des légumineuses pour enrichir le sol en azote, puis des céréales qui utiliseront cet azote.

Les deux pratiques agricoles augmentent la production des cultures. Cependant, même si la culture avec les bactéries *Rhizobium* est plus contraignante et un peu moins rentable, elle préserve l'environnement.

> **REMARQUE**
> Dans le document 4, c'est la culture du pois chiche qui est testée. Pour une légumineuse, l'ajout de bactérie remplace l'engrais, les cultures 1 et 2 donnent des résultats presque identiques.

# 56 Asie • Juin 2019

## L'implant contraceptif

⏱ 30 min
25 points

● **INTÉRÊT DU SUJET** • L'implant hormonal est une technique peu onéreuse qui permet une contraception efficace pendant trois ans après sa mise en place.

Un jeune couple ne souhaite pas d'enfant dans l'immédiat. Il consulte un médecin qui leur présente les différentes méthodes contraceptives. Le couple fait le choix d'utiliser l'implant contraceptif qui agit sur les quantités d'hormones sexuelles de la femme.

> **DOCUMENT 1** Une communication hormonale entre le cerveau et les ovaires
>
> Différentes hormones entraînent des modifications au sein du système reproducteur féminin en vue d'une éventuelle fécondation. Des glandes situées à la base du cerveau fabriquent puis libèrent des hormones cérébrales qui vont agir sur les ovaires.
> Ces derniers vont alors produire des hormones ovariennes qui provoqueront l'ovulation (émission d'un ovule par l'ovaire).
>
> Source : www.passeportsante.net

▶ **1.** À partir du document 1, compléter le schéma ci-contre, montrant comment la communication entre le cerveau et les ovaires permet le contrôle de l'ovulation. (*6 points*)

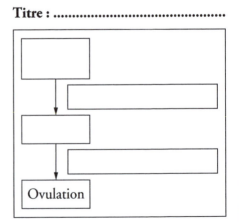

Titre : .................................

**DOCUMENT 2** L'implant contraceptif

L'implant contraceptif se présente sous la forme d'un bâtonnet souple de 4 cm de longueur et 2 mm de diamètre. Inséré au niveau du bras, il libère de manière continue pendant trois ans une hormone de synthèse (hormone fabriquée en laboratoire).

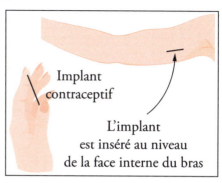

D'après : agence-prd.ansm.sante.fr et www.choisirsacontraception.fr

▶ **2. a)** À l'aide de vos connaissances, rappeler ce qu'est la contraception. (*3 points*)
**b)** À l'aide de vos connaissances, citer 3 moyens de contraception. (*3 points*)

**DOCUMENT 3** Le mode d'action de l'implant contraceptif

La LH est une des hormones produites par le cerveau. On a étudié les concentrations sanguines de cette hormone cérébrale chez des femmes avec et sans implant contraceptif. Les résultats sont présentés ci-dessous.

**a. Évolution de la concentration sanguine d'une hormone cérébrale au cours d'un cycle sans implant contraceptif**

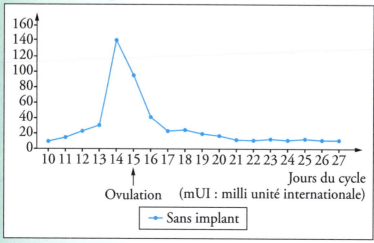

**b. Évolution de la concentration sanguine d'une hormone cérébrale au cours d'un cycle avec implant contraceptif**

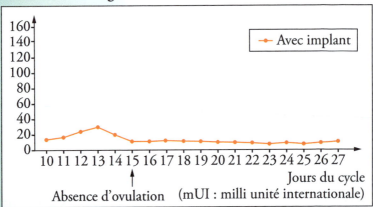

Source : Alvarez F, Brache V, Tejada AS, *et al.* Abnormal endocrine profile among women with confirmed or presumed ovulation during long-term Norplant use. *Contraception* 33:111, 1986.

*Remarque :* on appelle pic d'hormone une augmentation importante rapide et brève de la concentration hormonale.

▶ **3.** Cocher la bonne réponse pour chaque proposition. (*4 points*)

**a)** Le graphique du document 3a représente l'évolution de la concentration sanguine :
❑ d'une hormone cérébrale au cours d'un cycle, avec un implant contraceptif.
❑ d'une hormone ovarienne au cours d'un cycle, avec un implant contraceptif.
❑ d'une hormone cérébrale au cours d'un cycle, sans implant contraceptif.
❑ d'une hormone ovarienne au cours d'un cycle, sans implant contraceptif.

**b)** D'après le document 3a, le pic de concentration des hormones cérébrales a lieu le :
❑ 10$^e$ jour du cycle.  ❑ 14$^e$ jour du cycle.  ❑ 20$^e$ jour du cycle.

**c)** D'après les documents 3a et 3b, on peut conclure que :
❑ l'ovulation a lieu juste avant un pic de l'hormone LH.
❑ l'implant contraceptif permet un pic de l'hormone LH au 14$^e$ jour du cycle.
❑ il n'y a pas d'ovulation s'il n'y a pas de pic de l'hormone LH juste avant.

**SVT • Le corps humain et la santé • SUJET 56**

**d)** D'après les documents 3a et 3b, la présence d'un implant :
❑ favorise l'ovulation.
❑ n'a pas d'effet sur l'ovulation.
❑ empêche l'ovulation.

▶ **4.** À l'aide de l'ensemble des documents et de vos connaissances, expliquer comment l'implant contraceptif empêche une fécondation, et donc une grossesse. (*9 points*)

## LES CLÉS DU SUJET

### ● Comprendre les documents

| | |
|---|---|
| **Document 1 •** Une communication hormonale entre le cerveau et les ovaires | • Le texte explique la régulation hormonale de l'ovulation.<br>• Les termes qu'il contient permettent de remplir le schéma de la première question. Attention à ne pas confondre « hormones » et « organes ». |
| **Document 2 •** L'implant contraceptif | • Un schéma et un texte exposent le principe de l'implant contraceptif.<br>• Repère dans le texte ce que contient l'implant. |
| **Document 3 •** Le mode d'action de l'implant contraceptif | • Ces graphiques illustrent les évolutions comparées de la concentration sanguine en LH chez des femmes au cours d'un cycle sans et avec l'implant.<br>• Repère quelle hormone est suivie. Afin de connaître l'action de l'implant, il faut comparer les données avec et sans celui-ci. |

### ● Répondre aux questions

▶ **1.** Repère dans le texte les noms d'organes et d'hormones à replacer dans le schéma.

▶ **2.** Il t'est demandé de faire appel à tes connaissances.

▶ **3.** Repère quel graphe illustre l'action de l'implant, puis compare-le avec celui sans implant.

▶ **4.** Pour organiser ta réponse, suis les étapes du schéma.

> Montrer comment l'implant empêche la fécondation, et donc la grossesse

> Étape 1. D'après les documents, note l'action de l'implant sur la production d'hormones.

> Étape 2. Rappelle, en t'appuyant sur tes connaissances, les mécanismes qui déclenchent l'ovulation.

> Étape 3. Déduis alors l'action contraceptive de l'implant en faisant le lien entre LH et ovulation.

▶ **1. Titre :** Schéma de la régulation hormonale de l'ovulation

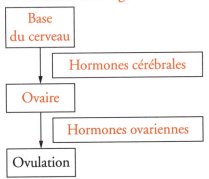

**REMARQUE**
La difficulté réside dans le fait de ne pas mélanger organes et hormones. Les organes produisent les hormones qui permettent de communiquer entre eux.

▶ **2. a)** La contraception consiste à empêcher la grossesse, en empêchant la fécondation et la formation de l'embryon.
**b)** Les moyens de contraception sont variés. Ils peuvent empêcher la production de gamètes comme la pilule, empêcher la rencontre des gamètes comme les préservatifs masculins et féminins, le diaphragme, le stérilet, la ligature des trompes, les spermicides.

▶ **3. a)** Le graphique du document 3a représente l'évolution sanguine d'une hormone cérébrale au cours d'un cycle, sans implant contraceptif.
**b)** D'après le document 3a, le pic de concentration des hormones cérébrales a lieu le 14$^e$ jour du cycle.
**c)** D'après les documents 3a et 3b, on peut conclure qu'il n'y a pas d'ovulation s'il n'y a pas de pic de l'hormone LH avant.
**d)** D'après les documents 3a et 3b, un implant empêche l'ovulation.

▶ **4.** L'implant contraceptif est un bâtonnet inséré sous la peau qui libère une hormone en continu pendant 3 ans. D'après la comparaison des documents 3a et 3b, on voit que le pic de LH et l'ovulation disparaissent en cas de présence d'implant. On en déduit que l'implant contraceptif empêche le pic de LH au 14$^e$ jour et l'ovulation. Ceci est dû à l'hormone cérébrale qu'il diffuse en continu. S'il n'y a pas d'ovulation, il n'y a pas d'ovule libéré et la fécondation par un spermatozoïde est impossible. Aucune cellule œuf ne peut être créé et donc aucun embryon, la grossesse est impossible. L'implant contraceptif en bloquant l'ovulation empêche la fécondation de l'ovule et donc la grossesse.

# 57 France métropolitaine • Juin 2018

## Échographie

30 min
25 points

● **INTÉRÊT DU SUJET** • Ce sujet permet de travailler sur l'appropriation d'un cahier des charges et sur l'association de solutions techniques à des fonctions.

L'échographie est une technologie d'imagerie 2D qui permet de visualiser certaines parties du corps humain, non visibles à l'œil nu.
Un constructeur d'échographes souhaite intégrer une transmission des résultats d'une vidéo de l'échographie en haute définition (HD). Afin de garantir une bonne disponibilité de cet appareil, il est nécessaire d'améliorer l'autonomie de la batterie et d'indiquer l'état de sa charge électrique.

**DOCUMENT 1** — **Principe de fonctionnement d'un échographe portable**

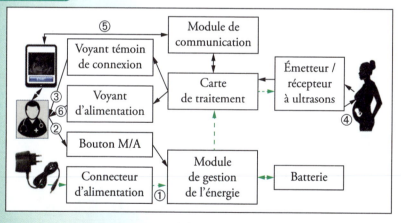

**Diagramme simplifié des blocs internes**

Lorsque le médecin appuie sur le bouton marche/arrêt (flèche ②), la carte de traitement est alimentée. Un voyant témoin de connexion avec la tablette est allumé (flèche ③).
La consigne de début et de fin d'acquisition des images, ainsi que sa visualisation, se font sur la tablette tactile. La tablette transmet les consignes (flèche ⑤) au module de communication qui les transmet à la carte de traitement.

La carte de traitement alimente l'émetteur à ultrasons en énergie électrique. L'émetteur à ultrasons convertit l'énergie électrique en signal sonore (flèche ④) qui se propage au sein du corps du patient. L'écho du signal sonore est capté par le récepteur qui le convertit en signal électrique transmis à la carte de traitement puis au module de communication. Celui-ci renvoie les résultats du traitement (flèche ⑤) à la tablette pour l'affichage des images.

▶ **1.** À l'aide du document 1 qui décrit le principe de fonctionnement d'un échographe ainsi que les flux (information et énergie) représentés par les flèches, compléter le tableau ci-dessous en mettant, pour chaque flèche numérotée, une croix pour identifier la nature et le type de flux de chaque liaison. *(6 points)*

| Lien | Nature de l'interaction | | | | | Type de flux | |
|---|---|---|---|---|---|---|---|
| Flèche | Signal sonore | Signal lumineux | Courant électrique | Ondes radio (sans fil) | Consigne utilisateur | Flux d'énergie | Flux d'information |
| ① | | | | | | | |
| ② | | | | | | | |
| ③ | | | | | | | |
| ④ | | | | | | | |
| ⑤ | | | | | | | |
| ⑥ | | X | | | | | X |

**DOCUMENT 2** **Caractéristiques des technologies sans fil**

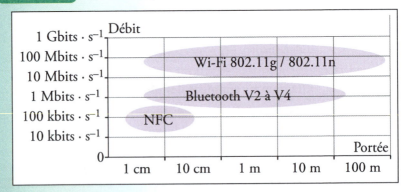

**Comparaison de trois normes de connectivité sans fil**

## Technologie • Design, innovation et créativité • SUJET 57

Débits nécessaires pour une transmission :
- d'une image d'échographie en 1 s → 128 kbits·$s^{-1}$ (kilobits par seconde) ;
- d'une vidéo d'échographie haute définition → 10 Mbits·$s^{-1}$ (mégabits par seconde).

▶ **2.** Pour une transmission de vidéo en HD, il est nécessaire d'adapter la solution technique pour le module de communication.

À l'aide des données du document 2, choisir la solution technique que le constructeur doit intégrer au nouvel appareil et argumenter la réponse en précisant le ou les critères de choix. *(5 points)*

▶ **3.** Afin de répondre aux exigences du cahier des charges, le constructeur remplace la batterie utilisée de type Ni-Cd par une batterie de type Li-ion.

**DOCUMENT 3** — Caractéristiques des batteries

| Critère | Type de batterie | | | |
|---|---|---|---|---|
| | Plomb | Ni-Cd | Ni-Mh | Li-ion |
| Rapport énergie stockée/masse | 40 Wh·$kg^{-1}$ | 60 Wh·$kg^{-1}$ | 85 Wh·$kg^{-1}$ | 170 Wh·$kg^{-1}$ |
| Prix pour 1 Wh | 0,15 € | 0,60 € | 0,65 € | 0,70 € |
| Source de pollution | Élevée | Élevée | Faible | Faible |
| Durée de vie (ans) | 4 à 5 | 2 à 3 | 2 à 4 | 2 à 3 |

À l'aide du document 3, préciser les exigences qui ont été déterminantes dans le choix du constructeur. Argumenter la réponse. *(6 points)*

▶ **4.** Pour informer l'utilisateur sur l'état de charge de la batterie, le constructeur étudie la possibilité d'intégrer un module d'information et de gestion de la charge au sein de l'appareil.

**Technologie • Design, innovation et créativité • SUJET 57**

**DOCUMENT 4** **Gestion de la charge de la batterie**

Un module de gestion gère la charge de la batterie et communique les informations suivantes à la carte de traitement :
- charge en cours – état vrai ou faux ;
- batterie déchargée – état vrai ou faux ;
- batterie chargée – état vrai ou faux.

L'information de l'utilisateur est réalisée à l'aide d'une LED tricolore respectant le principe de fonctionnement suivant.

En permanence :
- lorsque la batterie est en charge, la LED clignote en orange (1 s allumée, 1 s éteinte) ;
- lorsque la batterie est en charge et qu'elle a atteint son niveau chargé, la LED s'allume en vert ;
- si la batterie est déchargée, la LED s'éclaire en rouge.

À l'aide du document 4, compléter ci-dessous la modélisation du programme de gestion du voyant d'alimentation de l'appareil d'échographie.

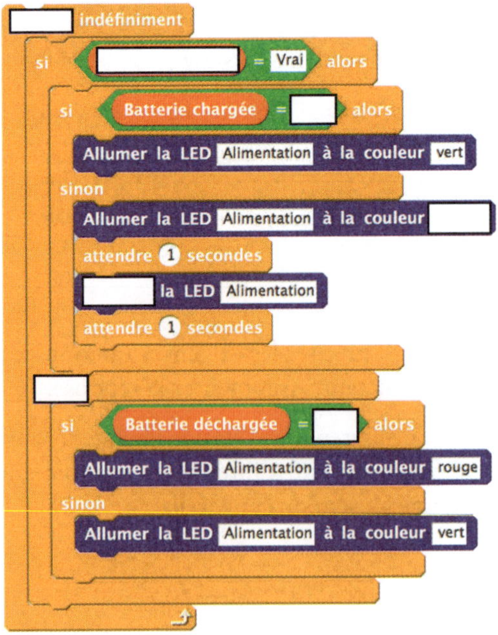

```
[____] indéfiniment
  si [____] = Vrai alors
    si  Batterie chargée = [____] alors
      Allumer la LED Alimentation à la couleur vert
    sinon
      Allumer la LED Alimentation à la couleur [____]
      attendre 1 secondes
      [____] la LED Alimentation
      attendre 1 secondes
  [____]
    si  Batterie déchargée = [____] alors
      Allumer la LED Alimentation à la couleur rouge
    sinon
      Allumer la LED Alimentation à la couleur vert
```

Technologie • Design, innovation et créativité • **SUJET 57**

## LES CLÉS DU SUJET

### ● Question 1

■ **Comprendre le document 1**
• Le document 1 décrit le fonctionnement de l'échographie.
• Observe bien les flèches dans ce document : les flèches vertes sont utilisées pour illustrer les flux d'énergie et les flèches noires pour les flux d'informations.

■ **Répondre à la question**
Appuie-toi sur l'exemple donné pour la ligne ⑥ : coche dans le tableau une case par ligne (de ① à ⑤) dans la partie « Nature de l'interaction » et une case par ligne dans la partie « Type de flux ».

### ● Question 2

■ **Comprendre le document 2**
Le document 2 est une comparaison, sous forme de graphique, de trois technologies de transmission de l'information.

■ **Répondre à la question**
• Indique quelle technologie de transmission utiliser et donne ses avantages par rapport aux deux autres.
• Repère, dans l'introduction de la question **2**, ce que l'on souhaite transmettre. Associe ensuite cette information à celles données dans le graphique, en t'aidant des indications à la fin du document.

### ● Question 3

■ **Comprendre le document 3**
Le document 3 est une comparaison, sous forme de tableau, de quatre types de batterie.

■ **Répondre à la question**
Identifie tous les avantages des batteries Li-ion par rapport aux batteries Ni-Cd notamment, en comparant les deux colonnes relatives à ces batteries.

### ● Question 4

■ **Comprendre le document 4**
Le document 4 est la description de la charge d'une batterie sous forme d'algorithme.

## Technologie • Design, innovation et créativité • CORRIGÉ 57

■ **Répondre à la question**

• Le programme est à compléter en traduisant l'algorithme.

• Pour cela, repère des éléments de l'algorithme déjà présents dans le programme. Par exemple, l'information du document 4 « lorsque la batterie est en charge et qu'elle atteint son niveau chargé, la LED s'allume en vert » se traduit, dans l'algorithme par :

## 57 CORRIGÉ GUIDÉ

▶ **1.**

| Lien | Nature de l'interaction | | | | | Type de flux | |
|---|---|---|---|---|---|---|---|
| Flèche | Signal sonore | Signal lumineux | Courant électrique | Ondes radio (sans fil) | Consigne utilisateur | Flux d'énergie | Flux d'information |
| ① | | | X | | | X | |
| ② | | | | | X | | X |
| ③ | | X | | | | | X |
| ④ | X | | | | | | X |
| ⑤ | | | | X | | | X |
| ⑥ | | X | | | | | X |

▶ **2.** Le constructeur d'échographes souhaite intégrer une transmission des résultats d'une vidéo de l'échographie en haute définition. Pour cela, le débit nécessaire pour la transmission est de 10 Mbits · s$^{-1}$.

Le Wi-Fi est la seule technologie de transmission sans fil, présent sur le document 2, à répondre à cette attente, le débit des technologies Bluetooth et NFC est insuffisant.

De plus, le Wi-Fi a une portée plus importante.

▶ **3.** Afin de garantir une bonne disponibilité de l'échographe, le constructeur veut améliorer l'autonomie de la batterie.

# Technologie • Design, innovation et créativité • CORRIGÉ 57

Parmi les quatre types de batterie proposés dans le document 3, la batterie Li-ion est celle qui a le rapport énergie stockée/masse le plus élevé. Donc, à poids égal, elle permettra à l'échographe de fonctionner environ trois fois plus longtemps.

De plus, ce type de batterie est moins polluant que les batteries Ni-Cd précédemment utilisées.

Ces avantages sont obtenus pour un coût à peine plus élevé, celui-ci est donc négligeable quant à l'avantage d'autonomie.

Enfin, la durée de vie des batteries Li-ion est identique à celle des batteries Ni-Cd.

▶ 4.

```
Répéter indéfiniment
    si  Charge en cours = Vrai  alors
        si  Batterie chargée = Vrai  alors
            Allumer la LED Alimentation à la couleur vert
        sinon
            Allumer la LED Alimentation à la couleur Orange
            attendre 1 secondes
            éteindre la LED Alimentation
            attendre 1 secondes
    sinon
        si  Batterie déchargée = Vrai  alors
            Allumer la LED Alimentation à la couleur rouge
        sinon
            Allumer la LED Alimentation à la couleur vert
```

# 58 Polynésie française • Juillet 2019

## Test d'abrasion de gants de moto

30 min
25 points

● **INTÉRÊT DU SUJET** • Ce sujet permet de travailler sur les notions de capteur et de signal à partir des résultats attendus à une expérience, pour ensuite améliorer le système.

Dans le sport mécanique, il existe une discipline qui regroupe les meilleurs pilotes moto sur une vingtaine de circuits à travers le monde : la « moto GP ». Les machines utilisées peuvent dépasser les 300 km/h !

Les pilotes professionnels sont munis d'un casque et de diverses protections (combinaison, gants, bottes…). Ces équipements doivent respecter une normalisation très stricte.

**DOCUMENT 1** Extrait de tableau concernant la norme EN13594 pour les gants

|  | Niveau 1 (usage pour les particuliers) | Niveau 2 (usage pour la compétition) |
|---|---|---|
| Résistance du système de fermeture du gant | ⩾ 25 N | ⩾ 50 N |
| Longueur de la manchette | ⩾ 15 mm | ⩾ 50 mm |
| Abrasion* | ⩾ 4 secondes | ⩾ 8 secondes |
| Résistance des coutures | ⩾ 6 N/mm | ⩾ 10 N/mm |

\* Le gant doit protéger la main si, en cas de chute, elle frotte sur la chaussée. Le test d'abrasion permet de mesurer la durée durant laquelle le gant protège la main.

**Technologie • Modélisation et simulation • SUJET 58**

▶ **1.** Des tests d'abrasion pour 4 modèles de gants ont donné les résultats suivants.
Gants 1 : 9,2 s   Gants 2 : 7 s   Gants 3 : 8 s   Gants 4 : 5,3 s
Pour un usage en compétition, quels sont les gants que les pilotes peuvent utiliser ? Justifier votre réponse. (*5 points*)

---

**DOCUMENT 2**

La machine qui réalise les tests d'abrasion est schématisée ci-dessous. Un échantillon de matériau qui compose le gant est testé. Cet échantillon frotte sur un tapis en mouvement. La surface de ce tapis est abrasive. Le test consiste à chronométrer la durée nécessaire pour perforer l'échantillon de gant.

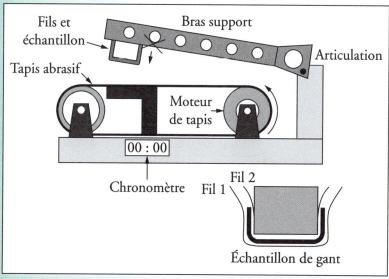

Lorsque le moteur d'entraînement du tapis démarre, il faut attendre 5 secondes pour qu'il atteigne la vitesse nécessaire au test.
Le bras support est alors libéré et l'échantillon est mis en contact avec le tapis.
Le fil 1 est détruit dès qu'il entre en contact avec le tapis abrasif. Le chronomètre est alors déclenché.
Dès que l'échantillon de gant est perforé, le fil 2 est détruit à son tour ce qui stoppe le chronomètre.

# Technologie • Modélisation et simulation • SUJET 58

▶ **2.** Compléter l'algorigramme ci-dessous. (*8 points*)

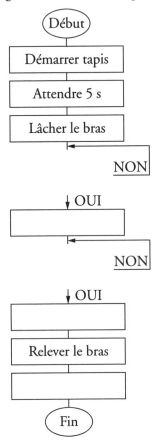

---

**DOCUMENT 3**

Le fabricant constate que 5 secondes sont parfois insuffisantes pour que le tapis atteigne la bonne vitesse.

Il souhaite installer un capteur pour améliorer cette machine.

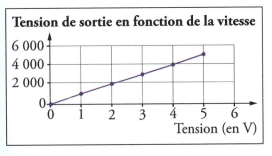

Les caractéristiques du capteur sont indiquées ci-dessous.

Le moteur doit atteindre une vitesse de 3 000 tr/min pour que le test soit valide.

**Technologie • Modélisation et simulation • SUJET 58**

▶ **3. a)** Quelle est la fonction de ce capteur ? Que mesure-t-il ? (*3 points*)
**b)** Quelle tension faut-il atteindre pour que le bras soit libéré ? (*2 points*)
**c)** Ce capteur est du type « analogique », qu'est-ce que cela signifie ? (*2 points*)

▶ **4.** Un programme est ébauché ci-dessous.

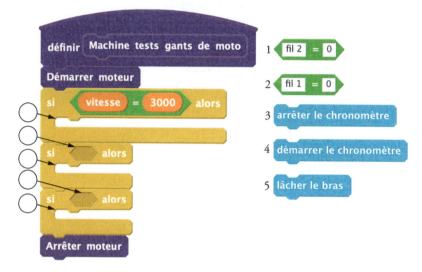

Replacer dans les bulles le numéro de l'élément de programme à sa juste place. (*5 points*)

## LES CLÉS DU SUJET

● **Question 1**

■ Comprendre le document 1
Le document 1 est un extrait de la norme concernant les gants pour pilotes de deux-roues motorisés.

■ Répondre à la question
Recherche l'information sur les temps d'abrasion dans le tableau.

● **Question 2**

■ Comprendre le document 2
Il schématise la machine qui teste les gants. Il est accompagné d'une description expliquant son fonctionnement.

### ■ Répondre à la question
• Commence par repérer, dans le texte du document, les étapes déjà complétées sur l'algorigramme, en les surlignant avec de couleurs différentes par exemple.

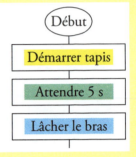

Lorsque le moteur d'entraînement du tapis démarre, il faut attendre 5 secondes pour qu'il atteigne la vitesse nécessaire au test.
Le bras support est alors libéré et l'échantillon est mis en contact avec le tapis.

• Applique cette même méthode pour retrouver les éléments manquants de l'algorigramme.

## ● Question 3

### ■ Comprendre le document 3
• Ce document décrit l'amélioration de la machine prévue par le fabricant.
• Le graphique représente le signal créé par le capteur, lors de l'acquisition de l'information « Vitesse de rotation du moteur ».

### ■ Répondre à la question
Tu auras besoin de te rappeler tes cours sur les capteurs et les signaux.

## ● Question 4

L'algorigramme de la question **2** est d'une grande aide pour compléter le programme scratch de la question **4** : il s'agit du même programme, mais avec la prise en compte de l'utilisation du capteur.

# Technologie • Modélisation et simulation • CORRIGÉ 58

## 58 CORRIGÉ GUIDÉ

▶ **1.** Les gants 2 et 4 ne peuvent pas être utilisés en compétition car leur durée d'abrasion est inférieure à 8 s. Ils peuvent cependant être utilisés sur route car leur durée d'abrasion est supérieure à 4 s.

Les gants 1 et 3 peuvent être utilisés en compétition, car leur durée d'abrasion est supérieure ou égale à 8 s.

▶ **2.**

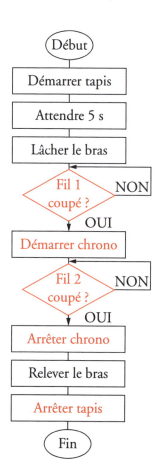

**INFO +**
N'hésite pas à regarder du côté du programme Scratch pour t'en inspirer.

▶ **3. a)** La fonction de ce capteur est d'acquérir une information : la vitesse de rotation du moteur. Il mesure la vitesse de rotation en la convertissant en un signal électrique.

**b)** Le bras est libéré quand la vitesse de rotation est de 3 000 tr/min, ce qui correspond à une tension de 3 V sur le graphique.

**REMARQUE**
Cette question vérifie la compréhension du système et nécessite de connaître les fonctions de la chaîne d'information.

**c)** Ce capteur est de type analogique : le signal électrique, fonction de la vitesse, peut prendre une infinité de valeurs.

▶ **4.**

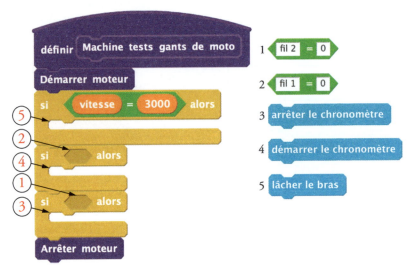

# 59 Pondichéry • Mai 2018

## Analyse ADN

30 min
25 points

> **INTÉRÊT DU SUJET** • Ce sujet porte sur l'étude d'un réseau informatique que l'on modifie selon un cahier des charges : on cherche à faire évoluer un système de bioanalyse intégrant une interface homme-machine.

L'analyse de l'acide désoxyribonucléique (ADN) est utilisée dans de nombreuses situations (détection de maladies génétiques, identification de lien de parenté), notamment par la police scientifique lors de recherches de preuves. Les laboratoires en charge de ces analyses sont équipés de systèmes automatisés permettant un traitement d'échantillons en grande quantité.

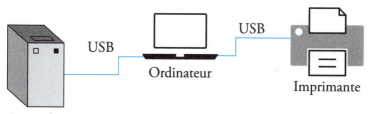

**Description du système automatisé existant**

Le système est constitué d'un bioanalyseur, d'un ordinateur portable et d'une imprimante autonome. L'ordinateur est connecté *via* un câble *Universal Serial Bus* (USB) à un bioanalyseur qui réalise l'analyse de l'ADN. L'ordinateur pilote l'analyseur et archive les données sur son disque dur. Il est également relié à une imprimante permettant l'impression de certaines données pour le client.

Le constructeur du bioanalyseur souhaite faire évoluer le système pour s'adapter aux nouvelles exigences des utilisateurs dans les laboratoires.

**Technologie • L'informatique et la programmation • SUJET 59**

L'étude porte sur les solutions techniques qui répondent aux améliorations souhaitées, notamment la réalisation d'un réseau informatique intégrant tous les éléments de l'analyse et une interface homme-machine.

> **DOCUMENT 1** **Améliorations souhaitées pour le système**
>
> Le service marketing a rassemblé les améliorations souhaitées par les utilisateurs :
> • Besoin 1 : permettre le pilotage, la visualisation et le suivi de l'avancement de l'analyse depuis n'importe quel emplacement du laboratoire sans rester à côté de l'analyseur.
> • Besoin 2 : imprimer les résultats sur l'imprimante connectée au réseau informatique du laboratoire.
> • Besoin 3 : garantir la sauvegarde des résultats d'analyse de façon sécurisée sur le réseau.
> • Besoin 4 : transmettre de manière sécurisée les résultats des analyses à des clients *via* Internet.

> **DOCUMENT 2** **Composants d'un réseau informatique**
>
> • Un commutateur réseau (switch) est un équipement qui permet de relier plusieurs ordinateurs par des câbles Ethernet.
> • Un point d'accès Wifi permet de relier sans fil des ordinateurs au réseau.
> • Un modem routeur assure la liaison entre un réseau et Internet.

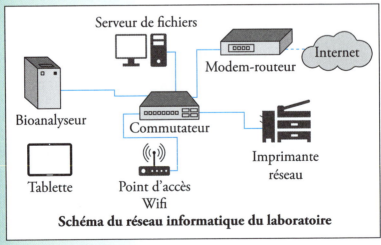

Schéma du réseau informatique du laboratoire

**Technologie • L'informatique et la programmation • SUJET 59**

**DOCUMENT 3** — **Diagramme d'activité de la zone de texte « Affichage état »**

La tablette reçoit des informations provenant du bioanalyseur et les stocke dans une variable nommée « État ». Certaines d'entre elles indiquent l'état de son fonctionnement par 3 caractères distinctifs :
– prêt à fonctionner (caractère = P) ;
– incapable de fonctionner (caractère = E) ;
– en cours d'analyse (caractère = A).
L'écran de la tablette affiche une zone de message qui traduit l'état de fonctionnement du bioanalyseur par un texte évocateur :
– caractère P → Prêt ;
– caractère E → Erreur ;
– caractère A → Analyse.

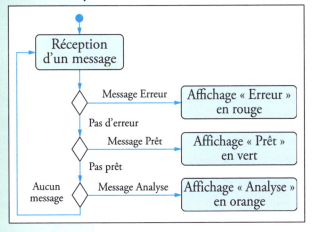

▶ **1.** Afin de répondre aux améliorations souhaitées décrites dans le document 1, sélectionnez dans la liste ci-dessous les solutions techniques à envisager. *(6 points)*
**a)** Ajouter un modem-routeur au réseau informatique.
**b)** Ajouter une imprimante réseau au réseau informatique.
**c)** Acheter une tablette et créer une application de pilotage du bioanalyseur pour tablette.
**d)** Ajouter un point d'accès Wifi au réseau.
**e)** Ajouter une carte réseau au bioanalyseur pour le relier au réseau informatique du laboratoire par un câble Ethernet.
**f)** Ajouter un écran tactile sur le bioanalyseur.
**g)** Ajouter un serveur de fichier sécurisé sur le réseau.

**Technologie • L'informatique et la programmation • SUJET 59**

▶ **2.** Parmi les solutions techniques retenues, le constructeur valide l'intégration d'une tablette numérique pour réaliser l'interface entre utilisateur et l'analyseur. La tablette permet de piloter le bioanalyseur et d'accéder aux résultats d'analyse stockés au sein du serveur de fichiers du réseau informatique.
À l'aide du document 2, représenter sur le schéma du réseau le trajet du flux d'informations entre la tablette et le bioanalyseur lorsque l'utilisateur pilote le démarrage de l'analyse. Le trajet est représenté par un symbole : )))) si la liaison est réalisée sans fil ;
➤➤➤ si la liaison est réalisée par câble. *(5 points)*

▶ **3.** Le serveur de fichiers contient un logiciel qui protège les données contre le piratage d'un réseau informatique. Ce logiciel est nommé « pare-feu ».
À l'aide du schéma du document 2, justifier l'utilisation d'un logiciel « pare-feu » sur le serveur en précisant :
– les données qui sont sensibles ;
– les constituants du réseau par lesquels un hacker peut s'introduire pour pirater les données sensibles ;
– l'utilisation abusive et interdite que le hacker peut en faire. *(6 points)*

▶ **4.** À l'aide du document 3, compléter ci-dessous la modélisation du programme de gestion de la zone de texte « Affichage état ». *(8 points)*

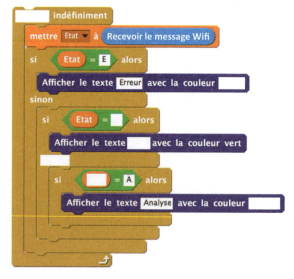

Technologie • L'informatique et la programmation • SUJET 59

## LES CLÉS DU SUJET

### ● Question 1

■ **Comprendre le document 1**
Le document 1 est un cahier des charges.

■ **Répondre à la question**
• Observe le système automatisé existant et repère bien les contraintes à respecter dans le document 1. Par exemple :

> • Besoin 1 : permettre le pilotage, la visualisation et le suivi de l'avancement de l'analyse depuis n'importe quel emplacement du laboratoire sans rester à côté de l'analyseur.
> • Besoin 2 : imprimer les résultats sur l'imprimante connectée au réseau informatique du laboratoire.
> Continue avec les besoins 3 et 4.

• Tu peux aussi observer le schéma du réseau du document 2.

### ● Question 2

■ **Comprendre le document 2**
Le document 2 définit le rôle de quelques composants d'un réseau informatique.

■ **Répondre à la question**
Ne tombe pas dans le piège : ce n'est pas parce que deux éléments d'un réseau informatique sont proches que l'information va directement de l'un à l'autre, surtout quand ils sont reliés en réseau

### ● Question 3

Veille à bien traiter les trois points justifiant l'utilisation d'un pare-feu :
– pour les **données sensibles**, tu trouveras des informations dans le « besoin 4 » (document 1) et dans le paragraphe avant la question **2** ;
– pour les **constituants du réseau**, en plus du schéma du réseau de la question **2**, pense aux éléments qui permettent de se connecter au réseau (cela peut être au collège, chez toi ou ailleurs) ;
– **l'utilisation abusive et interdite** du serveur n'est pas à chercher dans les documents, c'est donc à toi d'imaginer ce que le hacker peut faire et expliquer pourquoi il faut l'en empêcher.

### ● Question 4

■ **Comprendre le document 3**
Le document 3 est l'algorigramme expliquant le principe de l'affichage de l'état de fonctionnement du bioanalyseur.

# Technologie • L'informatique et la programmation • CORRIGÉ

### ■ Répondre à la question
• Tu dois traduire l'algorigramme en Scratch : repère des éléments de l'algorigramme déjà présents dans le programme. Par exemple, ci-dessous, cette partie de l'algorigramme et cette partie du programme correspondent.

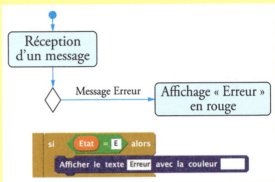

• Ne te trompe pas dans les couleurs !

## 59 CORRIGÉ GUIDÉ

▶ **1.** Les solutions techniques envisagées sont les suivantes :
**a), b), c), d), e)** et **g)**.

▶ **2.**

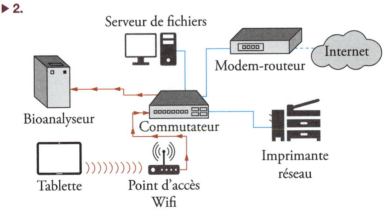

**Schéma du réseau informatique du laboratoire**

## Technologie • L'informatique et la programmation • CORRIGÉ

▶ **3.** Le laboratoire analyse l'ADN dans le cadre de recherche de lien de parenté, de détection de maladie ou dans le cadre d'enquêtes policières. Des fuites d'information pourraient porter préjudice à des personnes ou à des enquêtes.

De plus, pour pouvoir contacter les personnes ayant demandé les analyses, leurs coordonnées doivent être stockées sur le serveur de fichiers.

Un hacker peut s'introduire sur le réseau par Internet *via* le modem-routeur ou *via* le point d'accès Wifi. Il accédera alors au serveur de fichier en passant par le commutateur.

Si le hacker accède aux données, il pourrait :
– les diffuser et révéler des liens de parentés ou des maladies rares non divulguées ;
– les modifier afin de rendre une personne coupable ou innocente dans des affaires policières.

Le pare-feu est utilisé pour éviter l'intrusion de personnes non autorisées sur le réseau afin d'éviter les fuites de données sensibles.

▶ **4.**

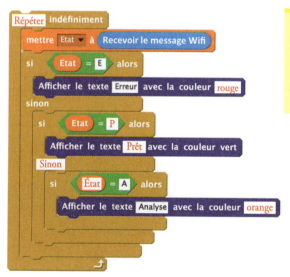

**CONSEIL**
Repère les trois conditions dans le document 3 et replace les caractères associés aux messages.

# Épreuve orale

## INFOS et CONSEILS sur l'épreuve

| | | |
|---|---|---|
| FICHE 1 | Comment s'organise l'épreuve orale du brevet ? | 344 |
| FICHE 2 | Effectuer une recherche documentaire pour l'oral | 346 |
| FICHE 3 | Présenter un projet interdisciplinaire | 347 |
| FICHE 4 | Présenter une œuvre d'art | 349 |
| FICHE 5 | Créer un diaporama pour accompagner sa présentation | 351 |
| FICHE 6 | S'exprimer avec aisance à l'oral | 353 |
| FICHE 7 | Faire sa présentation à plusieurs | 355 |
| FICHE 8 | S'entretenir avec le jury | 356 |
| FICHE 9 | Six étapes clés pour réussir l'épreuve orale | 358 |

## Histoire des arts

**SUJETS 60 à 67**     359

## Projet interdisciplinaire

**SUJET 68**     376

# 1 Comment s'organise l'épreuve orale du brevet ?

L'épreuve orale est composée d'un exposé suivi d'un entretien avec un jury.

## A Comment se déroule l'épreuve ?

● C'est à toi de choisir ce que tu veux présenter : soit une œuvre étudiée en **histoire des arts**, soit un **projet** mené dans le cadre des EPI ou d'un parcours éducatif (parcours Avenir, parcours citoyen, parcours éducatif de santé, parcours d'éducation artistique et culturelle).

● Tu peux passer l'oral **seul(e) ou à plusieurs** (3 élèves maximum). Si tu es seul(e), ton exposé dure 5 minutes, suivies de 10 minutes d'entretien avec le jury. En groupe, l'exposé dure 10 minutes et l'entretien 15 minutes.

> **CONSEIL** Répartissez équitablement le temps de parole, car la note est individuelle !

● Tu dois t'exprimer de façon claire et montrer ce que le travail sur l'œuvre ou le projet t'a apporté. Tu peux présenter au jury une réalisation concrète faite pendant l'année ou préparer un diaporama pour appuyer ton exposé, mais c'est ta **prestation orale** qui est évaluée.

## B Quelles sont les modalités de l'épreuve ?

L'épreuve est notée sur **100 points** :
– 50 points pour la maîtrise de l'expression orale ;
– 50 points pour la maîtrise du sujet présenté.

### 1. Évaluation de l'expression orale

Tu dois montrer que tu es capable :
– de t'exprimer devant plusieurs personnes et d'échanger avec elles ;
– d'utiliser un vocabulaire correct, précis et varié ;
– d'exposer ton **point de vue**, d'exprimer tes émotions (face à une œuvre notamment).

### 2. Évaluation de la maîtrise du sujet

Sur cet aspect, le jury évalue ta capacité à :
– construire un exposé structuré ;
– analyser une œuvre ou un projet de manière critique et argumentée ;
– justifier un choix, une démarche, un avis...

> **ASTUCE** S'exprimer en public, surtout avec le trac, est difficile. Entraîne-toi au maximum avant l'épreuve !

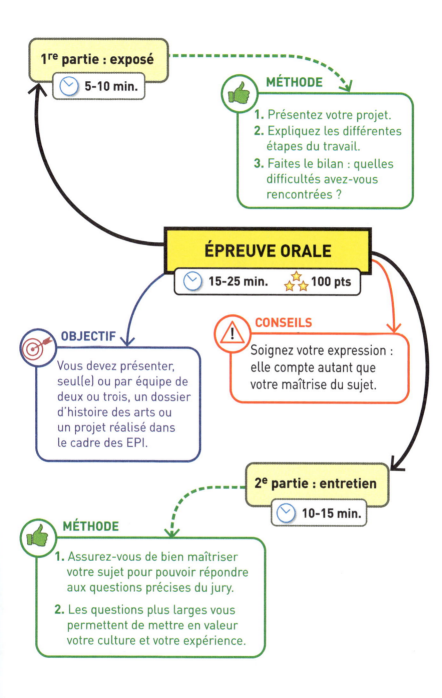

# 2. Effectuer une recherche documentaire pour l'oral

Pour préparer ta présentation orale, tu dois faire des recherches en bibliothèque ou sur Internet.

## A Utiliser des mots-clés

- Saisis d'abord des **termes précis**. De nouveaux **mots-clés** vont émerger au fil de ta recherche.
- Pour passer **du langage courant au langage documentaire**, supprime les articles et les termes trop vagues, et utilise seulement les **notions essentielles** de ton sujet.

## B Consulter différentes sources

- Commence par consulter des **sources publiées** (manuels, livres, revues). Après avoir trouvé des informations dans les **documents de référence**, tu peux aller sur **Internet**.
- N'hésite pas à t'inspirer de ton environnement et de l'**expérience vécue** de personnes proches en les interrogeant.

## C Constituer une bibliographie ou une sitographie

- Une bibliographie doit toujours être classée par ordre alphabétique du nom d'auteur.
- Tu dois indiquer toutes les informations nécessaires pour permettre de **retrouver facilement la source**, en respectant des codes de présentation spécifiques.

> **EXEMPLE** Pour un livre : Panafieu, Jean-Baptiste de, *Sur les traces de Darwin*, Gallimard Jeunesse, 2011, 127 p.
>
> Pour un article : Sharomov, Dmitri, « L'odyssée sauvage », *Phosphore*, décembre 2013, n° 390, p. 18-23.

- Pour un site Internet, copie-colle l'adresse et précise la date à laquelle tu l'as consultée : Région Île-de-France, *L'agriculture urbaine et la biodiversité : agriculture urbaine et fonctions écologiques* (consulté le 24 juillet 2016), http://agricultureurbaine-idf.fr/agriculture-urbaine-fonctions-ecologiques-1.

> **CONSEIL** Crée des favoris pour retrouver facilement les sites utilisés. Pense à consulter ton historique de recherche si tu as oublié de noter une référence.

# 3 Présenter un projet interdisciplinaire

Tu dois exposer le cheminement de ton projet en 5 minutes, avant de t'entretenir avec le jury pendant 10 minutes.

## A Que faut-il présenter ?

### 1. Le projet et la démarche

- Présente d'abord le **thème général** du projet interdisciplinaire ainsi que le parcours (citoyen, culture ou avenir) dans lequel il s'inscrit.
- Présente ensuite ton **projet** : quel était l'objectif ? que devais-tu faire ?
- Expose ta **démarche** : comment es-tu parvenu(e) au résultat final ? Explique les difficultés rencontrées mais surtout comment tu as pu les surmonter.

### 2. Ce qu'il t'a apporté

- Explique ton intérêt pour ce projet : pourquoi as-tu choisi ce sujet ?
- **Qu'as-tu appris ?** Détermine ce qui t'a le plus intéressé(e) pendant la phase de recherche, et pense aussi aux compétences pratiques que tu as acquises (travail en équipe, gestion d'un planning, recherche documentaire…).
- Efforce-toi d'avoir un **regard critique** sur le travail effectué : es-tu satisfait(e) du résultat final ? Qu'est-ce qui pourrait être amélioré ?

## B Comment t'y prendre concrètement ?

### 1. Construis un plan efficace

- **Introduction :**
– présente le thème et le projet, insiste sur son aspect pluridisciplinaire ;
– annonce le plan de ta présentation.
- **Développement :**
I. Présente la démarche de ton équipe et ton rôle dans le projet.
II. Fais un bilan personnel (ce que tu as appris, les compétences que tu as acquises, les difficultés que tu as rencontrées, etc.).
- **Conclusion :**
– reprends l'essentiel de ton exposé en quelques phrases ;
– ouvre le sujet, en parlant de l'autre projet interdisciplinaire réalisé dans l'année par exemple.

## 2. Prépare des outils pour t'aider

● Ne rédige pas intégralement ta présentation orale. Note juste les **idées essentielles** sur des fiches.

● Fais une fiche par partie et **note le titre de chacune en haut de la fiche** pour t'y retrouver facilement.

> **ASTUCE** Si cela te rassure, tu peux rédiger la première phrase que tu vas dire au jury sur ta première fiche. De cette façon, tu es sûr(e) de bien commencer !

● Tu peux utiliser un **support visuel** pour enrichir ta présentation et maintenir l'attention du jury (réalisation concrète de ton projet, diaporama…).

## C Les points clés de la présentation

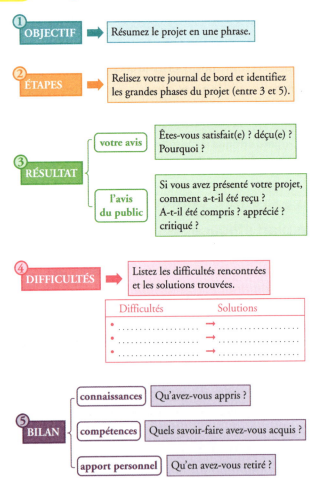

# 4 Présenter une œuvre d'art

Tu dois présenter un objet d'étude abordé en histoire des arts : le plus souvent, il s'agit d'une œuvre d'art, mais ce peut être également un mouvement artistique ou une thématique abordée à travers plusieurs œuvres.

## A Que faut-il présenter ?

### 1. Un objet d'étude qui t'intéresse

● Quelques semaines avant l'épreuve, ton professeur principal te transmettra la liste des objets d'étude vus en classe pour te permettre de faire ton choix.

● Pour que ta présentation soit convaincante, il est important que tu ne choisisses pas un sujet par défaut : sélectionne une œuvre qui t'a plu ou qui t'a interpellé(e). Tu dois être capable de **justifier ton choix**.

### 2. Un objet d'étude que tu connais bien

● Tu disposes de 5 minutes (10 minutes si la présentation se fait en groupe) pour présenter l'objet d'étude : description de l'œuvre, analyse, interprétation.

● **Documente-toi** sur l'œuvre choisie pour mieux en comprendre les enjeux : artiste, contexte historique, mouvement artistique... Tu peux aussi rechercher des œuvres similaires à celle que tu présentes afin d'enrichir ton exposé.

> **ATTENTION** Ne te contente pas de copier-coller la page Wikipédia de l'œuvre que tu présentes ! Ton exposé doit être personnel.

● Prends le temps de t'interroger sur **l'effet que l'œuvre produit sur toi** : tu prouveras ainsi au jury que tu es capable de formuler une analyse personnelle.

## B Comment t'y prendre concrètement ?

### 1. Construis un plan efficace

● **Introduction** :
– présente l'œuvre : titre, auteur, date de création, type d'œuvre, support, lieu de conservation, etc.
– annonce la problématique associée à l'œuvre choisie : en quoi est-elle particulièrement intéressante ?

● **Développement** :
**I.** Décris l'œuvre et son contexte de création : époque, mouvement artistique, influences de l'artiste…

> CONSEIL Lorsque tu décris une image, procède méthodiquement : du premier plan à l'arrière-plan, par exemple.

**II.** Analyse l'œuvre de manière précise. Par exemple, s'il s'agit d'un tableau, intéresse-toi à sa structure, à la technique utilisée, au choix des couleurs, etc.
**III.** Propose une interprétation de l'œuvre : quelle est l'intention de l'artiste ? quel est l'effet produit ?

● **Conclusion** :
– résume l'intérêt de l'œuvre et explique pourquoi tu as choisi de la présenter ;
– ouvre en faisant le lien avec d'autres œuvres d'art que tu as pu étudier en cours ou que tu as découvertes par toi-même.

## 2. Prépare des outils pour t'aider

● Pour chaque objet d'étude, prépare des **fiches** reprenant les **idées principales** de ta présentation, en consacrant une fiche à chaque partie (inscris clairement le titre de chaque partie pour te repérer facilement).

● **Ne rédige surtout pas** tes notes, sinon tu seras tenté(e) de lire plutôt que de t'adresser directement au jury.

> ASTUCE Entraîne-toi en avance pour repérer ce que tu as tendance à oublier : mets ces éléments en valeur sur tes fiches pour y penser le jour J !

● Utilise un **support visuel** pour enrichir ta présentation :
– si tu en as la possibilité, prépare un **diaporama** (→ fiche 26) pour illustrer ta présentation et maintenir l'intérêt du jury.

> CONSEIL Prévois une dizaine de diapositives maximum qui accompagnent le déroulé de ton exposé et profites-en pour compléter ton propos avec des visuels (portrait de l'artiste, autre œuvre similaire, etc.).

– si tu ne peux pas projeter de diaporama, imprime une reproduction de l'œuvre pour chaque membre du jury.

# 5 Créer un diaporama pour accompagner sa présentation

Pour ta présentation orale, tu peux réaliser un diaporama. Pour cela, utilise le logiciel gratuit OpenOffice Impress.

## A Respecter une charte graphique

L'ensemble des normes visuelles adoptées pour ton diaporama doit être simple et cohérent. On appelle cet ensemble une charte graphique.

### 1. Adapte l'aspect visuel

- Utilise un seul arrière-plan pour tout le diaporama, privilégie les fonds unis à ceux qui sont dégradés ou composés.
- Ne multiplie pas les transitions animées. **L'ensemble doit rester sobre.**
- Choisis les thèmes, les couleurs et les transitions de façon à ce qu'ils **accompagnent ton propos**.
- En revanche, tu peux varier les mises en page de chaque diapositive.

> **ASTUCE** Évite les fonds sombres ; ils diminuent la lisibilité du texte.

### 2. Assure-toi de la lisibilité du texte

- Utilise toujours une taille de police supérieure à 24. **On doit pouvoir lire ton texte de loin.**
- Choisis une police simple et lisible (Arial, Cambria, Times New Roman) et garde-la pour toute la présentation. Évite les polices compliquées ou esthétiques, elles sont difficiles à lire.
- Ne mets pas plus de 6 mots par ligne et plus de 6 lignes par diapositive. **Ton auditoire doit avoir le temps de tout lire.**
- Ne mets pas de texte en bas de l'écran, ton auditoire pourrait ne pas arriver à voir ce que tu as écrit.

## B Composer des diapositives

### 1. Agence bien ton diaporama

- Sur la première diapositive, fais apparaître le titre et le thème de ton exposé ainsi que le(s) nom(s) de ceux ou celles qui font la présentation.
- Organise ton diaporama selon le même plan que celui de ton exposé. Prévois une diapositive pour le titre et pour chaque partie.

- Ne rédige pas tes phrases en entier. Tu ne dois faire apparaître que les **mots-clés**, les **noms propres** et les **idées essentielles**.
- Utilise des **puces** pour structurer ton propos.
- Privilégie les **schémas**, les flèches et les graphiques.

### 2. Illustre ton propos

- N'ajoute des visuels que lorsque c'est nécessaire. Ils ne servent pas à décorer, mais à soutenir un point précis.
- Prévois un titre pour chaque illustration.
- Lorsque tu présentes un schéma, affiche-le progressivement, pour **l'expliquer au fur et à mesure** qu'il apparaît.
- Tu peux ajouter une flèche pour montrer précisément un détail sur une carte ou un tableau.

> **CONSEIL PRATIQUE** À la fin de ton exposé, prévois une diapositive qui permet à ton auditoire de comprendre que tu as terminé.

## C S'organiser avant la projection

### 1. Prépare-toi à l'avance

- **Prends du temps** pour préparer ton diaporama. Tu peux y passer 3 ou 4 heures la première fois. Ensuite, tu devras revenir une ou deux fois dessus et y travailler au moins une heure à chaque fois.
- Quand il te semble terminé, fais-le défiler devant tes amis. **Entraîne-toi à présenter ton projet en même temps.**
- Surtout, ne lis pas ce qui est écrit sur les diapositives, commente-le.

### 2. Ne te laisse pas surprendre par un problème technique

- **Prévois une clé-USB** avec une copie de ton diaporama au format PDF. Si ton diaporama ne s'ouvre pas en format Impress, essaie en format PDF.
- Envoie-toi également ces deux documents (en format Impress et en format PDF) par e-mail. Tu pourras ainsi les retrouver par internet, si tu ne retrouves pas ta clé.
- Enfin, imprime les feuilles les plus importantes de ton diaporama. Tu pourras ainsi les distribuer au jury en cas de panne électrique.

#  S'exprimer avec aisance à l'oral

La maîtrise de la langue est essentielle lors de l'épreuve orale. La moitié des points est accordée à la qualité de ton expression.

## A Bien se préparer

### 1. Maîtrise ton sujet

- Il est nécessaire de **connaître le sens des mots que tu utilises**, les personnes que tu cites, les dates des événements historiques dont tu parles…
- Annonce ton plan au début et fais-y référence à chaque transition.

### 2. Appuie-toi sur des fiches efficaces

- Utilise des feuilles dans un petit format (type fiches bristol).
- Écris chaque idée sur **une seule ligne**.
- Ne rédige pas de phrase complexe ou de paragraphe.

> **EXEMPLE** 3 août 1914 : l'Allemagne déclare la guerre à la France.

- Espace tes idées et classe-les pour reprendre le fil en cas d'interruption.
- Choisis un **code couleur** identique pour toutes tes fiches (titres en rouge, exemples en vert…).

### 3. Entraîne-toi à l'oral

- Relis tes fiches et tes diapositives à voix haute pour vérifier que ton exposé **s'enchaîne bien** et que ton texte est clair.
- Entraîne-toi à présenter ton travail à l'oral : cela te permettra de contrôler le **temps de parole** et de repérer ce que tu as du mal à mémoriser.
- Simule un entretien avec un ami ou un membre de ta famille pour **tester tes connaissances**.

## B Bien parler

### 1. Utilise un langage et un vocabulaire corrects

- Exprime-toi dans un **langage courant ou soutenu** et articule bien. Prononce les négations (« je ne sais pas ») et toutes les lettres des mots (« un cheval » et non « un ch'fal »).
- **Évite les mots abrégés** (« photographie » et non « photo ») et préfère les termes précis (« je », « les comédiens ») aux termes généraux (« on », « les personnes »).

- **Bannis les onomatopées** (« euh », « bah ») et remplace-les par des mots de liaison (« alors », « donc »). N'utilise pas de mots familiers ou enfantins (« la femme, l'homme, embrasser » au lieu de « la dame, le monsieur, faire un bisou »…).
- **Utilise un vocabulaire adapté** à ton sujet. Si tu présentes une lecture, dis que tu as lu « un roman » ou « une nouvelle » et pas « un livre ».

## 2. Soigne ta diction

- Ne lis pas un texte que tu as rédigé au préalable. Au contraire, parle naturellement à partir d'une trame et de notes personnelles.

- Pour maintenir l'attention de ton jury, classe tes idées **des plus évidentes aux plus originales** et n'hésite pas à faire des **rappels** (« comme nous l'avons vu… »).
- **Varie le ton** pour mettre en valeur les idées importantes et les liens entre les différentes parties de ta présentation.

> **ASTUCE** Entraîne-toi en te filmant ! Visionne d'abord la vidéo seul(e) puis fais-le avec un ami ou un parent. Notez tous les petits défauts et soyez critiques. Recommence jusqu'à ce que le résultat te convienne.

## 3. Fais attention à ta posture

- Elle doit être **naturelle** et **dégagée** (épaules ouvertes, bras mobiles), mais pas relâchée.
- Évite les **mouvements parasites** qui font oublier le contenu de ton exposé (balancements d'un pied sur l'autre…).
- Ne sois pas trop statique : ne t'appuie pas contre un mur ou un bureau, ne mets pas tes mains dans tes poches, ne croise pas les bras.

> **ASTUCE** Regarde chaque membre du jury individuellement. Ainsi, ton public se sentira personnellement impliqué et restera attentif.

# 7 Faire sa présentation à plusieurs

Vous pouvez faire la présentation à plusieurs (2 ou 3 candidats). L'exposé dure 10 minutes et l'entretien avec le jury 15 minutes.

## A Travailler en groupe

### 1. Présentez un travail commun

- Pour réussir l'épreuve en groupe, vous devez tous avoir participé à l'**ensemble des étapes** de la réalisation de votre travail.
- Ne présentez pas des œuvres ou des projets différents. Travaillez ensemble sur un seul sujet en donnant une **fonction** à chaque membre de l'équipe.

### 2. Valorisez votre travail d'équipe

- **Répétez ensemble** plusieurs fois. Changez l'organisation jusqu'à ce que chacun trouve sa place, sans tout changer à la dernière minute.
- Nommez un(e) **responsable du temps**. Élaborez un code discret qui vous permettra de savoir si vous devez accélérer ou si vous êtes en avance.
- Montrez que vous êtes une équipe. Ne restez pas inactif(ve) pendant que les autres membres du groupe parlent : occupez-vous du diaporama, par exemple !

## B Organiser l'épreuve

### 1. Gérez votre temps

- **Donnez à chacun le même temps de parole** pendant l'exposé et durant l'entretien. Définissez à l'avance le temps et la répartition de la parole.
- **Évitez d'intervenir** et de couper la parole à celui ou celle qui parle.

### 2. Personnalisez les exposés

- Ne changez pas de locuteur à chaque phrase, mais prenez une part dans chaque axe de la présentation. Évitez de vous répéter les uns les autres !
- Tout en montrant que votre travail est commun, **soulignez la part personnelle de chacun**. Chaque candidat tirera un bilan différent et aura des impressions propres.

> **REMARQUE** Même si la soutenance est collective, la note est individuelle.

# 8 S'entretenir avec le jury

Durant l'entretien, le jury cherche à vérifier que ton travail est personnel et que tu as compris ce que tu as fait. Pour cela, il va te poser des questions sur ton exposé mais aussi sur des sujets plus larges.

## A Parler de son exposé

### 1. Anticipe les questions

● Dans la première partie de l'entretien, le jury va te poser **des questions précises sur tes connaissances** à propos de ton projet ou te demander de préciser les caractéristiques de l'œuvre présentée.

● Essaie d'imaginer une dizaine de questions que le jury pourrait te poser sur ton exposé et prépare tes réponses.

● Dans ton exposé, **laisse de côté certains points que tu connais** : le jury te questionnera sur ces aspects que tu as volontairement éludés.

> **EXEMPLE** Dans un exposé sur Archimède, mentionne l'école d'Alexandrie et les découvertes d'Ératosthène. Le jury te questionnera à la fin de ton exposé sur tes connaissances sur le sujet.

### 2. Réponds clairement

● Reprends bien la structure de la question posée. Tu montreras ainsi que tu sais t'exprimer correctement à l'oral.

● Si tu ne connais pas la réponse, dis-le honnêtement. Une absence de réponse ne présume absolument pas de ta note finale.

● Si une question du jury te désarçonne, **réfléchis quelques secondes**. **Ne te décourage pas** et rebondis sur un autre élément assez proche qui te vient à l'esprit.

> **CONSEIL** Ne va pas trop vite, prends le temps de réfléchir avant de répondre.

## B  Élargir le propos

Durant la deuxième partie de l'entretien, le jury va davantage te questionner sur ce que t'a apporté personnellement la réalisation de ce travail.

### 1. Parle de ton expérience

● Le jury te posera quelques questions sur les autres EPI réalisés ou les autres objets d'étude vus dans l'année.

● On peut te demander de **parler** d'autres activités ou expériences que tu as vécues. Réfléchis à l'avance à celles que tu as préférées et qui t'ont le plus intéressé(e).

● Tu peux souligner ce que ces différentes activités t'ont apporté ou si tu as préféré un projet par rapport à un autre. **Explique toujours pourquoi.**

● Tu peux aussi parler d'une activité périscolaire, mais uniquement si elle est en lien avec ton projet.

> **ASTUCE** Essaie avec tes réponses d'orienter le jury vers le sujet que tu souhaiterais aborder.

### 2. Mets en valeur tes points forts

● Profite de cette deuxième partie pour parler de ce que tu connais et que tu sais le mieux faire.

● Utilise tes connaissances, même si elles ne proviennent pas de ce que tu as appris au collège. Inspire-toi de tes lectures, des films que tu connais. Le jury cherche aussi à cerner ta culture personnelle, tes centres d'intérêt.

> **EXEMPLE** Si tu as travaillé sur un scientifique à l'époque gréco-romaine et que l'on te demande une comparaison avec un scientifique d'aujourd'hui, tu peux t'appuyer sur des représentations de scientifiques dans des films historiques que tu as vus, comme Alan Turing dans *Imitation game*.

● Tu peux parler des problèmes que tu as rencontrés mais mets surtout en avant les solutions que tu as trouvées pour les résoudre. Le jury cherche avant tout à évaluer **ton travail personnel**.

● Si tu n'as pas trouvé de solution pour résoudre les problèmes, **essaie d'envisager les solutions** que tu pourrais mettre en place pour anticiper ce genre de problème à l'avenir.

● Attention, ne cherche pas à montrer au jury que tu en sais plus que lui. C'est peu probable et ce sera mal vu.

● **Reste naturel(le), souriant(e)** et montre que le sujet que tu as étudié t'intéresse et que tu as travaillé honnêtement.

# 9 Six étapes clés pour réussir l'épreuve orale

**Pour réussir ton exposé devant le jury, tu dois être méthodique.**

**1** Préparer soigneusement son exposé en faisant le **bilan** du travail présenté. Ne pas oublier de citer ses sources.

(→ FICHES 2, 3, 4)

**2** **Maîtriser son sujet** et être capable d'expliquer toutes les notions abordées dans l'exposé.

(→ FICHE 6)

**3** Préparer des **fiches** faciles à manipuler (une fiche par partie, avec des couleurs pour se repérer) et éventuellement un **diaporama** pour illustrer l'exposé.

(→ FICHES 5, 6)

**4** Dans le cas d'une **présentation à plusieurs**, répartir clairement les rôles et savoir ce que chacun doit dire et faire.

(→ FICHE 7)

**5** **S'entraîner** à dire l'exposé en soignant son expression et en se chronométrant.

(→ FICHE 6)

**6** **Anticiper** l'entretien en réfléchissant aux questions que pourrait poser le jury.

(→ FICHE 8)

## 60 Sujet inédit

# La Femme au chapeau, Henri Matisse

**HISTOIRE DES ARTS**

🕒 15 ou 25 min
100 points

▶ Présentez *La Femme au chapeau* d'Henri Matisse : évoquez son contexte de création, puis décrivez l'œuvre elle-même avant d'en donner une interprétation personnelle.

**DOCUMENT** **Henri Matisse,** *La Femme au chapeau* (1905)

# Histoire des arts • CORRIGÉ 60

## 60 PISTES POUR L'ORAL

### I. Situer l'œuvre

La *Femme au chapeau* est un portrait peint par Henri Matisse. Il est exposé au salon d'Automne à Paris en 1905 et provoque un scandale à cause de ses couleurs très vives. Un critique d'art, choqué par la violence de cette peinture, invente alors pour Matisse et ses amis le terme de « fauvisme ».

### II. Analyser l'œuvre

• Le tableau est le portrait d'Amélie Matisse, la femme du peintre. Elle a tous les attributs de la femme bourgeoise : riche chapeau à plumes, gant, éventail. Par ailleurs, son maintien et son regard posé trahissent son origine sociale.

• Le visage est traversé par une longue trace verte qui représente l'ombre du nez. Les reliefs du visage sont rendus par des taches de couleurs différentes. Le peintre a utilisé de larges aplats qui ne permettent pas de distinguer les détails : les taches sur l'éventail, par exemple, sont peut-être les fleurs d'un bouquet. Le fond du tableau est un simple jeu de correspondances colorées.

### III. Interpréter l'œuvre

• Avec ce portrait, Matisse crée une rupture avec les codes classiques de la représentation. Il ne cherche plus la ressemblance parfaite avec le modèle et préfère l'interprétation personnelle. C'est, en 1905, une démarche extrêmement novatrice, et choquante pour nombre de ses contemporains.

• L'emploi de la couleur sans lien avec la réalité (transposition chromatique) est l'autre grande innovation de ce portrait et la principale caractéristique du fauvisme. Les couleurs, vives et contrastées, éclatent littéralement sous l'œil du spectateur. Elles reflètent les sentiments du peintre, servent à rendre l'ombre et la lumière et remplacent la perspective.

---

**POUR OUVRIR ET CONCLURE**

Au salon d'Automne de 1905, d'autres toiles « fauves » sont exposées :

• *Le portrait de Matisse* par Derain (1905), conservé à la Tate Gallery à Londres : www.tate.org.uk (en anglais).

• *Le portrait de Derain* par Vlaminck (1906), conservé au Metropolitan Museum of Art à New York : www.metmuseum.org (en anglais).

## 61 Sujet inédit

# Le Cheval majeur, Raymond Duchamp-Villon

**HISTOIRE DES ARTS**

15 ou 25 min
100 points

▶ Présentez *Le Cheval majeur* de Raymond Duchamp-Villon : évoquez son contexte de création, puis décrivez l'œuvre elle-même avant d'en donner une interprétation personnelle.

**DOCUMENT** Raymond Duchamp-Villon, *Le Cheval majeur* (1914)

Collection privée et Centre Georges Pompidou, Paris

## Histoire des arts • CORRIGÉ

# 61 PISTES POUR L'ORAL

## I. Situer l'œuvre

*Le Cheval majeur* est une sculpture de Raymond Duchamp-Villon, réalisée en plâtre en 1914 puis coulée en bronze en 1976. Duchamp-Villon est un artiste qui a voulu faire évoluer le mouvement cubiste avec la Section d'or.

## II. Analyser l'œuvre

• *Le Cheval majeur* a été réalisé en plusieurs versions, de dimensions et de matériaux divers : il est d'abord conçu en plâtre, en petites dimensions, par l'artiste en 1914. Ce sont ses frères qui réaliseront de manière posthume la sculpture aux dimensions monumentales dont l'artiste rêvait.

• Les formes, réalisées après de nombreuses esquisses, sont épurées. Des formes géométriques arrondies se mêlent à d'autres plus rectilignes.

## III. Interpréter l'œuvre

• Cette œuvre est au croisement des esthétiques cubiste et futuriste.

• Elle exprime la synthèse entre la force animale et la robustesse de la machine. Elle est ainsi le reflet de l'époque de la deuxième révolution industrielle. L'industrialisation inspire d'autres sculpteurs de l'époque, comme Boccioni, ou le frère de l'artiste, Marcel Duchamp.

---

**POUR OUVRIR ET CONCLURE**

Au début du XX$^e$ siècle, d'autres jeunes sculpteurs innovent et s'éloignent de la sculpture du maître Rodin :

• **Constantin Brâncuşi (1816-1956)** : il utilise le marbre et le bronze, estompe les traits, élimine les détails. *La Muse endormie* (1909) est la parfaite illustration de sa conception de la sculpture (www.centrepompidou.fr).

• **Umberto Boccioni (1882-1916)** : son œuvre *Formes uniques de continuité dans l'espace* (1912) rappelle *Le Cheval majeur* par la force et la vitesse du mouvement (www.histoire-image.org).

• **Marcel Duchamp (1887-1968)** et le *ready-made* : influencé par la modernisation de la société, il pense que le seul choix de l'artiste suffit à faire d'un objet une œuvre d'art (dossier pédagogique du centre Pompidou : www.centrepompidou.fr).

# 62 Sujet inédit

## Chrysler Building, William Van Alen

**HISTOIRE DES ARTS**

15 ou 25 min
100 points

▶ Présentez le *Chrysler Building* de William Van Alen : évoquez son contexte de création, puis décrivez l'œuvre elle-même avant d'en donner une interprétation personnelle.

**DOCUMENT** William Van Alen, *Chrysler Building* (1928-1930)

Histoire des arts • CORRIGÉ

## 62 PISTES POUR L'ORAL

### I. Situer l'œuvre

• Le *Chrysler Building* est un gratte-ciel conçu par William Van Alen dans le style Art déco, style dominant dans les années 1920.

• Il est construit à New York et inauguré en 1930 après deux ans de travaux.

### II. Analyser l'œuvre

• Dans cette époque de prospérité économique qui précède la crise des années 1930, les États-Unis affichent leur puissance par la construction de gratte-ciel de plus en plus hauts.

• Le *Chrysler Building* sera le plus haut monument du monde jusqu'à la construction de l'*Empire State Building*, un an plus tard, en 1931.

### III. Interpréter l'œuvre

• Sa décoration exalte la puissance de l'économie américaine et de l'industrie automobile, particulièrement de la marque Chrysler, son commanditaire.

• Les années 1920 sont une période d'avant-garde artistique. En architecture, on recherche également de nouvelles esthétiques et techniques, de nouveaux matériaux, comme en témoigne le style Art déco.

---

**POUR OUVRIR ET CONCLURE**

Les années 1920 sont celles du renouvellement et de l'avant-garde dans tous les domaines artistiques. L'architecture ne fait pas exception.

• **Le Bauhaus** : ce mouvement allemand fondé en 1919 cherche à lier les arts plastiques avec l'architecture, l'artisanat et l'industrie (pour en savoir plus : www.grandpalais.fr/fr/article/le-bauhaus).

• **Antonio Gaudí**, architecte visionnaire : à sa mort en 1927, l'architecte catalan travaille depuis 43 ans (1884) sur un projet fou, la *Sagrada Família*, à Barcelone (pour en savoir plus sur cette œuvre inachevée : www.sagradafamilia.org).

# 63 Sujet inédit

## Les Temps modernes, Charlie Chaplin

**HISTOIRE DES ARTS**

15 ou 25 min
100 points

▶ Présentez *Les Temps modernes* de Charlie Chaplin : évoquez son contexte de création, puis décrivez l'œuvre elle-même avant d'en donner une interprétation personnelle.

**DOCUMENT**    Charlie Chaplin, *Les Temps modernes* (1936)

Extrait de la séquence d'ouverture, « À l'usine ».

Histoire des arts • **CORRIGÉ**

## 63   PISTES POUR L'ORAL

### I. Situer l'œuvre

- Charlie Chaplin est un cinéaste qui joue dans ses films comiques, qui les écrit et les produit. Après une enfance difficile, il s'installe aux États-Unis. Il est sensible aux idées communistes.

- *Les Temps modernes* est le dernier film muet dans lequel Charlot apparaît. La séquence d'ouverture, à l'usine, dénonce les conditions de travail des ouvriers.

### II. Observer et analyser l'œuvre

- La séquence d'ouverture se déroule dans une usine minutieusement décrite. Les personnages sont associés à ce lieu et l'action est limitée à une journée.

- La pause déjeuner est un moment burlesque, où la machine devenue folle martyrise Charlot, impuissant. L'ouvrier est pris de folie à cause de son travail.

### III. Interpréter l'œuvre

- Ce film témoigne de la volonté de Chaplin de conserver le caractère burlesque présent dans ses films antérieurs.

- Le cinéaste se méfie du cinéma parlant et donne les rares paroles aux personnages antipathiques adeptes des technologies faisant produire plus.

- Chaplin dénonce, par la satire, les conditions très dures des travailleurs à la chaîne, traités comme des bêtes par un patron tout-puissant.

---

**POUR OUVRIR ET CONCLURE**

Comme *Les Temps modernes*, de nombreux films ont **dénoncé la violence** subie par les ouvriers dans le monde, parmi lesquels :

- *Metropolis* de Fritz Lang (Autriche, 1927) : une femme-robot déclenche la révolution dans une mégapole où la population ouvrière est exploitée.

- *À nous la liberté* de René Clair (France, 1931) : film dont Chaplin s'est inspiré et qui dénonce le travail à l'usine où les ouvriers sont habillés comme des détenus.

- *Les Raisins de la colère* de John Ford (États-Unis, 1940) : adaptation du roman de J. Steinbeck, il dénonce la confiscation des terres des paysans américains endettés.

# 64 Sujet inédit

## Complainte du progrès, Boris Vian

**HISTOIRE DES ARTS**

> Présentez la *Complainte du progrès* de Boris Vian : évoquez son contexte de création, puis décrivez l'œuvre elle-même avant d'en donner une interprétation personnelle.

**DOCUMENT** — Boris Vian, *Complainte du progrès* (1956)

Autrefois pour faire sa cour
On parlait d'amour
Pour mieux prouver son ardeur
On offrait son cœur
5 Maintenant c'est plus pareil
Ça change, ça change
Pour séduire le cher ange
On lui glisse à l'oreille
Ah Gudule

10 Viens m'embrasser
Et je te donnerai
Un frigidaire
Un joli scooter
Un atomixer
15 Et du Dunlopillo
Une cuisinière
Avec un four en verre
Des tas de couverts
Et des pelles à gâteau
20 Une tourniquette
Pour faire la vinaigrette
Un bel aspirateur
Pour bouffer les odeurs
Des draps qui chauffent
25 Un pistolet à gaufres
Un avion pour deux
Et nous serons heureux

Autrefois, s'il arrivait
Que l'on se querelle
30 L'air lugubre on s'en allait
En laissant la vaisselle

Maintenant, que voulez-vous
La vie est si chère
On dit rentre chez ta mère
35 Et on se garde tout
Ah Gudule,

Excuse-toi
Ou je reprends tout ça
Mon frigidaire
40 Mon armoire à cuillères
Mon évier en fer
Et mon poêle à mazout
Mon cire-godasses
Mon repasse-limaces
45 Mon tabouret à glace
Et mon chasse-filous

Histoire des arts • CORRIGÉ

La tourniquette
À faire la vinaigrette
Le ratatine-ordures
50 Et le coupe friture

Et si la belle
Se montre encor cruelle
On la fiche dehors
Pour confier son sort
55 Au frigidaire
À l'efface-poussière
À la cuisinière
Au lit qu'est toujours fait
Au chauffe-savates

60 Au canon à patates
À l'éventre-tomates
À l'écorche-poulet

Mais très très vite
On reçoit la visite
65 D'une tendre petite
Qui vous offre son cœur
Alors on cède
Car il faut qu'on s'entraide
Et l'on vit comme ça
70 Jusqu'à la prochaine fois
Et l'on vit comme ça
Jusqu'à la prochaine fois

Boris Vian (paroles), Alain Goraguer (musique),
*Complainte du progrès*, 1956, © Warner Chappell Music France.

## 64 PISTES POUR L'ORAL

### I. Situer l'œuvre

• Boris Vian est un artiste aux talents multiples et à la santé fragile. Trompettiste, il joue dans un orchestre de jazz et écrit les paroles de ses chansons.

• Alain Goraguer est un compositeur et arrangeur musical français. Il rencontre Boris Vian et met en musique ses paroles.

• *La Complainte du progrès* est écrite au début des Trente Glorieuses, au moment où naît la société de consommation, portée par les arts ménagers.

### II. Observer et analyser l'œuvre

• Les paroles dressent un parallèle entre le passé et le présent, décrivant les conséquences de l'évolution de la société sur la vie amoureuse.

• Les refrains sont composés d'une longue énumération amusante : une série de noms d'objets dédiés à la cuisine ou au ménage, réels ou inventés.

- L'orchestre de jazz est divisé en deux sections, rythmique et mélodique. La trompette ponctue les fins de phrase quand le piano accompagne la voix.

## III. Interpréter l'œuvre

- Vian rédige des paroles pleines d'humour. La musique jazz composée par Alain Goraguer est inspirée des musiques des Caraïbes et souligne la malice des mots.

- Les paroles critiquent la soif de progrès technique de la population, l'entraînant à acheter des objets répondant à des besoins le plus souvent ridicules.

- Malgré l'humour et la musique entraînante, la description est en fait pessimiste. Tout romantisme est impossible dans la société de consommation.

---

**POUR OUVRIR ET CONCLURE**

La critique de la société de consommation est un thème fréquemment abordé dans les arts depuis la seconde moitié du XXe siècle. En voici quelques exemples :

- *Mon oncle* (1958) : film de Jacques Tati qui décrit avec humour le quotidien d'une famille dans une maison aux nombreuses innovations…

- *Supermarket Lady* (1969) : sculpture hyperréaliste de Duane Hanson qui représente une Américaine avec des bigoudis dans les cheveux poussant un chariot de courses débordant de nourriture.

# 65 Sujet inédit

## *Electronic Superhighway,* Nam June Paik

**HISTOIRE DES ARTS**

15 ou 25 min
100 points

▶ Présentez *Electronic Superhighway: Continental U.S., Alaska, Hawaï* de Nam June Paik : évoquez son contexte de création, puis décrivez l'œuvre elle-même avant d'en donner une interprétation personnelle.

DOCUMENT  Nam June Paik, *Electronic Superhighway: Continental U.S., Alaska, Hawaï* (1995)

Smithsonian Art Museum, Washington DC, États-Unis

**Histoire des arts • CORRIGÉ**

# PISTES POUR L'ORAL

## I. Situer l'œuvre

• Nam June Paik, artiste coréen installé aux États-Unis, est le créateur de l'art vidéo qui considère les téléviseurs comme des outils artistiques.

• *Electronic Superhighway* est une installation vidéo composée de néons et de téléviseurs. Elle a été réalisée en 1995. L'œuvre se trouve à la National Portrait Gallery de Washington.

## II. Décrire l'œuvre

• Cette installation de très grand format forme une carte des États-Unis. Les néons de couleur vive délimitent les frontières des États américains.

• Des extraits vidéo ayant pour sujet les États américains passent en boucle. Les couleurs et les sons sont travaillés par l'artiste : le rendu visuel et sonore est confus en vue d'ensemble, mais plus clair quand on observe chaque État.

## III. Interpréter l'œuvre

• L'œuvre s'inspire de l'univers des autoroutes (couleurs criardes et vitesse) qui ont fasciné l'artiste lors de son installation dans ce pays.

• *Electronic Superhighway* est un autoportrait des États-Unis à travers sa représentation par les médias.

• L'installation questionne le spectateur et sa relation aux médias qui donnent une vision déformée, remplie de clichés, de la réalité.

### POUR OUVRIR ET CONCLURE

Depuis la seconde partie du XXᵉ siècle, de nombreux artistes utilisent des **éléments de la culture populaire** ou des objets manufacturés pour créer leurs œuvres. C'est le cas des artistes du Pop Art et des Nouveaux Réalistes européens :

• **Andy Warhol** : artiste américain (1928-1987), chef de file du Pop Art.

• **Roy Lichtenstein** : peintre et sculpteur américain (1923-1997), artiste Pop Art, dont les œuvres reprennent des cases de comics en grand format.

• **César** (César Baldaccini, dit) : sculpteur français (1921-1998), nouveau-réaliste, il utilise pour ses « compressions » des voitures écrasées.

# 66 Sujet inédit

## Affiche antibolchevique, Adrien Barrère

**HISTOIRE DES ARTS**

15 ou 25 min
100 points

▶ Présentez l'affiche antibolchevique d'Adrien Barrère : évoquez son contexte de création, puis décrivez l'œuvre elle-même avant d'en donner une interprétation personnelle.

**DOCUMENT** Adrien Barrère, *L'Homme au couteau entre les dents* (1919)

Histoire des arts • CORRIGÉ 66

## 66 PISTES POUR L'ORAL

### I. Situer l'œuvre

• Cette affiche a été réalisée par Adrien Barrère en 1919, sur commande d'un groupe d'industriels de la banlieue parisienne.

• Adrien Barrère est habitué à réaliser des affiches très expressives et frappantes grâce à ses nombreuses réalisations d'affiches de cinéma et de théâtre. Dans un contexte d'élections législatives, le patronat, effrayé par les révolutions bolcheviques et par la propagation de ses idées dans des pays traumatisés par la Grande Guerre, fait réaliser cette affiche.

### II. Analyser l'œuvre

• Le dessin représente un visage terrifiant, hirsute, les cheveux en bataille, les yeux exorbités. Ses traits sont exagérés : c'est une caricature.

• Le couteau que le personnage tient entre les dents dégouline de sang, la couleur rouge-sang domine.

• Le slogan est écrit d'une main tremblante. La signature précise que l'affiche est commanditée par les patrons des usines de Sceaux et Saint-Denis.

### III. Interpréter l'œuvre

• Tout est mis en œuvre pour effrayer le concitoyen : l'omniprésence du rouge, le couteau acéré… Ce sont les procédés des affiches du théâtre d'épouvante.

• Cette affiche de propagande a pour but de convaincre les électeurs de voter contre le bolchevisme et donc de voter pour les partis conservateurs.

---

**POUR OUVRIR ET CONCLURE**

L'affiche *L'Homme au couteau entre les dents* a été détournée par le Parti communiste lui-même : Raoul Cabrol dessine l'affiche « Contre ça, votez communiste », où Hitler est représenté de manière grotesque, tenant un couteau entre ses dents. Le mot « communiste » n'est plus présenté comme le danger, mais comme l'alternative à « ça » (Hitler, désigné sans être nommé) : www.histoire-image.org.

## 67 Sujet inédit

# *Dracula*, Francis Ford Coppola

**HISTOIRE DES ARTS**

15 ou 25 min
100 points

▶ Présentez *Dracula* de Francis Ford Coppola : évoquez son contexte de création, puis décrivez l'œuvre elle-même avant d'en donner une interprétation personnelle.

**DOCUMENT** Francis Ford Coppola, *Dracula* (1992)

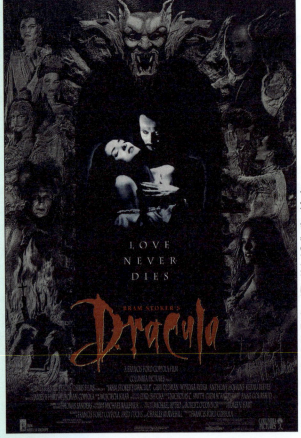

Film adapté du roman de Bram Stoker (1897).

# PISTES POUR L'ORAL

## I. Situer l'œuvre

• *Dracula* est un film fantastique réalisé par Francis Ford Coppola en 1992.

• C'est une adaptation du roman néogothique de Bram Stoker, écrit en 1897.

• Le film raconte l'histoire du vampire Dracula, être brisé et maudit, qui renoue avec l'amour alors qu'il est en quête de nouvelles proies à Londres.

## II. Analyser l'œuvre

• Le réalisateur crée un contraste entre romantisme et horreur.

• Les points de vue multiples des personnages traduisent leur psychologie.

• Le foisonnement des décors et des costumes donne une tonalité particulière aux lieux de l'action et symbolise l'âme des personnages.

## III. Interpréter l'œuvre

• Dans le film, Dracula est un être brisé par l'amour, qui renie sa foi, la morale et les interdits à la mort de sa fiancée. Il pense renouer avec l'amour grâce à Mina.

• Amour et sensualité vont de pair, faisant de l'acte vampirique un acte charnel que l'on désire autant qu'on le craint.

• Au contact des vampires, les sens prennent le dessus sur la raison, à l'image d'un animal guidé par ses instincts.

### POUR OUVRIR ET CONCLURE

• **Autres films sur Dracula :**
– *Nosferatu* de Murnau (1922), film expressionniste allemand dont Coppola s'est inspiré pour les effets spéciaux, telle l'ombre de Dracula sur le mur ;
– *Dracula* interprété par Bela Lugosi (1931) ;
– *Le Cauchemar de Dracula*, avec Christopher Lee (1958) ;
– *Du Sang pour Dracula* (1974) ;
– *Dracula Untold* (2014) de Gary Shore.

• **Autres films et romans de vampires :**
– *Le Bal des Vampires*, de Roman Polanski (1967), sur le mode parodique ;
– *Entretien avec un vampire* de Neil Jordan (1994), adapté du roman d'Anne Rice (1976) ;
– *Twilight*, série de films adaptés des romans de Stephenie Meyer (2005).

# 68 Sujet inédit

## L'image au service de la propagande

**PROJET INTERDISCIPLINAIRE**

15 ou 25 min
100 points

▶ Vous devez présenter un panneau d'exposition dans le cadre d'un projet interdisciplinaire (Histoire, EMC, Français) sur le thème de l'embrigadement de la jeunesse par la propagande hitlérienne et stalinienne.

*Voici le panneau réalisé :*

### L'embrigadement de la jeunesse par la propagande hitlérienne et stalinienne

« Enfant, que sais-tu de notre leader ? », affiche allemande (1935).

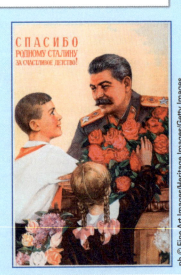

« Merci à notre cher Staline pour notre enfance heureuse », affiche soviétique (1950).

## 1. Des affiches similaires

• Les deux affiches sont **composées de la même manière** : Hitler et Staline sont à droite, tandis que les enfants occupent la partie gauche et la moitié inférieure de l'image.

• Les deux chefs sont présentés **en contre-plongée**, du point de vue des enfants, ce qui les fait paraître d'autant plus grands et imposants.

→ Ces affiches de propagande traduisent le **culte de la personnalité** caractéristique des régimes totalitaires.

## 2. Un message différent

✓ **Hitler, un leader fort et conquérant**

• Le **drapeau nazi** est très présent.

• « Kinder » et « Führer » sont écrits de la même taille, pour établir **un lien entre les enfants et le leader**.

• L'enfant au second plan a les yeux tournés vers la droite, donc vers l'Est et vers l'avenir : son regard symbolise **l'espoir** et évoque **les ambitions conquérantes** du régime.

→ L'objectif est de **rallier les enfants au régime** pour en faire de futurs soldats.

✓ **Staline, une figure paternelle et rassurante**

• Les enfants offrent des fleurs à Staline et le garçon lui adresse **un regard admiratif**.

• Le texte de l'affiche traduit **la gratitude des enfants** à l'égard de leur chef.

• Le garçon est vêtu du costume des **jeunesses communistes** mais le drapeau de l'URSS est absent.

→ L'objectif est de **donner une image rassurante de Staline**, « le petit père des peuples ».

**Projet interdisciplinaire • CORRIGÉ 68**

## 68 PISTES POUR L'ORAL

*Voici les diapositives qui peuvent servir de support à la présentation orale :*

### ■ Ouverture

---

**L'embrigadement de la jeunesse par la propagande hitlérienne et stalinienne**

*Alice, Michaël et Ryan (3ᵉ C)*
*le 15 avril 2021*

| | |
|---|---|
| ■ Projet : | Réaliser un panneau en vue d'une exposition |
| ■ Thème : | Information, communication et citoyenneté<br>Parcours citoyen |
| ■ Intitulé : | L'image au service de la propagande |
| ■ Disciplines : | Histoire, EMC et Arts plastiques |

---

• **Sur la diapositive** : commencez par une diapositive d'ouverture indiquant toutes les caractéristiques de votre projet.

• **À l'oral** : vous pouvez passer rapidement sur cette 1ʳᵉ diapositive, mais elle vous permet de prendre confiance.

### ■ Introduction

---

## Introduction

| | |
|---|---|
| **Problématique :** | Comment les régimes totalitaires utilisent-ils la propagande pour servir leur idéologie ? |
| **Thème choisi :** | L'embrigadement de la jeunesse par la propagande hitlérienne et stalinienne |
| **Plan de l'exposé sur mon projet :** | I. Les recherches préparatoires<br>II. L'analyse des affiches<br>III. L'élaboration du panneau |

---

• **Sur la diapositive** : faites apparaître la problématique et le plan de votre exposé. Ici, il suit les grandes étapes du projet.

• **À l'oral** : ne lisez pas le plan, énoncez-le en faisant des phrases complètes.

Projet interdisciplinaire • CORRIGÉ 68

# ■ Partie 1

## I. Les recherches préparatoires

**Objectif** : comprendre le fonctionnement des régimes totalitaires et trouver des affiches de propagande.

- **Définition de « propagande »**
Ensemble des moyens utilisés pour propager une idée ou une idéologie.
- **Quelques dates clés :**

**1922, Italie**
Mussolini marche sur Rome

**1928, URSS**
Staline, seul au pouvoir

**1933, Allemagne**
Hitler est nommé chancelier

© Archives Hatier

• **Sur la diapositive** : synthétisez vos recherches : ne mentionnez que les informations essentielles, si possible de manière visuelle.

• **À l'oral** : complétez la définition de la propagande et commentez la frise en justifiant le choix des dates.

# ■ Partie 2

## II. L'analyse des affiches

**Objectif** : sélectionner des affiches et les analyser pour comprendre les techniques de propagande utilisées

**MÉTHODE**
1. Présentation
2. Description
3. Analyse

Affiche allemande, 1933

Affiche soviétique, 1950

• **Sur la diapositive** : limitez le texte à l'essentiel ; privilégiez les visuels.
• **À l'oral** : détaillez la méthode et appliquez-la aux deux affiches présentées.

ORAL

**Projet interdisciplinaire • CORRIGÉ**

## ■ Partie 3

### III. L'élaboration du panneau

**Objectif** : concevoir et réaliser un panneau pour présenter notre analyse des deux affiches.

**La conclusion du travail d'analyse**
les deux affiches contribuent au culte de la personnalité des dictateurs, mais leur intention est différente.

→ Comment organiser le panneau de manière à communiquer efficacement cette conclusion ?

L'embrigadement de la jeunesse par la propagande hitlérienne et stalinienne

Affiche 1 + légende

Affiche 2 + légende

**1. Des affiches similaires**
[points communs : le culte de la personnalité]

**2. Un message différent**
✓ Hitler, un leader fort et conquérant
[analyse de l'affiche 1]

✓ Staline, une figure paternelle et rassurante
[analyse de l'affiche 2]

- **Sur la diapositive** : gardez une trace des différentes étapes, surtout si vous ne pouvez pas apporter le résultat final le jour de l'oral.
- **À l'oral** : comparez les affiches et commentez la disposition choisie.

## ■ Conclusion

### Conclusion

| Ce que nous avons appris | Ce qui a été difficile | Aboutissement du projet |
|---|---|---|
| ■ Reconnaître un régime totalitaire<br><br>■ Analyser une affiche de propagande<br><br>■ Concevoir un panneau explicatif | ■ Passer de la description des affiches à leur analyse<br><br>■ Rédiger les textes du panneau | Présentation de notre travail au public lors d'une exposition au CDI. |

- **Sur la diapositive** : faites le bilan du projet et terminez par une bibliographie.
- **À l'oral** : précisez ou complétez chacun le bilan de manière plus personnelle.

# Révise avec le n°1

## Tous les ouvrages pour t'entraîner
toute l'année ou dans la dernière ligne droite

  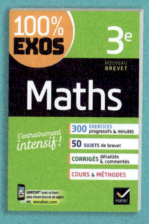

## GRATUIT
Plus d'exercices
et de sujets sur
annabac.com

# Bescherelle

## Tout pour réussir au collège !

Dates clés

Frises chronologiques

Dossiers thématiques

# ŒUVRES & THÈMES

## Toutes les œuvres du collège !

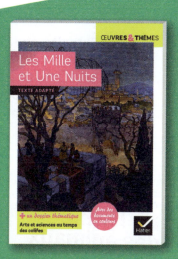

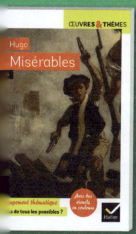
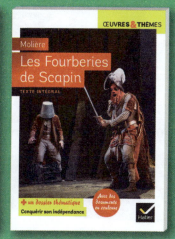

**La collection pour étudier les œuvres en profondeur**

# CLASSIQUES & CIE COLLÈGE

## La collection qui donne envie de lire

**Extraits** audio

Livres tout en **couleurs**

**Groupement** textes et images

**Parcours** de lecture

**Enquête** documentaire

Avant-texte **illustré**